融媒体云平台下的电视台生产系统

张 京 著

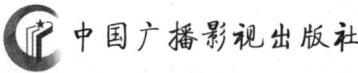

图书在版编目（CIP）数据

融媒体云平台下的电视台生产系统 / 张京著 . -- 北京：中国广播影视出版社，2022.6（2024.3重印）
ISBN 978-7-5043-8859-9

Ⅰ.①融… Ⅱ.①张… Ⅲ.①传播媒介–运营管理 Ⅳ.①G206.2

中国版本图书馆 CIP 数据核字（2022）第 097609 号

融媒体云平台下的电视台生产系统
张 京 著

责任编辑：王　佳
责任校对：张　哲
封面设计：北京卓伟博文印刷设计有限公司

出版发行：中国广播影视出版社
电　　话：010-86093580　010-86093583
社　　址：北京市西城区真武庙二条9号
邮　　编：100045
网　　址：www.crtp.com.cn
电子信箱：crtp8@sina.com

经　　销：全国各地新华书店
印　　刷：三河市华晨印务有限公司

开　　本：710 毫米 × 1000 毫米　1/16
字　　数：198（千）字
印　　张：14.5
版　　次：2022 年 6 月第 1 版　2024 年 3 月第 2 次印刷
书　　号：ISBN 978 - 7 - 5043 - 8859 - 9
定　　价：78.00 元

(版权所有　翻印必究·印装有误　负责调换)

前　言

一、媒体融合发展背景

融媒体作为媒体融合的新型表现形态，全面采用文字、声音、高清甚至超高清影像等多种信息表现手段承载媒体内容，通过广电网络、移动网络以及互联网等实现多来源内容汇集和全链路渠道传播以及媒体服务领域业务融合，满足受众的个性化需求，使受众获得更丰富的媒体体验，提升传媒机构的舆论引导力。

在全球媒介大发展、大创新的时代，国外传统报业和电视台不遗余力地专注于数字化转型，新举措新创意不断。比如：《纽约时报》改变以网页为核心的产品呈现状态，重视受众体验，尤其关注社交渠道对信息传播的作用，充分满足受众的互动需求，推出的"NYT Now"改变了新闻在移动设备上的呈现方式；"Cooking"重构了数字平台上的服务性新闻；《华盛顿邮报》令枯燥的文字让位于图片、音频、视频等多媒体，使其产品和品牌进一步得到读者的认同；美国 CBS 电视台将电视剧等节目提供给 Netflix、Hulu、亚马逊等网络视频平台，对互联网电视市场采取积极融入的态度；美国第三大传媒公司维亚康姆（Viacom）与索尼达成协议，来自维亚康姆的 22 个电视频道将入驻索尼推出的基于云的 OTT 电视服务（cloud – based TV）。在服务模式的融合转型过程中，国外媒体进行了新的探索，包括：

（1）技术驱动的内容融合：《华尔街日报》《芝加哥论坛报》等通过大数据技术，实现了报网联动，增强了用户黏性。

（2）需求导向的生产方式融合：CNN、《今日美国》根据用户阅读习惯有效地安排了新闻内容发布时间。

（3）生存危机下的组织机构融合：各大传统机构专门建立了全媒体融合编辑部或采编系统，进行跨平台采编协作。

（4）市场趋势下的传播平台融合：CNN、NBC、CBS 等传统媒体与 YouTube、Twitter、Meta 等新媒体网站建立合作关系，进行新闻直播等与用户互动。

在国内，党中央高度重视媒体融合发展，媒体融合是传媒业创新发展的总趋势，更是国家发展的重要战略部署。2014 年中央全面深化改革领导小组第四次会议审议通过了《关于推动传统媒体和新兴媒体融合发展的指导意见》。中央和各地宣传部门将媒体融合发展作为重要改革任务，提上重要工作日程。2015 年至今中宣部、国家广电总局等相关部门先后发布了《电视台融合媒体平台建设技术白皮书》《县级融媒体中心建设规范》《县级融媒体中心省级技术平台规范要求》等多项融媒体系列标准和规范，为国内各级融媒体中心建设规定了操作指南和建设规范，积极拥抱新媒体。

2019 年 1 月习近平总书记从巩固宣传思想文化阵地、壮大主流思想舆论的高度，对媒体融合做出了一系列战略部署。习近平总书记指出，"全程媒体、全息媒体、全员媒体、全效媒体，信息无处不在、无所不及、无人不用"，对现代传播环境和媒体特点进行了全新论述，提出未来的主流传播形态应是融媒体传播形态，融媒体服务应用应该面向融媒体传播领域，明确了传媒业媒体融合的战略发展方向。传媒机构需要对自媒体与传统媒体、媒体与公共服务等多方参与的媒体融合过程进行深入分析与建模，探索媒体融合中多方主体的协作共赢的服务模式，从而真正实现从"相加"到"相融"的媒体融合。

跨媒体共平台生产涉及平台统一规划建设、多业务并行、资源集聚和多方主体业务协作共享等多方面，是融媒体服务技术研发与集成应用的重点。云计算架构平台能够统一部署融媒体发展所需的业务资源，进行资源的灵活调配和统一管理,并可针对融媒体产业发展融合程度不够、媒体内容呈现方式不够丰富、新媒体缺乏科学舆论引导、交互不足等重大问题,通过创新发展融媒体现代服务新生态,改变以往报纸、广播、电视、互联网等各自为战的格局;通过运用云计算、人工智能等先进技术,重塑融媒体信息汇聚和生产发布流程。构建基于混合云的融媒体内容生产及发布服务平台,可创新服务模式,使传统媒体和新媒体在内容、渠道和终端等领域深度合作、互为补充,提高融媒体产品生产发布能力,实现媒体形态融合、传输网络融合、汇聚渠道融合、业务融合,形成以协作共享为特点的新型融媒体服务技术解决方案。

二、电视台融媒体建设现状

自从 2014 年我国融媒体建设成为国家级战略以来,无论是中央媒体还是地方媒体,各大传媒集团都在结合自身条件和发展现状,探索与新媒体的多种形式融合模式。中央广播电视总台及各省、市、县电视台纷纷增加新媒体业务生产发布能力,改造传统广电业务架构,开展融媒体建设工作。截至 2020 年,我国大部分省、市、县电视台已基本完成了新媒体业务建设,进入资源共享、智能服务、超高清生产制作等融媒体服务能力升级的关键时期。媒体融合的发展经历了从中央媒体到地方媒体、从新闻宣传到政务服务、从媒体到全域、从渠道建设媒体相加到全媒体发展深度相融的推进历程。

广播电视媒体融合工作虽取得了积极成效,但与中央推进媒体深度融合的要求以及行业发展面临的挑战相比还存在不小差距,还存在许多亟待解决的问题。例如:

(1) 2015 年 3 月由人民网构建的基于"中央厨房"模式的新闻业融媒体平台在全国两会首次亮相,该模式的核心是"实现新闻信息一次采集、多种生成、多元传播"。之后,河北台等多家省级电视台也建立起自己的基于中央厨房模式的融合新闻生产平台。融媒体时代的"中央厨房"强化了全新闻制作的工业属性，在提高新闻生产效率的同时，也存在着日常报道作用有限、多渠道产品同质化、从业者生产和学习成本增加、投入与回报比有待权衡的局限性。

（2）当前广电、报刊、新媒体等领域的传播模式仍偏重于基于某一方面具体的生产目的，难以统一思想形成一套完整的解决方案。主要原因：一是基础平台在设计之初就不具备延展性，造成始终只能单一地面向某个传播媒体；二是业务人员长期工作模式中形成了固有思维，受困于某种复杂的传统业务工作，从而不具备多种媒体形式生产的能力。这种发展模式已经受到了新媒体业务的大量冲击，必然无法长久发展下去。

（3）由于传统广电业务架构采用烟囱式的建设方式，由生产系统、媒资系统、发布系统、播出系统等组成，每套系统有独立的数据服务器、存储服务器以及日志服务器，由媒体处理中心对业务进行统一调度。随着媒体融合的逐步推进，媒体对象数量越来越大、类型越来越多、相互间的关系越来越错综复杂，传统架构资源分散难管理、单点负载过重易故障、数据没有副本难恢复、系统复杂难扩展等问题日益突出，继续按现有技术实现模式推进传统媒体和新媒体融合生产难度极大。

当前媒体融合正在由渠道、平台、经营、管理等方面的融合转向系统和服务生态的深度融合，借助互联网全数字化、全产业链、全运营化和全行为化技术，打造融媒体生态系统，延展传统媒体的价值链。广电行业各级电视台亟须探索制定符合新时代要求，可充分利用多种媒体传播渠道与手段的新型融媒体生产服务平台发展策略和方案，增强技术实力和数据处理能力，实现媒体融合的深层次突破，推动传媒业在大数据时代的创新发展。

三、电视台融媒体建设的发展机遇

媒体融合给传媒业的发展带来新的挑战，同时也给传媒领域适应媒体格局深刻变化，提升主流媒体传播力、公信力、影响力和舆论引导能力带来发展机遇。广电行业各电视台为提升融媒体资源共享、智能服务、超高清生产制作等服务能力的平台建设,将为业务和系统整合提供一个重要契机。

采用云计算架构建设融媒体内容生产及发布服务平台,对IT设备和业务系统进行集中运营、统一管理,可有效降低投入和运维成本,实现媒体融合深层次突破,满足融媒体发展的五大关键需求:

(1) 实现融媒体生产平台云技术化。平台建设支持公有云、私有云、专属云等混合云的建设模式,平台云资源化可满足IT资源的管理需求,为制作单位提供专业的媒体制作云服务,提高新业务上线的灵活度,适应新兴技术的发展;可降低物理设施的复杂度,减少对物理资源的直接调度;降低IT建设和运行成本、提高基础设施利用率;确保信息数据安全,实现高级别的数据备份及恢复机制。

(2) 满足多来源汇聚对接要求。云计算平台以多来源内容汇聚为重点,可缩短新闻到达受众的时间,打破新闻呈现对专业设备的依赖。利用互联网内容、线索汇聚等应用具有资源充足、服务覆盖广泛、服务稳定有保障等诸多特点,部署于云平台的多来源汇聚工具,可囊括主流网站内容、微博、微信等数据信息,可通过对时间、空间维度的深入延展,呈现新闻事件的全貌,保证新闻的真实性、全面性与客观性;可通过数据综合分析,使生产的融媒体节目更有热度、更加真切、更为多元地呈现给受众。

(3) 满足互联网紧密结合要求。云计算平台可实现互联网的紧密结合。新兴媒体具有互联网属性,互联网内容要实现与电视台节目生产共平台,就需要淡化电视台生产平台与互联网的界限,真正实现"台网(互联网)合一"。基于云计算技术构建的云生产发布平台,可与互联网业务高效对接,推动传统媒体和新兴媒体融合发展,实现融媒体节目共平台精细化生产及面向互联网各渠道的快速发布。

(4) 满足融媒体共平台生产要求。云计算平台可实现融媒体多业务并行生产。优质的融媒体内容生产，需要收集用户信息和舆情信息，建立更加广泛的内容汇聚方式，需要采取多种节目制作方式，采用全媒体演播互动等新制作形式。云计算平台可以方便实行资源的统一管理和灵活调配；可结合新媒体发展需要，快速进行新业务资源的部署；可实现全电视台级的集中式全媒体内容汇聚与分发，轻量级工具共平台生产，以及利用云桌面技术改善台内各生产网的弹性扩展，有助于提高融媒体节目的精细化制作能力，全方位保证节目的生产质量和品牌竞争力。

（5）满足敏捷节目形态响应要求。新兴媒体业务间交互需求多，交互复杂，节目生产形态变化极快，具有规模难以准确预测性和表现形式灵活多变的特点。云计算平台采用分布式和微服务架构，可在平台上及时响应业务扩展需求，快速完成新业务系统部署，实现成本和效率之间的平衡。

当前，融媒体云平台建设模式为我国各级电视台融媒体建设升级开拓了一条新的道路。国内索贝、大洋等传统广电头部企业纷纷推出融媒体云平台建设方案，CGTN全球新闻云、中国蓝云、荔枝云、大美青海云等多个国家级、省级融媒体云服务平台的出现将我国电视台融媒体云平台建设推向新的高度。国外众多优秀的通讯社也纷纷学习我国电视台的融媒体云平台建设模式，包括美联社、路透社在内的国际巨头通信社，纷纷与我国云上融媒体解决方案提供商进行合作，建设其全球新闻云服务。融媒体云平台建设彻底改变了传统广电"孤岛式"的服务系统升级模式。

云平台可结合云计算弹性伸缩、灵活部署的特点，将云原生微服务、可扩展、可迭代的理念融入电视台新媒体生产制作系统的升级过程，从离散式建设到规模化云上部署，打破各系统间的信息壁垒，融媒体云平台建设必将成为广电行业发展的主流。

四、编写目的

本书以广电领域融媒体云平台建设主要厂商成都索贝数码科技股份有限公司的解决方案为例，面向行业内外读者进行融媒体云平台建设模式、框架、平台、工具、服务等多维度的全方位分析，帮助读者了解目前我国电视台进行媒体融合改造的方式，了解各层平台、各类系统、各种工具的内在逻辑关联及功能要求，同时了解新时代下的融媒体云平台建设的相关需求；尤其面对有着数十年广电行业系统建设经验的优秀工程师，本书以互联网建设思维向此类读者阐明了现有及未来电视行业系统建设发展的新模式，帮助传统广电工程师去理解新时代下融媒体云平台的相关概念、系统构成及功能实现；同时，本书在多个章节留有开放式的思考，帮助从事相关行业的读者去挖掘更多创意，激发更多平台建设或是内容创作灵感。

致 读 者

亲爱的读者：

  你们好！我是本书作者张京。本科毕业于北京航空航天大学电子工程系，研究生毕业于北京航空航天大学图像处理与模式识别专业。在IT行业从事了7年智能测控系统软硬件研发后，于1996年10月调入中国教育电视台工作。历任中国教育电视台制作中心执行主任、播控中心（网络部）执行主任、总编室（媒资部）执行主任等。目前在中国教育电视台总工程师办公室从事技术系统规划管理工作。

  寒来暑往，掐指一算，我已在中国教育电视台（以下简称教育台）工作25年多，在这25年里，我先后完成了教育台新闻/节目制作网项目建设、媒体资产管理系统项目扩容、总编室高清节目整备系统项目设计等工作；起草了教育台全台网、全媒体新闻共享平台、全媒体媒资管理系统升级等项目规划；并作为教育台首位非线性编辑系统和宽泰包装系统技术支持，组织了教育台2002年度CETV1频道整体包装及台多个重点栏目的整体包装，承担了教育部《小学生文明礼貌片》《让教师满意》等专题片的技术制作和宣传包装工作。亲身参与了从字幕机、单机非线性编辑系统开放使用到机房建设、非编网和全台网构建，目睹了教育台乃至整个广电行业的技术变革和行业发展。回首往事，工作的点点滴滴都在印证我的成长和教育台的跨越式发展。

  本书是本人多年来持续进行电视台技术系统规划建设研究思考的总结，从设计到最后的完稿共花费了近8个月的时间。在准备期间本人收集了大量项目案例，以实际情况出发，具体分析当下电视台对融媒体云平台的建设需求，同时也结合教育台自身建设的经验，把我认为有价值的、值得注意的要点梳理出来。一些建设方案的设计理念来自与我们台有深度合作的索贝数码公司。编书对于像我这样一个来自一线的技术人员来说并非易事。虽然有着技术系统规划设计丰富的实战经验，但在文字的表达上可能没有做到通俗易懂，导致书读起来略显生涩。在后期改稿时，我也花费了大量精力增加了一些基本概念和电视台工作流程的解释，让它看起来不像是一个设计报告或者解决方案，虽无法做到生动有趣，但也增加了它的可读性。

由于目前国内各省市地级电视台构建的电视台融媒体云平台下生产系统既有差异，又存在许多共同点，因此本书的研究成果具有一定的创新和参考性，同时有些内容也带有一定的探索性。正因为如此，本书难免会存在一定的错误和不足之处，在此恳请广大读者批评指正。

在整个编书过程中，我要特别感谢索贝公司北京分公司的贾京晨总经理、廖伟先生、姚仕元先生及其团队成员，感谢他们帮助我从市场的角度深入、全面地了解当下电视台融媒体云平台的建设情况及发展背景；感谢教育台张治主任与我从平台、架构到流程、模式进行的广泛、深入的技术交流；感谢王瑞杰先生帮助我整理实际系统的图例，让文章不再生硬。最后我要特别感谢我的家人对我的鼓励和支持，谢谢你们！

谨以此书分享我多年从事电视台业务系统及融媒体云平台建设中的一些经验。未来，我会继续从事电视台融媒体云平台及云上业务系统的研究和规划工作，加深对传统媒体和新媒体融合过程中关键技术的理解，不断优化系统设计，形成更多优质、有意义的理念和方案与大家分享。欢迎各位读者与我交流！

本人在撰写此书的过程中参考了大量文献，并尽可能地列在书后的参考文献中，但其中仍难免有所遗漏，这里特向被遗漏的作者表示歉意，在此向所有作者表示诚挚的谢意。

张 京

2022 年 3 月 28 日

内 容 提 要

面对国内外媒体之间日趋激烈的竞争，如何应对融媒体发展，灵活高效地拓展新的业务和服务形态，构建适应未来生产机制、流程和技术变革的电视台融媒体生产平台，成为电视技术领域必须深入思考和面对的问题。

本书在简要介绍融媒体、云计算技术、电视台融媒体云平台基本概念的基础上，对融媒体平台总体框架、媒体设施服务层、媒体平台能力层、媒体应用服务层在电视台的具体应用方式进行了阐述；提出了采用云计算、容器、人工智能、微服务架构，构建电视台融媒体制播云平台的基本思路和原则；并针对电视媒体行业业务发展特点，提出了基于云平台的全新的电视台融媒体业务生产模式，分析梳理出信息汇聚、统一检索、文稿编辑、节目生产、内容审查、资源管理和节目备播等各关键环节的工作流程和业务需求，总结出电视台内容汇聚、全媒体生产、媒体管理和节目备播等核心服务的关键功能要求，以及关键技术系统或设备的技术指标及选型要求，并提供相应的项目建设实施案例供参考。

本书通过详细论述电视台融媒体云平台的总体框架、业务特点、业务流程、平台建设关键技术或设备要求及技术实现应用方案，可使读者对云计算技术在电视台的应用有一个较全面的认识，使媒体行业技术人员能详细了解在云平台下融媒体内容汇聚、节目生产、内容管理和节目备播业务系统的思路和实施方法，有助于其快速完成融媒体技术研发、敏捷生产和新业务的弹性部署工作。

本书围绕电视台的融媒体建设，分析当前国内外融媒体的发展趋势，针对电视台融媒体云平台建设过程中对架构、系统、工具的多种要求，参考教育台与成都索贝数码科技股份有限公司合作过程中对融媒体云平台建设经验，分析电视台融媒体云平台升级建设中需要注意的关键点。其中第一章描述了行业内的基本概念，帮助行业外的读者进行初步理解；第二章为融媒体云平台技术规划，从大层面简单地对融媒体云平台的三层架构进行分析；第三章为融媒体基础资源及服务能力实施，从细粒度描述实际建设过程中融媒体云平台的资源及各类服务；第四章为融媒体制作系统设计，从业务流程、工具层面具体描述了电视台融媒体云平台的内容生产的能力及建设需要；第五章为融媒体内容整备系统设计，具体描述融媒体云平台如何兼顾电视台最重要的节目业务；第六章为融媒体资源管理系统设计，分析电视台融媒体云平台媒资系统采用的架构及其具备的能力。

目　　录

第1章　融媒体云平台基础知识 …………………………………………… 001
  1.1　云计算的基本概念 ………………………………………………… 001
    1.1.1　云计算的定义 ………………………………………………… 002
    1.1.2　云计算技术特性 ……………………………………………… 002
    1.1.3　云计算的服务模式 …………………………………………… 004
  1.2　融媒体云平台的基本概念 ………………………………………… 005
    1.2.1　融媒体的定义 ………………………………………………… 005
    1.2.2　融媒体的基本特点 …………………………………………… 005
    1.2.3　融媒体云平台的定义 ………………………………………… 007
  1.3　融媒体云平台的部署 ……………………………………………… 008
    1.3.1　私有云模式 …………………………………………………… 008
    1.3.2　公有云模式 …………………………………………………… 009
    1.3.3　专属云模式 …………………………………………………… 010
    1.3.4　云平台的部署原则 …………………………………………… 011
  1.4　融媒体平台架构的演进及其意义 ………………………………… 012
    1.4.1　面向SOA体系的全台网建设 ………………………………… 012
    1.4.2　SOA体系与云体系的对比 …………………………………… 014
    1.4.3　融媒体云平台的建设意义 …………………………………… 017
  1.5　融媒体平台建设需要考虑的问题 ………………………………… 017

第2章　融媒体云平台技术规划 ················· 019

2.1　建设规划 ··································· 019
2.1.1　建设原则 ··························· 019
2.1.2　云平台建设要求 ··················· 020

2.2　总体架构 ··································· 023
2.2.1　媒体设施服务层（IaaS）············ 024
2.2.2　媒体平台服务层（PaaS）··········· 026
2.2.3　媒体软件服务层（SaaS）··········· 030
2.2.4　云平台安全管理及运维要求········ 032

2.3　总体拓扑结构 ······························· 033
2.4　总体业务流程 ······························· 035

第3章　融媒体基础资源及服务能力实施 ········· 037

3.1　云平台基础能力建设 ························ 037
3.2　资源池建设 ································· 042
3.2.1　资源池建设基本要求ƒ ·············· 042
3.2.2　计算资源池建设 ···················· 043
3.2.3　存储资源池建设 ···················· 051
3.2.4　网络资源池建设 ···················· 055
3.2.5　云管平台建设 ······················ 057
3.2.6　网络安全系统建设 ·················· 060
3.2.7　运维监控系统建设 ·················· 064

3.3　服务能力建设 ······························· 066
3.3.1　媒体服务引擎 ······················ 067
3.3.2　媒体处理服务 ······················ 068
3.3.3　人工智能服务 ······················ 073

3.4　平台服务建设关键点 ························ 085

3.4.1　应用门户 ·· 086
3.4.2　多种数据库 ·· 086
3.4.3　工作流引擎 ·· 087
3.4.4　微服务化设计 ·· 088
3.4.5　去中心化设计 ·· 089
3.5　系统对接 ·· 091
3.5.1　规范定义 ·· 091
3.5.2　与媒体平台对接 ·· 094
3.5.3　与已有制作系统对接 ·· 095
3.5.4　应用迁移及现有设备利旧 ·· 095

第4章　融媒体制作系统设计 ·· 097

4.1　制作系统总体架构 ·· 098
4.2　主要业务模块 ·· 099
4.3　业务流程 ·· 101
4.3.1　融媒体内容生产流程 ·· 102
4.3.2　新闻节目生产流程 ··· 102
4.3.3　节目制作生产流程 ··· 104
4.4　资源汇聚 ·· 105
4.4.1　远程回传 ·· 105
4.4.2　信号收录 ·· 106
4.5　内容管理 ·· 107
4.5.1　统一内容库 ··· 107
4.5.2　统一检索 ·· 107
4.5.3　用户管理 ·· 107
4.6　新媒体生产工具 ··· 108
4.6.1　短视频快编 ··· 108

4.6.2 图片编辑 ·················· 109
4.6.3 多媒体稿编辑 ·················· 111
4.6.4 移动生产工具 ·················· 115
4.7 超高清/高清节目编辑软件 ·················· 116
4.7.1 素材上/下载 ·················· 116
4.7.2 编辑处理 ·················· 118
4.7.3 音频处理 ·················· 120
4.7.4 视频特技 ·················· 123
4.7.5 色彩管理 ·················· 123
4.7.6 字幕处理 ·················· 126
4.7.7 智能唱词 ·················· 128
4.7.8 资源管理器 ·················· 129
4.8 配音软件 ·················· 131
4.9 节目审片 ·················· 132
4.9.1 节目审片流程 ·················· 133
4.9.2 审片软件功能 ·················· 133
4.10 新闻文稿及串联单 ·················· 134
4.10.1 新闻文稿 ·················· 134
4.10.2 串联单管理 ·················· 137
4.11 新闻直播演播室 ·················· 139
4.12 直播类节目拆条 ·················· 140

第5章 融媒体节目整备系统设计 ·················· 141
5.1 整备系统总体架构 ·················· 141
5.1.1 基础资源准备 ·················· 142
5.1.2 服务能力准备 ·················· 144
5.2 系统总体流程 ·················· 145

5.3 主要业务模块功能····················147
　5.3.1 节目代码管理····················149
　5.3.2 节目单管理······················155
　5.3.3 节目上载························159
　5.3.4 节目审查························160
　5.3.5 节目备播························161
　5.3.6 飞播字幕的编排··················165
　5.3.7 广告合同管理····················166
　5.3.8 播后节目归档····················168

第6章 融媒体资源管理系统设计····················169

6.1 总体架构····························169
　6.1.1 资源建设························170
　6.1.2 服务建设························173
　6.1.3 媒资应用························175
　6.1.4 总体拓扑图······················175

6.2 业务流程····························176
　6.2.1 制作资源归档流程················177
　6.2.2 资源入媒资库流程················178
　6.2.3 媒资编目流程····················179
　6.2.4 媒资出库下载流程················179

6.3 主要业务模块功能····················180
　6.3.1 资源上载························181
　6.3.2 智能服务························184
　6.3.3 内容编目························186
　6.3.4 检索浏览························192
　6.3.5 辅助审查························196

6.3.6 出库下载 …………………………………………… 198
6.3.7 版权管理 …………………………………………… 201
6.3.8 数据统计 …………………………………………… 203
6.3.9 近线归档 …………………………………………… 204
6.3.10 权限管理 …………………………………………… 205

参考文献 ………………………………………………………… 207

第1章

融媒体云平台基础知识

在各类技术全面发展的背景下，电视台相关技术平台呈现了IT化、IP化和云化三大趋势：IT行业本身成熟度较高，开放性较强，在全球各行业不断IT化的进程中，电视台相关技术平台正逐渐与IT融合，成为IT的一个部分。电视技术平台基础架构的逐步IP化，使网络系统的规划设计更为简单，且传输链路、视音频压缩和制播全流程的IP化将摆脱对专业设备的依赖，降低技术门槛并提高运行效率。云计算技术具有超大规模、虚拟化、高可靠性、通用性、高可扩展性、按需服务等特点，通过虚拟化、自动化、标准化的手段，可有效提高电视技术系统的建设、运维和管理水平。电视台的融媒体云平台改造，将促进电视台技术平台的开放和多元化，同时也会加快电视台相关系统和业务的整合。

1.1 云计算的基本概念

云计算最早于2006年被美国亚马逊公司首次提出，之后亚马逊公司又推出了一个弹性化的计算云存储服务，使云计算这一概念被大众熟知并广泛应用。ISO/IEC标准化组织于2014年给出了云计算的定义，即：云计算技术是以互联网技术为支撑，接入一个可扩展的共享物理或虚拟资源池的服务模式，用户可以按需购买应用服务。计算资源系统包含了多种类型，如网络服务器、存储容量、计算能力、软件应用等。云计算可以有效节约资源，即用户用多少资源就购买多少资源。云计算在促进社会生产力发展过程中发挥着越来越重要的作用。

1.1.1 云计算的定义

根据美国国家标准技术研究院（NIST）定义，云计算是一个商业模型，它将计算任务分布在大量计算机构成的资源池上，使各种应用系统能够根据需要获取计算能力、存储空间和信息服务。

云计算的定义中有四个关键要素：

（1）硬件和软件都是资源，通过网络服务的方式提供给用户；

（2）资源可以根据需要进行动态配置和扩展；

（3）资源在物理上以分布式的共享方式存在，为云端的用户所共享，但最终在逻辑上以单一整体的形式呈现；

（4）用户按需使用云中的资源，按实际使用量付费，由平台统一管理。

1.1.2 云计算技术特性

云计算通常具有按需使用、资源池化、弹性服务、泛在接入、服务可计费、恢复性计算六个具体特性。

（1）按需使用（on-demand usage）。按需使用是一种服务能力，是指以服务的形式为云用户提供应用程序、数据存储、基础设施等资源，并可以根据云用户需求自动分配资源。云用户可以单边访问基于云的 IT 资源，并可以根据需求自助选择相应的 IT 资源。

（2）资源池化（resource pooling）。资源以共享资源池的方式统一管理。利用虚拟化技术，将资源分享给用户，资源的放置、管理与分配策略对用户透明。资源池允许将大量 IT 资源放在一起为多个云用户服务。不同的物理和虚拟 IT 资源可根据用户需求动态分配和再分配。允许多个云用户使用同一 IT 资源或软件实例，每个用户之间相互隔离。

（3）弹性服务（elasticity）。弹性是一种服务能力，弹性服务与降低投资密切相关，是采用云计算技术的核心原因。云计算可根据运行条件或用户要求快速自动透明地扩展 IT 资源，以自动适应业务负载变化。IT 资源量越大其所能够提供的弹性服务的范围越大。

（4）泛在接入（ubiquitous access）。泛在接入是一个可以被广泛访问的云服务能力。为使用户可以利用各种终端设备随时随地通过网络访问云计算服务，云服务能泛在接入，需要根据不同云服务用户的需求，提供相应的设备、传输协议、接口和安全技术支持。

（5）服务计费（service billing）。服务可计费特性是指云计算记录对 IT 资源使用情况的能力。服务可测量计费与按需使用有关，可反映云对云用户 IT 资源使用进行测量的能力。服务可计费不仅可根据资源的使用情况对服务计费，还可对使用情况进行通用监控和报告。

（6）恢复性计算（resilient computing）。恢复性计算是一种故障转移的形式，它在多个物理位置分别放置 IT 资源的冗余实现。它把事先配置好的 IT 资源在多个物理位置上冗余放置。当一个资源出现故障时，就自动转到另一个冗余的实现上进行处理。利用基于云计算技术的 IT 资源可恢复性，云用户可以增加其应用的可靠性和可用性。云的可恢复性与云内在的故障转移特性相关。

云计算技术可以将许多不同类型的服务器整合成一台服务器，对外统一提供计算能力。云计算技术可以免购置费、免维护费，做到用多少租多少、随用随租，使用方便。云计算可以提高资源利用效率，为企业节省大量成本，正逐渐应用到各个行业。在广播电视台运营中云计算发挥着重要作用，利用云计算技术建设融媒体云平台将为电视台节约大量成本，将有效促进广播电视业务的健康发展。

1.1.3 云计算的服务模式

云计算技术架构一般分为基础设施服务层（IaaS）、媒体平台服务层（PaaS）、媒体软件服务层（SaaS）三层。IaaS 提供了整个生产工艺的基础架构，包括计算资源、存储资源、网络资源等基础资源；PaaS 提供了可弹性调度的平台服务层，为不同业务应用提供了标准化的应用工具和服务；SaaS 提供了面向业务的系统化解决方案。三层之间是互相关联的松耦合关系，如图 1-1 所示。

图 1-1　云技术概念分层框图

（1）IaaS 是由基础设施提供的服务。IaaS 将设备硬件、数据和计算等基础资源封装成服务，为用户提供底层的接近于直接操作软硬件资源的服务，涉及的主要技术包括：服务器及桌面虚拟化技术、数据存储技术、资源管理技术以及能耗管理技术。

（2）PaaS 是由平台提供的服务。PaaS 将应用服务、任务流程、算法服务等整合为云计算平台服务，提供运算与解决方案的服务平台，涉及的主要技术包括：分布式技术、实例的动态管理技术、应用隔离与安全技术、应用交互技术、服务能力开放与集成技术以及协同支持技术。

（3）SaaS 是由软件提供的服务。SaaS 以软件租用、在线使用的方式提供软件服务，涉及的主要技术包括：多租户技术、可扩展技术和可定制技术。

1.2 融媒体云平台的基本概念

1.2.1 融媒体的定义

融媒体（converged media）是有效结合广播、电视、报刊、网络视听等方面的信息技术，借助于多样化的传播渠道和形式，将新闻资讯等内容广泛传播给受众，实现资源通融、内容兼融、宣传互融的新型媒体。融媒体是全媒体功能、传播手段乃至组织结构等核心要素的结合、汇聚和融合，是信息传输渠道多元化下的新型运作模式。媒体融合态势下，传统媒体将与互联网、移动互联网等新兴媒体传播渠道有效结合，实现资源共享、集中处理，能够衍生出多种形式的信息产品，多渠道广泛传播给受众。

1.2.2 融媒体的基本特点

融媒体不仅意味着多媒体的传播方式，而且更多地体现出"集团式"的媒体状态，即利用融媒体模式将大量信息进行分类、整合，使纸媒、移动媒体、广播电视媒体与网络新兴媒体等传统与新媒体形态融合成一个庞大的媒体资源聚集地，信息的采编与发布可同时在媒体内部所有环节中进行一体化运作。

1. 业务特征

融媒体的业务特征主要有以下几个方面：

（1）即时传播、海量传播。要树立抢占先机的意识，高度重视首创首发首播，充分挖掘和整合信息资源，在信息传播中占据主动、赢得优势。

（2）充分开放、充分竞争。要树立全球视野，强化市场观念，提高市场营销和产品推介能力，做大做强自身品牌。

（3）一体化发展。实现各种媒体资源、生产要素的有效整合，做到你中有我、我中有你。

（4）品质上追求专业权威。要依托强大的采编力量、权威的信息渠道、规范的采编流程，进行专业化的内容生产，确保报道的真实准确、全面客观。要加强信息资源的挖掘和加工，深耕信息内容，推出思想性强、观点鲜明的深度报道和评论言论，进一步提升信息内容的品质。

（5）具备即时采集、即时发稿的报道机制。要用好微博、微信等传播平台，加强短视频、微视频的创作生产，丰富报道方式，把报道内容直观形象地呈现出来，努力抢占第一落点。

（6）量身订做、精准传播。既要提供共性内容产品，也要加强个性化内容生产。要认真研究用户的不同需求，有针对性地生产特色信息产品，点对点推送到用户手中，提高内容的实效性。

（7）具备多媒体化的展示方式。要综合运用图文、图表、动漫、音视频等多种形式，实现内容产品从可读到可视、从静态到动态、从一维到多维的升级融合，满足多终端传播和多种体验的需求。

2. 运营特征

融媒体的运营特征主要有以下几个方面：

（1）实现了从频道到平台的转变。要从简单的"二次售卖"商业模式到构建多主体共享的商业生态系统。

（2）实现了从内容到产品的转变。要从面向传统电视播出到面向多媒体营销、IP 开发，打造完整的产业链。

（3）实现了从观众到用户的转变。要建立用户数据库，分析用户特点和需求，为用户提供多样化、个性化的信息和服务。

（4）实现了从单网向多网、多终端、多业务的转变。业务应用要从单向到多维，终端从单一转向多元，传输渠道从专网变为多网传播。

以上运营特征要求我们所有的制播、分发过程都围绕用户进行，充分注重受众在传播过程中的主体地位与共享权利。从技术架构来说，要求既满足发布流程的简单化、智能化，又能实现网络、微信、APP 等全媒体发布、分发的统一管理，还要建立统一的数据分析平台，实现海量数据的挖掘以及用户行为的精确分析，增强融媒体运营的综合竞争力。

3. 技术特征

融媒体的技术特征主要有以下几个方面：

（1）节目数据量大并且以非结构化文件为主体。特别是随着互联网海量资源的整合汇聚以及高清、超高清、立体显示等新业务的发展，需要处理的数据成几何级数增长，对数据存储空间及资源管理提出了更高的要求。

（2）节目制作方式更加精细、制作手段更加多样。在节目制作过程中大量运用虚拟植入等相关技术，对新闻、体育、天气、财经、娱乐等节目进行完美的现场包装，这些对数据量、计算速度都提出了更高的要求。

（3）信息的传播体现出了社交化、移动化、视频化的趋势。需要充分利用数字、网络技术，通过互联网、宽带局域网、有线电视网、无线通信网、卫星等多种渠道以及电脑、手机、电视等多种终端，向用户提供信息和娱乐服务。

（4）融媒体相关业务对资源的共享时效、检索效率、展现方式、权限控制等提出了新的挑战，应实现资源的聚合、存储、管理、展现和调用，并与各生产工具对接，面向各业务提供资源服务。

1.2.3 融媒体云平台的定义

融媒体云平台（converged media cloud platform）是应用云计算、大数据等信息技术，提供公共服务能力与工具，重构融媒体业务流程，开展媒体服务类、综合服务类、运营服务类等业务的综合技术支撑平台。

电视台融媒体平台是指以云计算、大数据等现代信息技术为基础打造的"媒体云平台"，平台基于云架构，通过能力建设、开放接口、流程重构，支持电视台敏捷生产和新业务的弹性部署，在满足传统业务流程的同时，满足媒体融合的多业务流程，满足新业务运营的基础性要求，能够为新业务提供统一的内容支撑、技术服务、数据分析、运营计费等服务一体化技术业务平台，有效支撑媒体融合发展背景下电视台创新业务的快速发展。

融媒体业务种类多样，业务模式与业务流程也不断变化，需要采用更灵活的基础架构，满足业务的多样性及不断变化的需要。融媒体平台可充分采用云计算的相关理念与技术，发挥云的优势与特色，支撑媒体融合发展的需要。

1.3 融媒体云平台的部署

融媒体云平台的部署主要指利用私有云、公有云和专属云的资源进行融媒体平台的建设。

1.3.1 私有云模式

私有云是指由广播电视媒体行业自建自用的云服务平台。电视台采用私有云服务的主要优点是：能掌控云基础架构，业务应用和内容安全皆在电视台业务系统内进行组织和管理，能较好地保证平台存储、计算和网络性能的同时，保证数据的可控、可信、可靠和安全特性。缺点是通过互联网和移动互联网互联互通的业务能力受限，建设和运维的成本较高。

电视台私有云的建设立足于整合台内现有资源，以云架构替代原有的全台网架构，提升内容生产能力，满足面向融媒体业务转型的需求。媒体私有云完全由电视台自主建设和运维。电视台私有云的特点如下：

（1）整合台内有效资源。媒体私有云的建设，需要针对自身现有系统特点，最大化地利用台内现有系统和设备，在满足业务不间断的情况下，采用分步实施的策略，逐步整合台内的设备资源，使得现有台内系统能够平滑过渡到云计算体系架构中。

（2）构建技术支撑体系。私有云建设的重点在于能力构建，通过整合各厂商提供的基础能力，利用开放接口为用户提供服务。目前各厂商提供的能力很多是共性的，不同业务可依据自身需要进行能力的调用，通过智能引擎进行能力串联和应用封装。

（3）提高节目生产能力。全台网系统普遍采用管道式建设方式，各业务版块相对独立，通过 ESB、EMB 进行相互之间的交互，在运行效率方面存在不足，资源难以共享。私有云的建设应以融媒体为业务需求，以提高节目生产能力为根本，打破内容交换的瓶颈，实现资源融合、效率提升。

（4）支撑媒体融合业务。媒体私有云的建设既可以满足传统制播业务的需求，也面向融媒体的需求，能够充分满足面向互联网的节目生产分发和其他新的业务。媒体私有云需要根据业务发展的情况扩展能力，并通过与行业专属云和社会公有云的互联来满足更多的融合需求。

1.3.2 公有云模式

公有云指由服务运营商负责建设和运维，在其所提供的公共交付环境中租用资源和服务，实现计算、存储、网络资源和开放服务能力的共享使用，解决互联网和移动互联网的业务上线运行。主要优点是可选择云服务运营商提供媒体设施服务层服务，对资源需求的机动、灵活性好，与互联网和移动互联网的融合度高，建设和公共运维的成本最低；缺点是存储、计算和网络性能以及数据和安全性难以管控。

电视台可以直接购买公有云使用，也可以在公有云提供的基础设施或者平台服务的基础上，构建符合融媒体特征的业务平台。电视台融媒体建设采用公有云具有如下特点：

（1）适配电视业务需求。融媒体业务不仅需要与互联网进行融合，还需要借鉴或者使用公有云上提供的各行各业的服务，实现以用户为中心的业务扩展。同时，公有云上针对电视行业特点的云服务也会不断增加，电视台应以开放的心态，选择其中适配自身业务需求的服务进行购买使用。

（2）提供技术保障能力。对公有云提供的服务，电视台只需直接购买使用，无需关注基础资源的建设。同时，公有云是海量用户的聚集地，云服务和软件能够更好更快地满足用户需求并有着强大的弹性扩展能力。

（3）优化用户传播渠道。在融媒体环境下，通达用户的渠道除了现有的行业内网络资源外，更多的是与互联网进行对接，通过公有云服务，可用于解决内容快速分发的路由带宽问题，提高用户体验。

（4）建立融合创新平台。融媒体作为电视行业的发展方向，很多创新的业务形式还需要不断探索，需要有一个试错和完善的过程。公有云提供了创新业务的支撑平台，可以在上面快速开发业务，并与本地系统实现协同。

1.3.3 专属云模式

专属云是私有云和公有云的特殊形式，兼具私有云和公有云的特点优势。由专业厂商为广播电视媒体行业专门定制打造并提供专业运维服务。设计、建设过程中可更好地贴合媒体行业对公有云资源的实际需求，资源独享，可租用第三方机房、设备、网络等基础资源，且数据、安全性和关键服务均可管可控。

行业专属云由电视台与相关媒体机构、云服务提供商共同打造，自主运营。作为台内业务与互联网连接的渠道，专属云利用靠近互联网的优势，也可以促进媒体机构的联合，实现内容的共同运营，电视台采用专属云具有如下特点：

（1）弘扬主流媒体的责任担当。作为主流媒体，承担着弘扬主旋律、壮大主流思想舆论的重任。通过行业专属云的建设，使用成熟的公有云基础资源，构建面向互联网和媒体机构的传播平台，可以增强主流媒体的汇聚力、生产力，提升传播力和影响力，更好地担当主流媒体的责任。

（2）探索融媒体生产模式。媒体私有云承担着台内高质高效的生产任务，但在媒体融合态势下，生产模式发生了相应变化，尚有一部分业务既需要一个靠近互联网的平台，以实现内容随时随地快速上载或更新，又需要拥有较强的数据和内容处理能力，以达到电视专业级内容处理的水平。

(3) 搭建业务运营平台。专属云通过部署面向电视业务的 PaaS 和 SaaS 服务平台，不仅可以承担内容生产任务，还可以承载版权、内容等面向运营的业务，以及对业务运营过程中获取的大数据进行分析。

(4) 强化安全保障。虽然行业专属云构建在成熟的公有云基础设施之上，有专业的安全设备和人才对系统进行有效的维护，但是电视业务有着一定的特殊性，还需要针对媒体特点提供相应的安全保障，从内容、数据、应用、用户等方面进一步强化安全措施，体现行业专属云服务于媒体机构的特点。

1.3.4 云平台的部署原则

对于电视台的融媒体平台建设，应该以全局化思路配置云架构。为了充分达到生产融合的效果，电视台云架构应该具有三层体系架构。为了与用户间实现密切的沟通和交互，集中体现与互联网间业务融合的目标，建议采用"公有云、私有云和专属云"三云互动的方式进行融媒体平台建设。

在采用私有云、公有云及专属云构建电视台云基础架构的过程中，应依据与互联网的距离、依存性选择公有云、私有云；依据服务的安全性、共享性、效率要求取舍本地服务与云端服务的构成及比例。例如希望拥有更多控制权、更高安全性的这类服务可能会更偏向于选择私有云提供的服务，而较为关注拥有成本、灵活性和可伸缩性的客户更偏向于选择公有云服务。

私有云宜应用于台内制播业务。公有云宜应用于融合新闻制作、社交媒体、新闻客户端发布等互联网、移动互联网业务，以及广告、互联网内容汇聚等对台内制播业务安全影响较小的业务应用场合；专属云宜根据需要在私有云和公有云之间灵活变换业务应用场景，既可具备公有云的互联网访问属性，又可兼顾台内制播业务应用。融媒体云平台宜采用私有云、公有云、专属云相结合的多种方式建设部署，具体可根据实际情况决定，三种云部署方式的关系见图1-2。

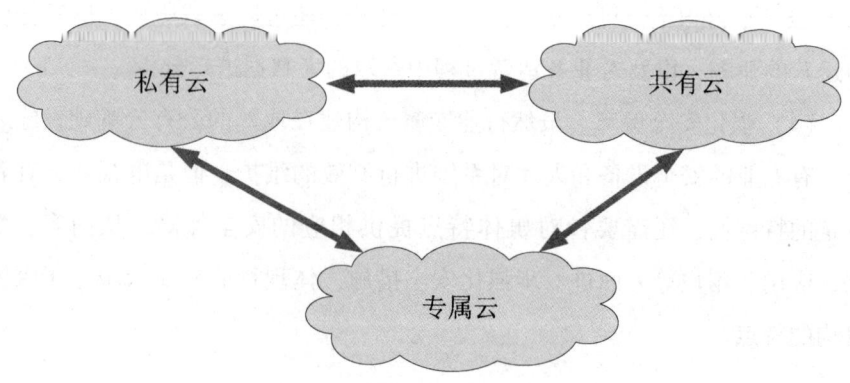

图1-2 三种云部署方式示意图

从目前情况看，鉴于电视行业的特点，三种模式的并存将持续较长一段时间。在并存的过程中，建议以建设私有云为起点，将部分高弹性、安全要求不高的应用迁移到公有云，并完善公有云与私有云之间的应用调度接口。随着技术的不断发展，按照私有云、专属云以及公有云的递进次序，将适合迁移至云端的业务不断增加，最终实现多云并存，全面支撑业务发展的局面。

1.4 融媒体平台架构的演进及其意义

1.4.1 面向SOA体系的全台网建设

近年来我国电视台数字化网络化得到快速发展，特别是《电视台数字化网络化建设白皮书》发布以来，全台网的建设日趋成熟，目前大多数电视台已基本实现全台网络化制播，显著提升了节目制播质量和效率。从全台网典型架构来看，基于ESB（企业服务总线）+EMB（媒体服务总线）的SOA架构已经成为主流。SOA架构采用了面向服务的设计和理念，通过对各类业务流程进行统筹分析，将各业务版块对外接口进行提炼、抽象和封装，以服务的方式包含了电视台的制作流程，整体架构成熟、稳定性好，能够实现全台各业务版块的互联互通，基本达到了数字化、网络化、信息化的建设目标，有效提升了电视台业务运行的质量和效率。

SOA 的理念解决了在现有业务应用系统和工作流程的基础上，整合和利用全台各业务系统功能，打通媒体数据、元数据的交换通道，并对未来系统的建设提前规划、预留互联互通的接口指明了方向。但同时 SOA 体系作为 IT 领域提出的一个整体解决方案框架，直接应用国内广电领域还存在如下不足：

（1）广电领域流程的特殊性。运用 BPEL 技术可以定义和规范应用系统间进行工作任务传递的工作流程，并可对整个流程进行监控，但监控的主要对象是应用系统级对任务处理的状态，如对于唯一 ID 编号的一个节目，可以通过设置节目参数的标识（Tag）来跟踪该节目的位置和处理过程，但不能对应用系统内部的处理状态进行监控，而国内电视台应用系统内的工作流程又各不相同，造成监控点不够明晰。

（2）设备的特殊性。SOA 构架下的系统级监控，根据电视台的实际使用要求应当包括两个层次：应用系统间跨系统流程的监控和骨干核心设备运行状态的监控，第一个方面的监控主要依赖应用系统建模时的监控探测服务接口，并通过开放的协议提供外部系统查询调用的方法，定义、设计和提供这样的接口方法依赖对电视台业务有深刻理解的广电系统集成厂家；第二个方面对设备的监控除了要求对核心的盘阵、交换机等设备进行监控外，往往还需要对系统中的一些 AV 设备如矩阵、VTR 进行监控，采用 SNMP 协议或是专用协议实现，如 SONY S-BUS 等。如何将跨系统流程监控和骨干设备监控结合起来，简单套用 SOA 框架解决并不可行。

（3）协议的多样性。构建基于 SOA 架构的电视台互联互通平台，可以整合全台的节目生产流程，通过开放的协议技术，实现跨系统的媒体数据交换、元数据交换和业务流程的互通，但 SOA 框架内采用的协议大多是比较常用和开放的，而广电领域系统往往包括一些特殊和私有的协议，如 VDCP、MOS 协议等。在涉及跨系统的功能流程实现中，单纯采用 SOA 框架协议还不能满足业务使用要求。

在传统的系统建设过程中,后台采用 SOA 技术架构,通过主干平台的双总线,实现各系统的互联互通。各系统分别采用不同的技术和架构,甚至是独立的硬件体系环境,导致系统后续的维护成本高和工作效率低的问题。同时在传统架构中,核心服务所在的运算环境存在单点故障风险,降低了系统可靠度;不同系统之间的媒体共享需要大量的迁移,也导致业务整体运行过程中出现响应慢、性能存在瓶颈的问题。

1.4.2 SOA 体系与云体系的对比

SOA 体系是一个集成平台,其本身并不产生能力,也不存储,只是进行消息协议转化、路由和数据的传输。SOA 服务目录库能力来源于业务版块,业务版块提供服务注册到 SOA 的服务目录库中,因此 SOA 更多是能力集成平台。基于云计算的融媒体平台更强调硬、软件能力的集中化,同一个能力不应该在各个业务版块反复的建设,而是应该集中到云端来统一建设和管理,建设完成的能力再通过服务化方式提供出去。SOA 体系与云体系的对比,见图 1-3 所示。

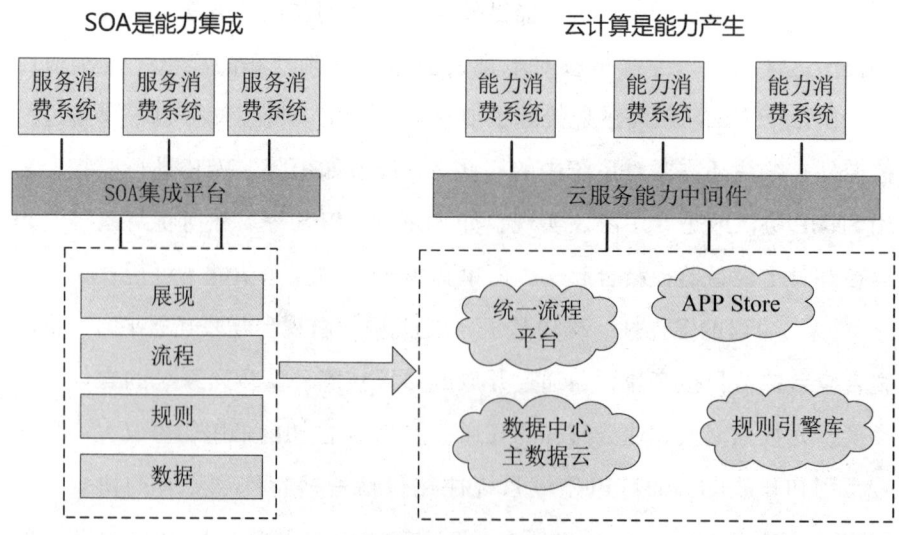

图 1-3 SOA 体系与云体系的对比图

第1章 融媒体云平台基础知识

SOA 通过解耦形成了标准的可复用的服务单元，而云计算通过解耦形成了标准的算法、任务、服务、计算和存储资源。对于 SOA 的解耦重点是实现了业务和技术的剥离，而对于云计算解耦重点是实现业务系统与软、硬件环境的剥离。从拆分的过程来看，SOA 拆分是要打破原有业务系统的紧耦合，识别出可重用的服务，形成粗粒度的业务组件或服务组件；而云计算中资源池的拆分更多是通过虚拟化方式对更细粒度的软、硬资源进行整合，并进行调度和组合，满足不同业务版块的需求。基于云计算的融媒体平台解耦，见图 1-4 所示。

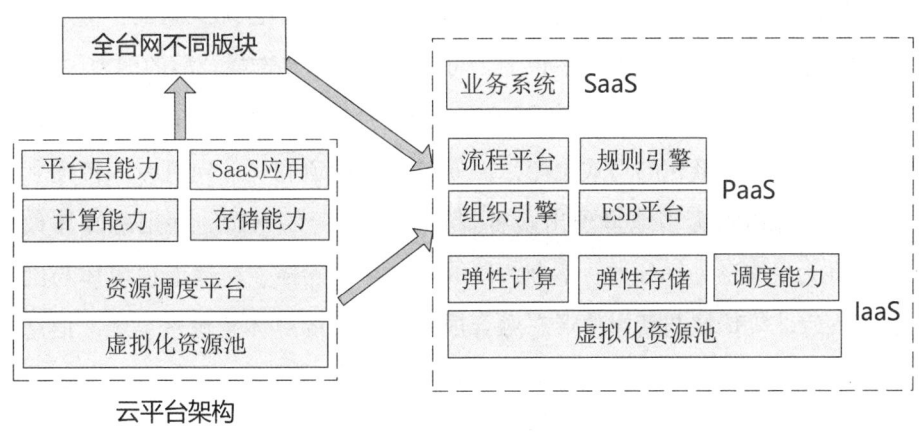

图 1-4　基于云计算的融媒体平台解耦

融媒体平台将重构应用、数据、操作系统和设备的关系，实现资源的共享和分配。将物理系统中的数据流转变为在逻辑系统中的流转，改变流程与系统的关系，将以系统为核心的管控方式变为以数据为核心的管控方式，可以大大降低业务资源迁移所开销的资源。

融媒体云平台的架构与面向 SOA 体系的全台网平台相比具有如下优势：

（1）行业间交互融合方面，融媒体平台充分贯彻开放思想。传统电视技术体系因为业务的特殊性，其技术构架往往采用行业自行研究方式，缺乏开放性，与其他行业难以交互。云计算作为技术支撑体系能够不断发展关键在于其开放性,它能够使云透过标准通用的方式服务于媒体用户和消费用户。融媒体平台作为采用云架构的通用服务基础设施,能够被各种业务和应用使用,有利于不同行业不同 IT 系统制造和服务间的沟通交流,有利于电视台突破封闭,提出业务需求分析,开展新业务试验,或利用互联网直接向用户提供服务。

(2)业务版块共享融合方面,在全台网中各业务版块虽然通过互联互通技术体系构建了内容共享平台,但计算、存储、网络资源共享很难实现。基于云计算的融媒体平台更强调硬件以及软件能力的集中化,原有各业务版块所具备的能力可以迁移到云端集中,由云平台统一调配、统一对外提供服务。因此在融媒体平台上,可依据自身需要选择合适的能力。

(3)业务融合方面,电视台融媒体云平台体现了业务的高度融合。传统媒体内容以标准化的形式生产,再通过特定渠道和媒体向所有人传递和发送,融媒体则更多地呈现出多种媒体同步运营的状态。利用融媒体模式,将大量信息进行分类、整合,使纸媒、移动媒体、广播电视媒体与网络新兴媒体等传统与新媒体形态融合成一个庞大的媒体资源聚集地,信息的采编与发布可同时在集团内部所有媒体中进行一体化运作。因此,还可以通过相应的机制,统筹兼顾媒体与媒体间、私有云与公有云间、生产与运营间的关系,达到业务统一指挥、相关匹配融合的状态。

(4)从服务融合方面,可以将电视台专用的编辑、内容管理类的软件 APP 化,提供给社会大众使用;可以与第三方服务提供商合作,将其有优势、有特点的技术与电视生产过程相融合,提升电视台内容生产、内容管理的效率;可以整合台内、省内甚至全国相关的内容资源,强调用户主导、需求驱动、按需服务、即用即给,驱动从以往自建自用的模式向整合资源服务的模式转变。例如,可以综合分析业务数据、策略和用户关系,积极研究适合新的市场需求的产品和服务,提高产品和服务在产业链上下游的覆盖范围,开展基于互联网应用的产品和服务创新。

1.4.3 融媒体云平台的建设意义

融媒体云平台的建设对电视台来说,不仅是 IT 的变革,还涉及整体架构的改变,而这种改变与业务变革息息相关;给电视媒体带来的不仅是技术层面的变化,更重要的是整个电视生产领域的运营模式、管理机制、政策体系和产业结构的深刻变革。

(1) 从封闭走向开放。建立以云为基础的内容资源管理模式,可大大提升内容资源的数字化、海量存储、数据共享以及检索挖掘能力,通过网络与融媒体平台进行数据交换,由云提供各类服务。

(2) 从单维度服务走向多维度的融合服务。可推动传统媒体与新媒体在内容、渠道、平台、经营、管理等方面的深度融合,按需服务、即用即给,驱动从以往自建自用的模式向整合资源服务的模式转变。

(3) 便于直接向用户提供服务的优势进行新业务试验。资源可以根据需要进行动态配置和扩展,带来单体计算能力、计算密度、网络交换和吞吐能力的大幅提升,并按照不同业务需求智能、灵活、动态地进行分配。

(4) 从紧耦合走向模块化设计。融媒体平台采用的是总体规划、统筹建设、集中整合的方法,提高了开放性、可扩展性,同时降低了总体维护难度。

1.5 融媒体平台建设需要考虑的问题

融媒体的业态与传统电视有着较大的区别,既需要打通生产网、互联网、移动通信网之间的关联,又需要重新整合业务流程,实现台内资源、台际资源和社会性资源的聚合再生产,组合再造。

在云的构建实践中,要尊重媒体的发展规律,借用云计算的理念、思想和方法,把已有的或正在准备开发的技术系统,按照云的思路,通过虚拟化、自动化、标准化的手段,整合成云的架构、流程,形成媒体融合的技术体系。但是，我们也应该看到，融媒体平台的建设也不会一蹴而就，在建设过程中需要注意考虑以下问题。

将应用转移到云端是一个长期复杂的过程，应避免形成"云孤岛"。

（1）对电视台的关键系统来说，必须考虑到业务系统迁移的风险。在融媒体平台实施过程中，通常应由媒体设施服务层分配物理资源；由平台服务层审核命名规范和软件信息；由媒体设施服务层部署虚机操作环境，平台服务层布置监控探针，建立部署环境镜像，实现业务的顺利部署；应遵循云端业务统一接口规范实现业务功能，应与原有的全台网系统的应用相互联通，确保业务系统的平稳过渡。

（2）需要充分考虑哪些系统适合放在云端，哪些系统适合放在本地，业务系统应根据各自的安全性、开放性和交互性要求，选择性地部署在公有云、私有云或专属云上。通常可将媒体素材汇聚、数据挖掘分析、网络视听生产分发等带有极速分发属性的应用部署在公有云上；将新闻节目制作播出、高清综艺节目剪辑包装等媒体制作应用部署在私有云上；将新闻线索汇聚、融合新闻生产等带有鲜明媒体属性的应用部署在专属云上。

（3）需要考虑云端数据的安全问题。确保业务交互过程的响应效率，不因新的技术架构造成业务流程的中断；应具备资料备份、日志记录、远程维护和升级等能力，针对内容数据的安全，建立信息共享业务规则，在满足现有业务要求的同时实现业务价值最大化，并建立技术层面上的安全管控机制，必须确保行业信息安全。

（4）如何利用云上部署的优势，形成开放式的、支持多种第三方服务的可持续集成平台，将5G、AI、数据分析挖掘、区块链等新技术与平台进行融合。可通过云上服务便捷地进行新功能的添加及已有功能的优化。按需分配包括虚机内存、CPU、存储数量、网络带宽和操作系统等在内的虚机资源，通过远程桌面等工具实现相关业务系统的部署。

第 2 章

融媒体云平台技术规划

电视台融媒体云平台基于云计算技术，通过流程重构、能力建设、接口开发实现多渠道融媒体内容资源的汇聚共享和统一管理，支撑广播电视和网络视听融合生产与传播业务，实现高效生产和业务的弹性部署，支持内容汇聚、内容生产、内容管理、内容传播、内容服务、内容运营等业务创新发展。云平台打破了传统广播电视生产与新媒体生产之间的界限，是一个可实现高效交互、全面共享、业务协同和统一服务的节目生产与融合传播新体系。

本章节将从电视台融媒体云平台的建设规划、总体方案、总体架构、业务流程及拓扑结构进行概括性质的阐述。

2.1 建设规划

电视台融媒体云平台建设并非简单地进行系统设备的堆叠，而是一个持续迭代发展的新技术领域，为此，需要专门进行建设规划，制定相应的技术路线。

2.1.1 建设原则

电视台融媒体建设应遵循如下几个原则：

（1）自主可控原则。我国电视台融媒体应采用自主可控技术搭建云平台。在产品的选择上尽量选择国产品牌或者开源可控系统，保障信息安全。

（2）开放原则。云计算的优势是高性价比，其核心是遵循开放技术路线并大量采用通用术替代专有技术，如 Unix 等。云计算建设应遵循开放技术路线，降低投入成本，避免形成对供应商的锁定，提供良好的第三方对接能力。

（3）循序渐进原则。云计算的建设不是一蹴而就，应循序渐进。在电视台的融媒体云平台建设过程中，应以业务场景为驱动设计规模体量，如果后续仍然有业务系统需要迁移或建设，可以利用云计算的可扩展性，逐步完成建设实施工作。

（4）统一规划和分布实施原则。电视台融媒体云平台的建设需要通过建设统一的顶层框架，统一规划、统一实施和统一管理。保证项目按照计划进度建设。

（5）先进性原则。要求电视台融媒体云平台具备良好的技术兼容性，保证平台的技术先进性和可扩展性。

2.1.2 云平台建设要求

电视台融媒体云平台的建设是一个循序渐进的过程，需要按照步骤有组织有计划的推进，逐步实现建设目标。具体的建设要求包括：

（1）云平台基础资源、技术准备。包括虚拟化技术、设备资源池化技术、分布式并行存储技术、存储虚拟化技术、自动运维技术、安全技术等。应整合软件和硬件资源，建设具有较强弹性、扩展性、安全性和高可靠的自主可控云平台，满足电视台未来业务系统整合、迁移、运营和运维的需求。

（2）云平台的伸缩性要求。云平台支撑能力应随电视台业务变化便捷扩展。云计算架构应具有良好的伸缩性，系统的规划要能够满足近期业务和资源库快速增长的需要。应使云平台具备良好的扩展性能，能够随着业务的快速增长而扩展，能够在不停机的情况下，在线增加系统的存储、计算资源，改变基础设施支撑能力有限的局面，提升业务增长或变化快速响应能力。

(3) 云平台运营的易管理和易操作性要求，通过云平台，能够对各业务系统的服务器设备、存储设备和网络设备以统一的视图进行管理，降低运维压力。云管理平台支持基于策略的管理手段，将固定的操作以系统运维策略的方式进行固化管理。一方面实现运维的规范化，降低人为操作错误的发生；另一方面降低运维人员的工作压力，保障业务系统的持续运营。

保证云平台上业务系统的高可用性。设备故障不再影响业务的连续性。硬件故障虽然不可能完全避免，但云平台的设计理念是基于保障不可靠硬件业务系统工作连续性而进行的，因此即使硬件发生故障，业务系统也能平稳运行。虚拟化技术保证虚拟服务器之间的高可用，即使服务器发生故障，支撑业务系统运行的虚拟机也能够快速迁移到运转良好的服务器上，保证业务系统不中断。

(4) 采用存储热备方式，可有效保证存储的高可用性。即使在一个存储节点发生故障的情况下，也可保证业务系统的运行不受影响，同时还能够快速地重建故障节点，保证业务的连续性。业务系统迁移到私有云上，能够充分利用云基础架构的动态负载均衡及高可用特性，保证业务系统运行的连续性和可用性。

(5) 增强云平台上业务系统的弹性，降低突发事件的影响。由于突发事件的不确定性，会导致业务系统访问量有爆发性增长，对基础设施的支撑能力提出更高的要求，否则突发事件将会导致业务系统的瘫痪。在业务系统有突发的高并发访问时，云平台将会自动将闲置的计算资源调配给相关业务系统，从而大幅提升业务系统的支撑能力。

(6) 云平台的安全性要求。云平台不仅可以接管传统网络安全管理系统的一切安全设备和措施，而且可以进行统一的管理。针对云计算中的虚拟化资源，云平台应通过虚拟防火墙、VPN、VLAN、负载均衡等技术，保障虚拟资源的安全性。

（7）资源池化。资源池化就是将计算资源、存储资源、网络资源通过虚拟化技术，以及构成这些资源的众多物理设备组合成一个整体，形成相应的计算资源池、存储资源池、网络资源池，提供给上层应用软件。资源虚拟化是对上层应用屏蔽底层设备或架构的资源封装手段，是实现云计算资源池化的重要技术基础。

虚拟化技术就是将真实存在的物理实体通过切分和聚合的封装手段形成新的表现形态。切分封装是将单个物理实体通过技术手段封装为多个虚拟映像/实例，用于执行不同业务，例如主机虚拟化、存储分区、虚拟局域网（VLAN）等。聚合封装是将多个物理实体通过技术手段封装为单一虚拟映像/实例，用于完成某个业务，例如SMP、计算集群（Cluster）、负载均衡集群（Load Balance）、RAID技术、虚拟存储、端口汇聚（port trunk）、交换机堆叠（stack）等。虚拟化技术降低了IT架构中部件之间的依赖关系。通过应用集群、主机虚拟化等计算虚拟化技术，实现了应用软件与物理基础设施的解耦，弱化了二者之间的关联，提高了各自技术发展的空间和灵活性。

（8）智能化云管理。云计算架构具有IaaS、PaaS、SaaS等众多的服务模型，提供计算服务、存储服务，乃至整合各种资源的综合性服务，其资源的构成更加复杂、规模更加庞大。为了提高易用性和可维护性，各种资源构成之间的关系复杂。在电视台的融媒体云平台建设过程中，首要任务是构建符合业务需求的IaaS层。基于已有资源，开展融媒体综合服务，为了保证服务质量，对众多用户资源配给的调整也要求更精准、更及时。这些要求已经不是依靠运维人员的能力能满足的，需要采用更加智能化的自适应运维管理。融媒体云平台应适应云服务对资源管理所提出的两个新需求：紧耦合的资源管理和多维度的资源管理。要求在云计算中心采用资源综合管理，即将系统中的计算、存储、网络等资源视为整体系统，实施统一管理，这有利于优化整体性能、精确定位问题，是实现动态资源调度的重要因素；要求云计算中心的资源具有多种视图，例如物理资源视图、虚拟资源视图、虚拟组织视图，因此，云管理也应该是多维的。

2.2 总体架构

本书在编制此部分时参考了数个国内头部厂商的融媒体云平台建设解决方案，发现目前普遍采用三层架构体系进行建设，该架构体系由媒体设施服务层（IaaS）、媒体平台服务层（SaaS）、媒体软件服务层（PaaS）及安全体系和运维体系组成，同时配套周边使用设备，以满足融媒体云平台功能及应用需求。融媒体云平台架构如图2-1所示。

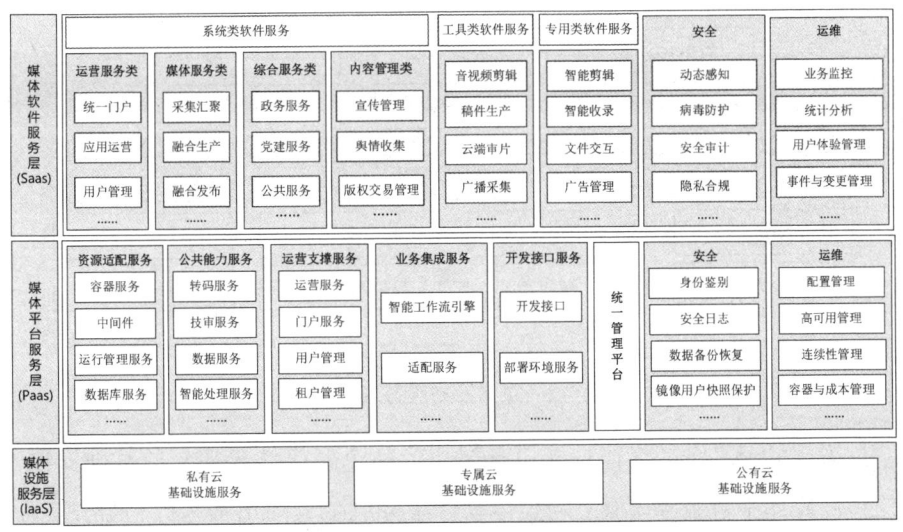

图2-1 融媒体云平台整体架构图

上图大概表达了融媒体云平台电视台各业务系统各层级所包括的内容（考虑到不同解决方案对各层级的编排，本图中包括的内容为各家兼具备的基础能力，并不对各层级所包括的内容定性，且每个层级均具有可扩展性），对于各层级的具体内容可继续阅读以下章节。

2.2.1 媒体设施服务层（IaaS）

媒体设施服务层（IaaS）为媒体平台服务层与媒体软件服务层提供统一的基础环境。媒体设施服务层应包括计算资源、存储资源、网络资源、安全资源，以及在上述资源基础之上的虚拟化、池化管理，实现资源的弹性共享、动态适配、灵活调用、统一管理；值得强调的是在面向私有云、公有云以及专属云的基础设施服务之间应加强安全防护。媒体设施服务层架构，见图2-2所示。

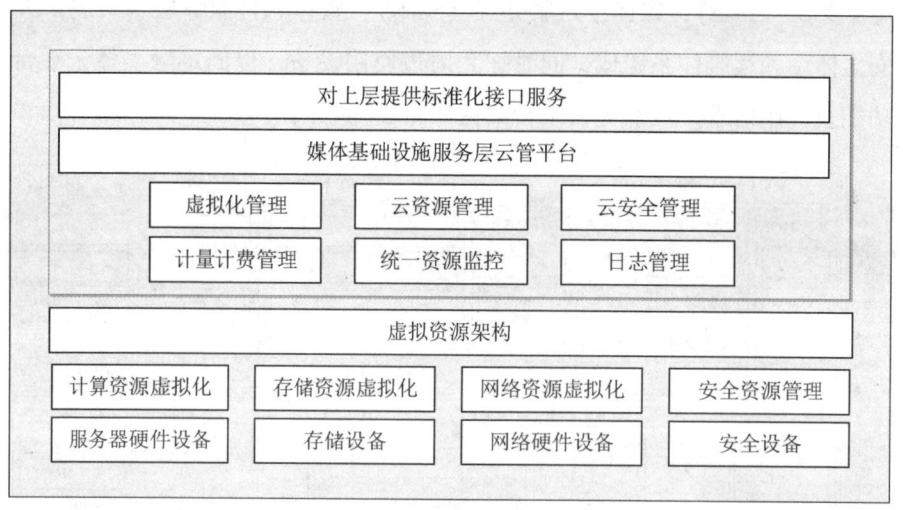

图2-2 媒体设施服务层架构图

融媒体云平台的媒体设施服务层作为整个融媒体云平台的基础支撑，应保障媒体平台服务层服务与媒体软件服务层工具的正常运行。结合实际建设情况，推荐以分布式+高可用的框架保障系统的安全，以云架构的自动化资源分配和弹性扩展，确保未来系统的延展性，通过虚拟化技术降低数据中心建设成本、提高安全容灾能力、降低数据中心维护要求；推荐应利用多种互联网技术来实现这一系统架构的开发设计，如借助Docker/Swarm技术进行服务容器化管理；采用HTTP/Restful接口技术实现服务调用的标准开放和轻量高效；使用Zookeeper进行服务集群的管理；通过

HAProxy + Keepalive 维持服务的高可用和负载均衡；依据 Scale Cube 理论进行数据的切分，综合运用 Mongodb、MySQL、Codis、ElasticSearch 等多种数据库技术实现融媒体内容的分布存储、高效访问和性能伸缩；以 Logstash 配合 ElasticSearch 实现日志的统一管理。

根据实际建设经验，媒体设施服务层对以下几方面有着具体要求：

1. 计算能力要求

在计算能力方面，媒体设施服务层应通过服务器、操作系统、虚拟化软件、管理软件等形成虚拟的计算资源池，并向上提供计算能力服务。具体包括（不限于以下，以下四点为推荐的基础能力）：

（1）支持 CPU 计算集群和 GPU 图形化计算集群；

（2）支持 GPU 直通或 GPU 虚拟化，支撑媒体业务应用的多场景集约化需求；

（3）提供通用计算能力资源池，支持资源弹性伸缩，支持在不同租户之间资源的动态调度；

（4）具备融媒体云平台内所有业务运行的承载能力。

2. 存储能力要求

在存储能力方面，媒体设施服务层应对各类存储能力加以融合，提供统一的对外接口以供融媒体各业务模块存取，包括对数据的安全存取、访问、管理和服务能力。媒体设施服务层应支持多种存储能力的融合管理，提供统一的对外接口，包括对结构化数据、半结构化数据、非结构化数据的安全存取、访问、管理和服务能力；支持块存储、文件存储、对象存储等通用存储的能力，支撑编辑制作、收录、归档等不同场景下文件的快速存储；文件存储支持 NFS、CIFS 等主流协议，对象存储支持 HTTP、HTTPS 等主流协议。

3. 网络能力要求

在网络能力方面，媒体设施服务层应支持源地址网络转发、弹性网络、网络 IP 地址资源池、端口转发、负载均衡等网络服务；支持多租户、多业务网络安全隔离；支持 SDN，通过集中的控制器集群实现 VxLAN 网络的控制；可支持根据不同业务设置不同网络服务优先级；平台网络的吞吐率、传输时延、丢包率应能满足高清视音频的生产、传输需求。

4. 安全能力要求

在安全能力方面，媒体设施服务层应根据等保要求和实际业务需求，设计统一安全防护体系，充分考虑大流量、大带宽及虚拟化环境下的安全防护需求，设计云计算环境内安全隔离、监测和审计方案；合理规划云平台的安全架构，配备适宜的安全设备，如防火墙、入侵防御设备、防病毒设备等；搭建安全管理平台，与媒体设施服务层的云管平台通过接口对接，保障云平台内的网络安全。

5. 云管平台要求

媒体设施服务层云管平台要具备虚拟化管理、云资源管理、计量计费管理、统一资源监控、日志管理和安全管理能力。云管平台可对各类基础设施资源进行有效统一的控制能力，并可通过中间件提供管理服务。其中虚拟化管理要求可基于主流的虚拟化内核来实现 CPU、GPU、内存、磁盘及 I/O、网络的虚拟化，并支持多家主流云平台的标准接口以及对虚拟资源的统一配置和调度，同时业务方面可支持虚机的自动迁移、扩展和负载均衡，虚机流量可做到可视、可控；云资源管理要求采用主流架构，支持对接 SDN 平台和多租户灵活配置，并带有管理员权限；计量计费可对租户以及租户内部用户、针对服务类型和服务时间提供灵活的计量计费方式，并可根据用户使用数据形成用户账单、结算报表；统一资源监控应具备物理资源以及虚拟化资源的统一监控功能；安全管理应具备对安全设备进行统一管理和监控的能力，包括防病毒管理及监控、入侵防御管理及监控、防火墙管理及监控。

2.2.2 媒体平台服务层（PaaS）

媒体平台服务层主要为软件服务层提供统一公共能力服务，该层级应具备开发接口服务、业务集成服务、运营支撑服务、公共能力服务、资源适配服务等基础服务能力,同时配备统一管理平台,提供部署环境服务、适配服务、运营管理、资源注册和数据库服务等。媒体平台服务层架构,参见图2-3所示。

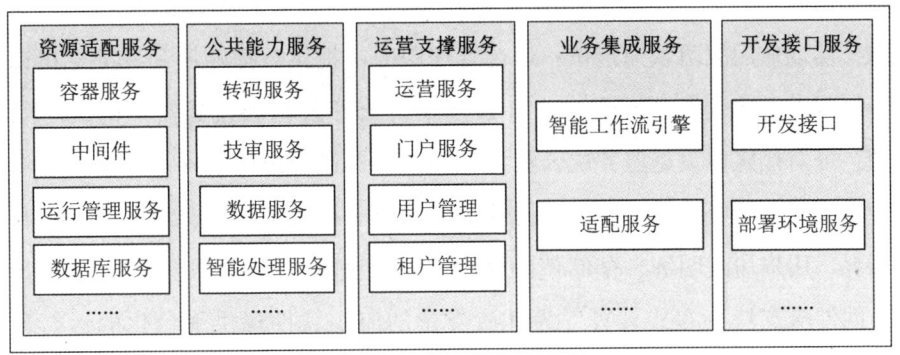

图2-3 媒体平台服务层架构图

考虑到服务的便捷迭代、管理,推荐采用MSA(Micro Service Architecture)架构搭建云平台,通过MSA将功能分解到各个离散的服务中以实现对解决方案的解耦。为系统实现更精细的弹性伸缩和去中心化,应针对媒体应用的特点,将服务从至少三个维度进行进一步的细分。一是水平扩展能力上进行细分,二是业务服务精细化程度上进行细分,三是数据属性上进行细分,使系统在遵循面向服务的原则上,可以方便地进行系统横向扩展,实现像搭积木一样搭建系统或者分拆系统;可以打破系统壁垒实现灵活的数据交互,并可以实现数据及系统的容灾。根据实际建设经验,媒体平台服务层对以下几方面有着具体要求:

1. 资源适配服务要求

资源适配服务用于适配媒体设施服务层资源,并实现计算资源、存储资源、网络资源以及安全资源的统一调度。平台的资源适配服务应包括数据库服务、容器服务、运行管理服务等子服务,同时应具备实现多种操作的中间件。其中数据库服务应包括结构化、非结构化、半结构化数据库服务，应能提供用户行为审计、IP 白名单访问、日志分析、备份恢复等功能；容器服务应采取多节点集群备份的模式，支持多租户部署，实现应用逻辑隔离，保证应用安全可靠，并提供开放接入标准，允许第三方厂商的应用按照标准接入运行服务平台中，对容器的管理应支持通过管理界面实时监控应用状态，并能直接登录到实例内部，查看容器内部应用运行状态，实现应用故障快速定位；运行管理服务应提供数据转换和标准化接口转换服务，实现对私有云、公有云、专属云等云基础设施资源的统一管理，可对接媒体设施服务层云资源管理，通过调用媒体设施服务层云资源管理接口，对媒体设施服务层提供服务的统一查看和管理，包括虚机运行情况、用户访问明细、存储使用情况、带宽使用情况、服务故障告警等；中间件应支持分布式计算，为其所支持的应用软件提供平台化的运行环境，屏蔽底层通信之间的接口差异，实现互操作功能，同时可在多种硬件和操作系统平台运行，满足多种上层应用的需要。

2. 公共能力服务要求

公共能力服务主要是为软件服务层各类业务提供公共能力支撑。具体指将融媒体业务所需要的能力进行统一抽象与封装，形成媒体平台服务层上可复用的服务。根据建设经验，能力颗粒度的设定应以方便部署、组合为原则，按照相应规范进行发布，供需要的软件或业务系统进行调用。根据融媒体平台的功能特点，公共能力要素群可分为：内容汇聚要素群、内容管理要素群、内容生产要素群、内容分发要素群、协同管理要素群、数据分析要素群。这些要素群不仅包含了全台网时代的传统基本要素，还在此基础上进一步抽象及拓展出面向媒体融合所需的迁移服务、转码服务、数据校验服务、技审服务、拆条服务、智能处理服务和统一资源管理服务能力要素，构成了融媒体平台的基础公共能力服务。

3. 运营支撑服务要求

运营支撑服务提供用户管理、租户管理、门户服务、运营管理等面向媒体运营所需要的支撑能力。通常平台的运营管理服务应支持提供业务系统的部署、监测监管、服务交付、启停的统一管理；支持提供日志监管、日志查询、日志错误告警等日志管理服务能力；应提供对平台计算资源、存储资源、网络资源的增加、删除、变更与查看的管理与运行监管；提供对平台硬件、软件、服务运行转台的监测管理与异常告警能力；应支持对运营的各种数据进行统计与分析，并于相应的界面展示；应提供对各租户使用服务的计量，能够根据服务组合定价策略进行计费；在门户服务方面，能通过门户集成技术，实现单点登录、身份认证及界面集中展现；所有应用应通过统一门户认证；在统一的门户界面中可调用各类应用工具，实现对工具类软件服务、公共能力服务以及智能引擎的调用管理。在用户管理方面，能存储所有应用系统的用户信息，用户在同一门户里看到的应用系统全部通过统一用户管理系统完成；应具备用户信息规范命名、统一存储、用户 ID 全局唯一等特点，并能向各应用系统提供用户属性列表，如姓名、部门等，各应用系统可以选择本系统所需要的部分或全部属性；各应用可统一进行用户的获取、认证，统一通过门户进行单点登录。

4. 业务集成服务要求

业务集成服务应实现各类业务所需要的相关软件与服务的集成整合。智能工作流引擎应能通过灵活组合底层基础服务，定义自助服务流程，扩展服务能力；应提供图形化、可视化过程定义工具；应提供工作流执行服务，可完成工作流流程实例的创建、执行与管理；应提供工具调用，对应用数据进行处理，应能采用 HTTP 接口、消息队列两种方式执行工具程序；应通过系统管理和监控接口对用户管理、角色管理、日志管理、资源控制、过程监控等流程实例的状态进行监控与管理；应提供认证、授权、访问控制、审计、数据保密性、数据完整性、防否认、安全管理等工作流安全机制；应通过 Web 页面或标准的 API 接口，提供数据查询、多维度统计、报表展现等功能。

5. 开发接口服务要求

开发接口服务应为开发者提供开发接口及测试环境，用于各厂商及媒体机构在开放式的平台层上进行软件开发部署及测试。开发接口应提供应用程序编程接口与软件开发工具包；应能使用该编程接口与软件开发工具包进行新的公共能力组件及平台服务开发；应提供仿真测试环境，能进行相关服务的仿真测试与验证。

2.2.3 媒体软件服务层（SaaS）

媒体软件服务层位于融媒体云平台的顶层，主要面向用户提供具备广播电视媒体属性的应用服务，应用服务应由系统类软件服务、工具类软件服务、专用类软件服务等部分组成。

媒体软件服务层（SaaS）的功能要求根据电视台的需求而定，主要包括融合新闻/制作业务、融合内容分发和融合内容管理业务，以及基于上述业务构建的内容汇聚、内容生产、媒资管理、节目备播等业务平台和相关工具类软件。

根据电视台融媒体生产系统的实际建设经验，云平台下的媒体软件服务层对业务应用系统通常有以下几方面具体要求。业务应用系统框图参见图2-4所示。

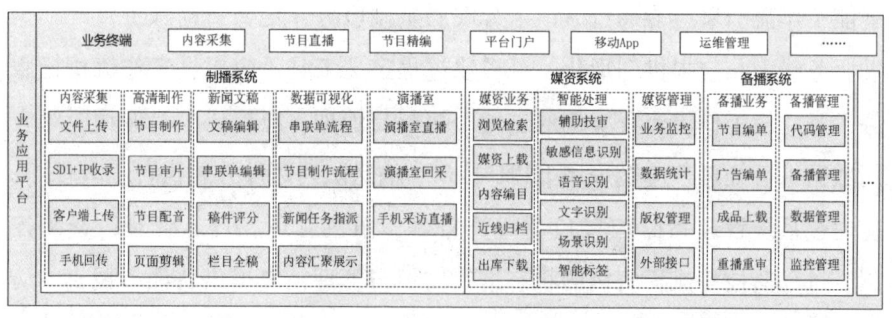

图2-4 业务应用系统框图

1. 融合新闻业务要求

融合新闻业务应基于安全、先进、高效、开放、扩展的原则，充分利用云架构技术，将融媒体新闻业务科学、高效地部署于公有云、专属云和私有云中，为新闻业务提供一个集融媒体内容汇聚、内容共享管理、内容加工、多渠道分发、智能化分析的融合新闻生产平台，使新闻生产向碎片化、类型化、定制化方向发展，向小屏、移动屏"多屏"融合生产转变，向多维度应用、多终端服务转变，形成融合新闻运作的新格局，充分发挥新闻传播价值最大化。

2. 融合制作业务要求

构建融合制作平台应支持新媒体节目生产，适应多渠道、多终端的传播特点和分发要求；面向制作主体多元化的趋势，打破不同厂家制作包装工具无法通用的问题，实现更丰富的制作手段、更多样的特效制作；应强调用户主导、需求驱动、按需服务、即用即给，驱动制作平台从以往自建自用的模式向整合资源服务的模式转变，提升驾驭变化的能力；尝试建立私有云、专属云及公有云间的联动机制，实现桌面编辑、移动编辑，提升节目制作效率。

3. 融合内容管理业务要求

应在研究融合内容管理的智能化、类型化、大数据化实现方式的基础上，构建统一的内容管理机制，对私有云、公有云以及专属云汇聚的节目素材、成片、线索等进行统一管理；推动电视台向基于结构化、非结构化以及半结构化并存的内容管理模式转变，增强内容管理的高集群性和拓展性；实现对跨云内容的统一检索，实现随时、随地、按需提供内容丰富、形式多样、可扩展的内容管理云服务，降低内容管理成本。

4. 融合内容分发业务要求

融合分发业务应尽量满足用户任何时间、任何地点获取内容的需求。融合内容分发业务应实现从传统播出到多渠道播出、分发、发布的转变，提供基于互联网、移动互联网的内容产品和业务，实现多屏联动、多屏互动，并能充分利用社交媒体平台的传播途径，通过对用户数据的深度挖掘分析，实现内容的精准推送和反馈指导。

5. 工具类软件能力要求

云平台工具类软件服务通常应提供云端粗编和精编生产工具，应可实现高码率素材的文件导入、快速挑选、剪辑、合成等操作；提供语音识别、图像识别、数据分析等智能化工具；可对文字、图片、音频、视频进行混合排版编辑；应具备添加字幕、简单特效、拆条、转码、打包输出等能力；提供云端审片功能，支持稿件撰写、编辑和审核，可通过接口实现多种渠道稿件内容的分发，并向社交媒体、APP、网站等进行发布。

2.2.4 云平台安全管理及运维要求

参考实际建设经验，融媒体云平台的安全管理及运维要求主要包括以下两部分：

1. 平台安全管理要求

平台安全管理主要应包括内容安全管理、技术安全管理、系统安全管理三大部分。其中内容安全管理要求包括：内容采集与汇聚安全、内容生产与管理安全、内容播出与分发安全等方面的管理；技术安全管理包括：物理安全、平台安全、主机安全、网络安全、应用安全、数据安全等方面的管理；系统安全管理包括：公有云跟私有云互通的安全、多个公有云服务提供商之间的互备、私有云技术系统的安全、多云管理的安全、安全合理的业务部署规划、异地备份等方面的管理。

2. 平台运维管理要求

平台运维管理应包括网络运行管理、网络保障管理、服务保障管理、队伍支撑管理等。网络运行管理包括：运行质量、资源配置、资源使用、人力资源和资产利用效率、运维效益等方面的管理；网络保障管理包括：网络安全、网络优化、网络设备维护、维护成本控制、资源数据管理服务等方面的管理；服务保障管理包括：满足需求、主动服务、快速响应、综合业务支撑等方面的管理；队伍支撑管理包括：技术人才培养、可视化运维管理系统建立、运维自动化、运维流程化等方面的管理。

2.3 总体拓扑结构

根据实际项目的建设经验，融媒体云平台的业务系统拓扑结构可参考图 2-4。本拓扑图描述了融媒体云平台建设过程与台内原有系统的连接方式，通过交换机集群串联各区域网络，同时建设 DMZ 的高安全区，以专业上载工作站保证内外网间的数据传输安全，值得一提的是，本架构将私有云及公有云资源进行了充分融合，在保证系统高安全性的同时，对接了更加丰富的第三方云服务（如智能服务、存储等）。如业务系统拓扑图 2-5 所示。

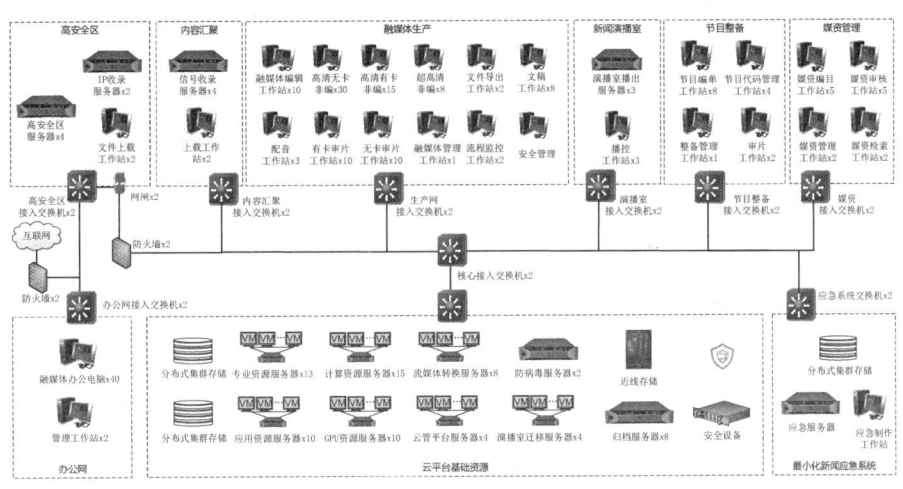

图 2-5 业务系统拓扑图

整体拓扑分为底层和应用层两大部分，底层包括办公网、云平台基础资源以及最小化新闻应急系统，应用层则面向业务系统的使用人员，分为高安全区、内容汇聚区、融媒体生产区、新闻演播室、节目整备区以及媒资管理区。

云平台基础资源由分布式集群存储、近线存储、专业资源服务器、计算资源服务器、GPU 资源服务器、应用资源服务器、流媒体转换服务器、迁移服务器、云管平台服务器、防病毒服务器、归档服务器以及安全设备等各类基础设施组成，用于提供电视台融媒体云平台所需要的基础计算、存储、网络资源以及提供安全管理、媒体服务、迁移服务、资源适配服务、云管服务等基础平台服务。云平台基础资源通过核心接入交换机网络与应用层的各个办公区连接。

办公网主要由多台融媒体办公电脑和管理工作站组成，为系统使用人员提供基础办公网络环境，办公网与生产网是隔离的，在办公网进行云平台的操作需要经过高安全区隔离，办公网与高安全区通过安全网闸隔离。

最小化新闻应急系统主要由分布式集群存储、应急服务器、应急制作工作站组成，旨在解决突发情况下为实时新闻内容的生产制作提供备用资源支撑，最小化新闻应急系统通过应急系统交换机与应用层连接。

高安全区作为云平台基础资源以及办公网与应用层对接的中间区域，主要由多台高安全服务器、IP收录服务器、文件上载工作站、高安全区接入交换机、网闸组成，用于保证接入内容的安全，实现灵活可控的网络隔离。

内容汇聚区主要由信号收录服务器和上载工作站组成，用于收录视频流信号和音频流信号，采集或导入高清/超高清拍摄素材、节目和融媒体数据文件等。该区域通过内容汇聚接入交换机与核心网络进行对接。

融媒体生产区为媒体内容生产的核心区域，主要由多台融媒体编辑工作站、高清有卡（无卡）非编工作站、文件导出工作站、文稿工作站、配音工作站、有卡（无卡）审片工作站、融媒体管理工作站、流程监控工作站、安全管理设备等组成，为操作人员提供融媒体内容生产制作全流程所有功能的服务，通过生产网接入交换机与核心网络连接。融媒体生产区通常会随着实际生产需求不断地进行升级迭代，如从起初的标清节目制作、到高清节目制作再到现在的超高清节目制作。

在新闻演播室部署有演播室播出服务器和播控工作站，主要用于演播室新闻的播出管理，该区域通过演播室接入交换机与核心网络连接。

节目整备区由节目编单工作站、节目代码管理工作站、整备管理工作站和审片工作站组成，用于承担节目代码管理、节目编播单管理和节目备播管理等工作，该区域通过节目整备接入交换机与核心网络相连接。

媒资管理区为整个云平台应用层的核心区域，不论是内容汇聚、融媒体生产还是新闻演播室和节目整备工作区都与媒资管理区有着密切关系，媒资管理区主要由媒资编目工作站、媒资审核工作站、媒资管理工作站、媒资检索工作站等组成，主要负责对媒资内容的挑选上载、编目、审核、归档和下载管理等，同时提供对媒资的日常管理以及检索服务，该区域通过媒资接入交换机与核心网络相连接。

关于各区间的网络连接主要包括交换机和防火墙，其中交换机根据实际网络环境和需求，以主备的方式保障网络安全，且交换机数据经过防火墙上联到核心交换机，接入核心网络。

2.4 总体业务流程

根据实际建设经验，融媒体云平台下的电视节目生产系统业务主要包括内容汇聚、内容管理、内容生产制作、内容多渠道分发四个环节，具体如下：

（1）内容汇聚环节，通过手机回传、信号收录、互联网线索汇聚、传统新闻采集渠道、台内其他系统接入等方式将文字、视音频及图片等汇聚至统一内容库。该内容库作为整个节目生产流程的起点，可根据已汇聚的线索进行选题申报、任务创建，并可将任务传递给融合生产制作平台；

（2）内容管理环节，系统具备统一内容管理机制，可对私有云、公有云和专属云汇聚及生产制作产生的新闻素材、成片、线索等进行统一管理，可通过统一检索实现对汇聚、媒资、收录等多来源内容的联合检索，对内容编目、元数据管理、内容发布、素材存储、内容周期等进行统一配置和管理；

(3) 内容生产制作环节，可以根据渠道分发要求，进行任务指派，将互联网上汇聚的信息、融媒体内容库内挑选的素材及台内各业务系统推送的成片等，推送到指定的内容生产制作平台，可利用文稿编辑、快编、精编和审查等多种生产工具，按照相应工作流程进行内容深加工和审核，完成面向传统电视媒体的新闻/节目编辑制作和互联网渠道的内容多样化生产；

(4) 内容多渠道分发环节，可使云平台制作的内容实现面向演播室大屏内容的呈现、面向传统电视媒体的节目播出；可利用广覆盖的公有云服务，实现网络电视台、客户端、微博、微信等互动平台的节目发布。

融媒体节目生产总业务流程如图2-6所示。

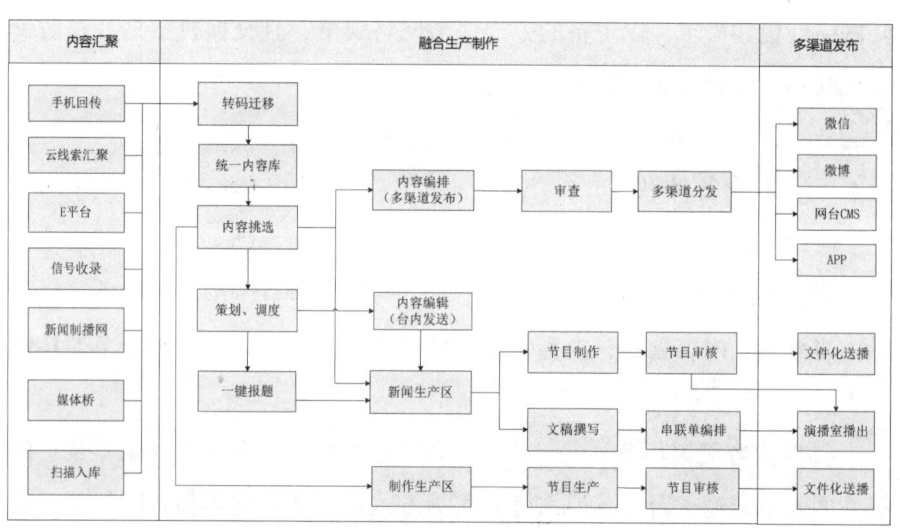

图2-6　总业务流程图

第3章

融媒体基础资源及服务能力实施

本章节将就上一章电视台融媒体云平台系统总体架构,详细介绍平台的媒体设施服务层(IaaS)与媒体平台服务层(PaaS),并对系统对接设计举例说明。

如第2章所述,电视台融媒体平台建设项目总体架构通常采用标准的IaaS、PaaS、SaaS三层云架构,结合融媒体业务场景,我们将其称为媒体设施服务层(IaaS)、媒体平台服务层(PaaS)、媒体软件服务层(SaaS)。其中IaaS层为媒体设施服务层,即云平台底座,由基础硬件平台组成,包括存储、计算、网络及虚拟化软件等组成,为融媒体云平台提供统一的基础资源环境;PaaS层为媒体平台服务层,由各类支撑服务组成,为融媒体云平台业务提供公共服务支撑(包括媒体处理、智能处理等),承担着"承上启下"的重要使命;SaaS层为媒体软件服务层,主要包括融媒体平台的各个业务模块,为融媒体平台提供统一的门户系统及各项应用工具,实现业务流程互通,数据共享,满足各种业务场景,支撑融媒体平台业务需求。

3.1 云平台基础能力建设

(1)云平台服务。云平台为用户创建虚拟机实例提供了多种选择:计算服务由管理员定义，提供 CPU 速度和个数、内存大小和根卷大小等选择方式；存储服务由管理员定义，提供了数据卷大小的选择网络服务，由云管理平台定义，描述用户通过虚拟路由器或者外部网络设备可以使用的功能；模板和镜像，模板是一个操作系统的镜像，用户可以从这个镜像创建新的虚拟机，所有通用的 Linux 和 Windows 系统都可以成为模板，管理员也可以向系统中导入新的模板；除以上选项之外，还有一种只对云平台管理员可见的服务类型，用于配置虚拟机路由器。

（2）账号、用户和域。云平台的用户通过分配的账号登录和使用资源。在云环境里，各账号之间的环境是相互隔离的。一个域由一组账号构成，一个域中的账号一般有逻辑上的关联性，域可以有多个管理员账号对域以及域包含的子域进行管理。同时一个账户可以对应多个用户，用户更像是账户的别名，同一账户的用户之间没有相互隔离，他们具有相同的权限，可见的资源也相同。在大多数情况下，一个账户对应一个用户即可满足需求。

（3）管理服务器。云平台管理服务器运行于 Web 容器（如 Tomcat）并使用关系型数据库（如 MySQL）存放数据，所使用的数据库也可以安装在一台独立的物理机上，也就是数据库服务器，并可以根据需要配置备份服务器。管理服务器应具备以下功能：

➢ 提供管理员和用户访问的 Web 界面；

➢ 提供云计算管理平台对外的 API 接口；

➢ 管理每个资源节点上的虚拟机资源分配；

➢ 管理每个账号的公网和内网 IP 地址分配；

➢ 管理虚拟硬盘镜像的存储空间分配；

➢ 管理快照（snapshot）、模板、ISO 镜像，并可以根据需要将它们跨数据中心备份。

（4）资源服务器。资源服务器是用来提供虚拟机资源的服务器。可以通过云管理平台自带的虚拟化软件进行虚拟化，也可以通过如 VMWARE、

Citrix XEN 等相关软件或功能进行虚拟化。资源服务器应具备以下功能：

➢ 提供虚拟机需要的所有 CPU、内存、存储和网络资源；

➢ 可以通过高速网络互联互通，并具备 Internet 连接；

➢ 可以是位于不同地理位置的不同数据中心；

➢ 可以具有不同的规格（如不同的 CPU 速度、不同的内存大小等）；

➢ 是高性能通用 X86 兼容服务器，自身相对可靠，但规模较大时允许出现个别服务器故障。

（5）网络功能和网络虚拟化。云平台管理内网（private）、直连网络 direct 和公网（public）的 IP 分配。管理员首先将可供分配的内网、直连网络和公网 IP 输入系统。主要有两种网络模型可供创建：直连网络和虚拟网络。

云平台的资源域（Zone）分为两类：基本网络资源域仅能创建直连无标记（untagged）网络，高级网络资源域除此之外还可以创建虚拟网络以及直连带标记（tagged）网络。

➢ 直连网络。在直连网络中，虚拟机被直接在本地子网中分配 IP 地址。这些虚拟机可以直接访问 Internet，也没有任何 NAT 转换。它们的网络封包不经过任何虚拟路由器。因此，直连网络无法获得云计算管理平台中的软负载平衡、防火墙和端口转发等功能。直连网络的用户根据配置的不同，可以和别的直连网络用户相通或隔离。在直连带标记网络中，管理员对资源域内部的每位用户分配特定的 VLAN 标识和 IP 段。用户的虚拟机可以从虚拟路由器（相当于 DHCP 服务器）获得 IP 地址。直连带标记网络可以让用户的虚拟机方便地与外界网络互联互通，并可便捷地管理服务器。直连无标记网络采用类似亚马逊的安全组概念对每位用户进行隔离，而不采用 VLAN。所有用户不论账号如何都在同一个广播域内。直连无标记网络常使用在私有云中。所有的 Hypervisor 类型都可以支持直连无标记网络，但只有 XenServer 和 KVM 的节点可以设置安全组。

➢ 虚拟网络。在虚拟网络中，用户的虚拟机部署于私有的虚拟网络中。每个用户的虚拟网络均通过 VLAN 与其他用户的虚拟网络隔离。每个用户的所有客户机也在自己的 VLAN 中被分配相应的网络接口。可以用两种方式建立虚拟网络：基于虚拟路由器和基于外部路由器。

云平台在安装时应提供一个虚拟路由器。这个虚拟路由器可以提供 DNS、DHCP、gateway、NAT、负载平衡和 VPN 服务。基于外部路由器的虚拟网络使用第三方厂家的路由器设备提供 gateway 和 NAT 服务，而 DNS 和 DHCP 依旧由虚拟路由器完成。虚拟网络的部署必须使用虚拟路由器或外部路由器。在虚拟网络中，同一个用户的不同虚拟机因为处于同一个 VLAN，他们之间的网络通信不通过虚拟路由器。VLAN 起到用户之间隔离的作用，不同账号的用户使用不同的 VLAN。

在虚拟网络中，每一个用户会被分配一个外网 IP 地址。用户可以申请更多的外网 IP 地址，外网 IP 地址是指用户实际访问虚拟机的 IP 地址。

通过虚拟路由器建立虚拟网络，每个账号都被分配一个虚拟路由器。所有此账号拥有的外网 IP 地址也都分配给这个虚拟路由器。这个虚拟路由器是虚拟机和外网通信的管道，并且为虚拟机提供 DNS 和 DHCP 服务，以及 NAT 转换。虚拟路由器的存在使得云计算管理平台可以为用户提供很多网络功能，例如将发送至某个外网 IP 的包转发至一个指定的虚拟机，或是在多个虚拟机之间做流量的负载平衡，使得通过有限的公网 IP 可以提供更可靠的服务；通过外部路由器建立虚拟网络，每个账号仍然被分配一个虚拟路由器。但所有此账号拥有的外网 IP 被分配给外部路由设备。外部路由器成为虚拟机和外网通信的桥梁，并提供 NAT 转换。

虚拟路由器仅提供 DNS 和 DHCP 功能。负载平衡可以由外部路由器或者虚拟路由器完成，一个账号可能既拥有虚拟网络的虚拟机也拥有直连带标记网络的虚拟机。在这种情况下，这个账号将拥有两台虚拟路由器，一台虚拟路由器负责资源域 VLAN 的管理，一台虚拟路由器负责直连带标记 VLAN 的管理。在同一个资源域里基本网络不能与虚拟网络或直连带标记网络共存。一个云环境可能包含一个基本网络资源域，一个虚拟网络与直连带标记网络共存的资源域。

(6)存储功能和虚拟化。虚拟机模板是用户第一次启动虚拟机时所使用的基本操作系统镜像。例如，有用户需要 64 位 CentOS 5.3 的操作系统镜像，就可以把它作为一个虚拟机模板。每个虚拟机模板都有相应的访问权限。访问权限包括：公开权限和私有权限。公开权限模板可以供所有用户访问；私有权限模板只能供创建它的用户以及该用户指定的使用者访问。

ISO 镜像的存储和使用方式与模板类似。ISO 镜像除了访问权限外，还可分为两种类型：可以引导系统的（bootable）和不能引导系统的。可以引导的 ISO 镜像一般包含操作系统镜像（如 Ubuntu 10.4 安装 CD）。MasterStack 云计算管理平台允许用户从 ISO 镜像启动虚拟机。用户还可以将 ISO 镜像挂接到虚拟机上。例如，需要在 Windows 虚拟机上安装 PV 驱动程序时就可以挂接对应 Hypervisor 厂商的 ISO 镜像。

云平台支持卷快照，包括系统盘和数据盘。管理员可以为每个用户创建快照数量设限。用户既可以通过快照来还原卷以恢复丢失的数据，也可以从快照来创建模板，以确保当卷无法还原时可以直接启动新的虚拟机以保证业务的连续性。可以将快照设置为定期任务。快照一般会在主存储设备上生成并备份至二级存储，直到被删除或被新的快照覆盖。云计算管理平台可以配置主存储和二级存储。主存储支持 iSCSI、FC 或 NFS 接口。主存储上存放虚拟机的磁盘镜像，一般和服务器物理位置接近。二级存储上存放模板、ISO 镜像以及快照数据，通常一个二级存储可以对应几百台服务器。

(7)虚拟机分配策略。云平台在创建虚拟机时会根据内置策略选择可用的物理机。被选择的物理机总是和虚拟机的镜像物理位置接近。分配策略包括纵向优先和横向优先。纵向优先是指先分配满一台物理机的负载，再分配第二台物理机。这样的好处是节能，未分配的物理机可以处于休眠模式。横向优先是指每台物理机平均分配负载。这样的好处是确保每台虚拟机的性能最优。云计算管理平台支持 CPU 超配（over commit），也就是允许管理员分配比实际 CPU 个数/能力更多的虚拟机给最终用户。

(8) 虚拟机管理。云平台要求为管理员和用户提供丰富的虚拟机管理功能。虚拟机的基本操作包括启动、停止、重启、删除等。虚拟机包含名称和组别。虚拟机的名称和组别对云平台是不透明的，用户通过它们来组织和管理虚拟机。虚拟机可以配置 HA。对配置了 HA 的虚拟机，系统会监控它们的状态，并在发现出问题的时候试着在另一个物理机上重新启动该虚拟机。云计算管理平台无法区分一台虚拟机是正常关机还是异常关机。如果用户关掉了一台配置 HA 的虚拟机，云平台会重启它。因此，当用户真的需要关掉配置 HA 的虚拟机时，需要先通过云平台界面或者 API 以禁用 HA 功能。

(9) API 和扩展性。云平台的管理员界面和用户界面应基于同一套标准的 HTTP 请求协议开发。这一套协议确保界面和后端的松耦合，不论是改写用户界面还是开发命令行工具都很方便。云平台的可扩展分配策略架构允许接入新的分配策略来分配存储和物理机。

(10) 弹性和可用性。云平台的设计确保对多个数据中心上千台服务器规模的支持。在实际的建设中，我们把一个机架（Pod）作为大规模部署下的一个单位。一般一个 Pod 对应一个物理机架。系统规模的扩展也就是增加新的机架以及在管理服务器中对新加的资源进行管理的流程。

3.2 资源池建设

3.2.1 资源池建设基本要求

媒体设施服务层的作用相当于云平台 IaaS 层的基础功能，支撑整个云平台的服务器、存储、网络、安全设备，负责提供计算、存储、网络等基础 IT 资源，拥有松耦合、资源池化、高可扩展等特性。通常云平台需要基于多租户的管理机制与技术手段，在媒体设施服务层（IaaS）实现不同网络、不同业务之间的云主机隔离和安全控制，根据不同用户、不同业务的计算、存储、网络负载情况，实现资源的动态分配、弹性伸缩，具备合规的安全保障体系及完整的运营管理系统。根据过去的项目建设经验，媒体设施服务层（IaaS）应具备如下特征：

1. IT 基础设施

现阶段媒体设施服务层（IaaS）建设通常利用云计算技术构建一个云平台，实现 IT 基础资源的全局共享，统一管理及灵活调度，充分利用云计算低成本、高弹性的特点适应广播电视行业面向未来融媒体发展的要求。

2. 云网融合技术

平台服务器资源的虚拟化通常采用成熟开放的虚拟化方式，建立一个统一开放的云平台，整合全网资源，包括计算、网络、存储、安全等资源，并向上层 PaaS 层开放接口，以满足各个业务系统的资源使用需求。

3. 基于云的安全

在融媒体云平台建设过程中，通常基于等保要求和实际业务需求，需充分考虑媒体云大数据流量、大带宽及虚拟化环境下的安全防护需求，应设计合理的云计算环境内安全隔离、监测和审计的方案，建设面向整个平台的统一安全防护体系。

媒体设施服务层采用通过 SDN + VXLAN 的网络虚拟化解决方案，兼容标准 Overlay 网络的同时融合传统网络，通过集中控制的方案简化网络架构、简化运维、实现网络对应用的感知，最终实现面向应用的网络自动化运维和安全保障。

3.2.2 计算资源池建设

1. 计算资源划分

计算资源通常规划为物理机服务区、虚拟化服务区、GPU 服务区等。计算资源上将运行融媒体平台的多种业务，如内容生产系统的收录业务、智能生产、快编应用、精编制作、转码、审核、调度管理、工作流、合成等。

2. 计算资源池基本要求

计算资源池承载着私有云中所有业务系统的计算需求。在进行计算资源池设计时，需要注意以下两点原则：一是根据先进可用的原则，既要保证整个计算平台的运行稳定，又不能过多地追求高性能，要做到合理选型，合理配置；二是尽量利旧，减少浪费，应结合实际需要将现有可用旧资源设计到整个计算平台中。在服务器选型方面要符合可靠性、可用性、可扩展性、易用性、可管理性方面的要求，具体要求如下：

（1）可靠性要求。衡量服务器可靠性的主要指标是平均失效间隔，发生故障时间越少，服务器的可靠性越高。对可靠性要求高的业务，即使是短暂的系统故障也会造成难以挽回的损失，所以在服务器的选择上，可靠性是一项重要的衡量指标。

（2）可用性要求。可用性是通过系统的可靠性和可管理性等指标来度量的。通常用平均无故障时间来衡量系统的可靠性，用平均维修时间来衡量系统的可维护性。对易损部件或设备采取保护措施可以提高服务器的可用性，如减少硬件的平均故障间隔时间和利用专用功能机制（容错、冗余等）可在出现故障时自动进行部件或设备切换，以避免或减少意外停机。

（3）可扩展性要求。可扩展是指服务器中如内存、适配器、硬盘和处理器等硬件配置，可以根据需要在原有的基础上很方便地进行增加。为确保高可扩展性，通常要求磁盘柜盘阵位、服务器上的 PCI 插槽和内存条插槽要具有一定的可扩展性空间和冗余件。要求服务器具有较多的扩展插槽、较多的驱动器支架及较大的内存扩展能力，并提供冗余电源、冗余风扇。

（4）易用性要求。服务器的设计应采用国际标准，机箱设计科学合理、拆卸方便，可通过指示灯方便地查看服务器的运行状态；具备较多热插拔部件，可随时更换故障部件；配有完善的用户手册，可以指导用户迅速简单地安装和使用。

（5）可管理性要求。可管理性是云计算建设中选择服务器时应考虑的重要因素。使用合适的系统管理工具有助于降低支持和管理成本，有效监控系统的运行状态，及时发现故障并解决问题。通过服务器的硬件管理接口和管理软件，可对服务器的性能、存储、可用性/故障、网络、安全、配置、软件分发、统计、技术支持等内容进行监控和管理。

3. 计算资源池建设方法

虚拟服务器系统以 X86 平台服务器作为基础平台，在基础平台上通过部署云计算虚拟化软件完成资源池化，并根据业务系统的不同需求生成不同配置的服务模板以及虚拟机，部署服务器操作系统及服务器业务应用，对外提供虚拟计算服务。虚拟资源池中的所有业务系统可根据规模或安全相关性设定虚拟逻辑域，每个逻辑域内配置不同数量的服务器和存储资源。每个业务系统中的软件、应用等都部署在它的业务逻辑域中的虚拟机上，存储系统也要与其他业务域进行逻辑隔离。每个业务域之间通过防火墙进行隔离，逻辑区内的虚拟服务器之间通过软件负载均衡实现动态负载分配调度。整个虚拟资源池，包括每个业务域的逻辑资源池中，为了保证系统的安全性和连续性，都会预留一定的空闲资源。当整体平台或资源域中的物理服务器或存储节点出现问题时，或需要进行必要的硬件升级时，空闲区域就可以动态承载原先资源下的业务系统和存储需要，保证业务的连续性，保证整体业务系统运行的稳定性和连续性。根据本次项目需求，将各应用系统迁移到虚拟机上，同时还需要预留扩展空间。根据虚拟化原理，最少要有一个物理内核来作为 vCP 使用，所以从可用性方面考虑，不考虑超卖情况，计算公式如下：

虚拟机的最大数量 = 物理 CPU 数量 × 每个物理 CPU 的核心数

在购置成本和电力成本允许的情况下，为满足后续业务的扩展性，在有限的空间内，可供使用的虚拟机数量应尽可能多。

4. 云非编资源池建设方法

内容生产为电视台融媒体云平台的核心业务，云非编资源池的建设决定了云编辑业务能力。云平台通常使用 X86 服务器 GPU 资源以 vGPU 方式分配给虚拟机，用以支持业务虚拟机根据策略自动分配和释放 GPU 资源。使用 vGPU 方式创建的虚拟机，可实现多个虚拟机共享单个 GPU 核资源，使得虚拟机非编性能和并发可用数量弹性增大，能够兼顾新闻、新媒体以及综合制作等各种场景。以电视台广泛采用的索贝云非编资源池设计为例，如图 3-1 所示。

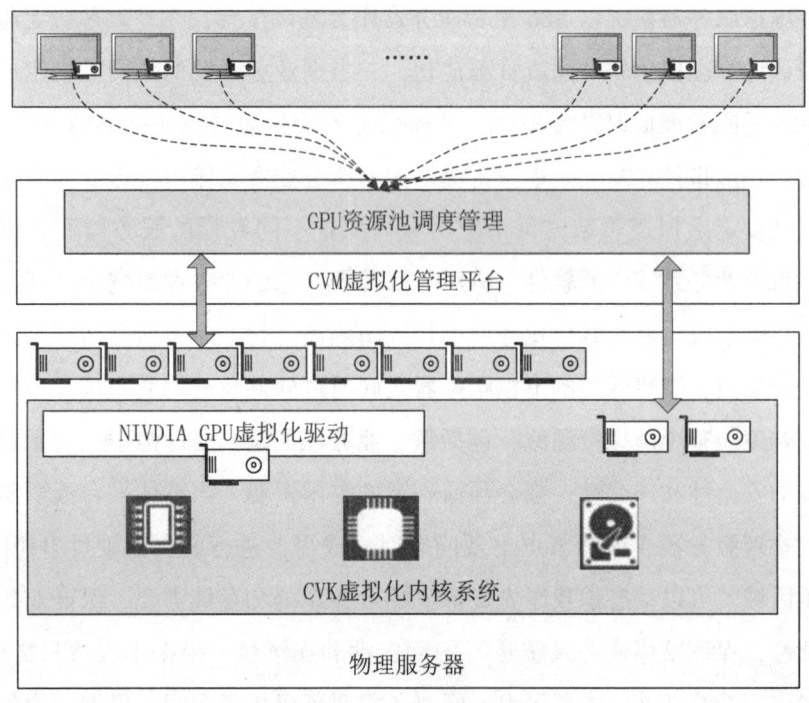

图 3-1 虚拟化资源示意图

基于云平台和多类型的 GPU 服务器形成云非编 GPU 资源池具有如下特点：

（1）广泛面向传统节目和新媒体的高清和 4K 制作；

（2）虚机站点性能弹性可变，例如可支持 3~20 层 100M 高清编辑；

(3)站点规模按需调整或扩展,单刀片可虚拟化配置 2~10 个甚至更多的站点,资源池的站点部署规模可数十到数百个。

X86 服务器内的物理 GPU 显卡被资源池化后,虚拟机动态从 GPU 资源池中按需分配与释放 GPU 显卡资源,其原理可参照图 3-2 的例子。

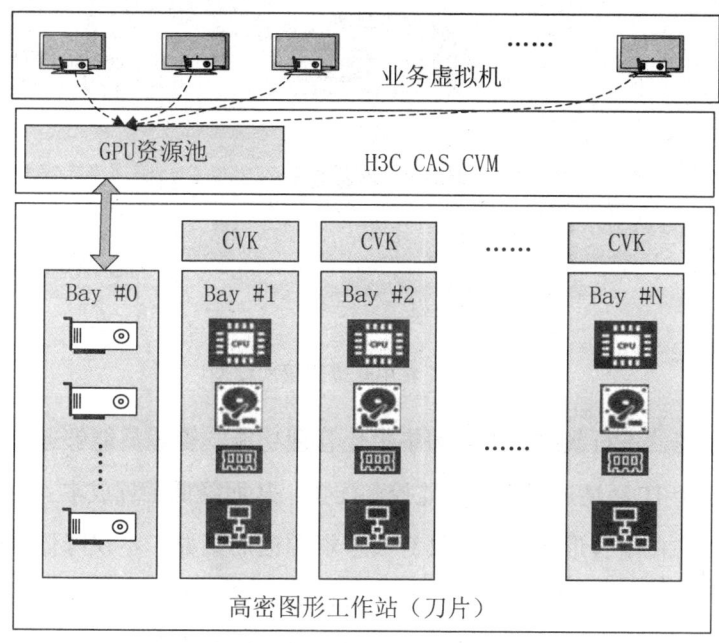

图 3-2 GPU 资源池动态调度

5. 计算资源管理

计算资源池在保证高性能完成各项业务的同时,还需担负虚拟机资源管理的任务,下面将介绍虚拟机资源管理的具体方式。

(1)基于集群的集中管理。集中的管理方式通常将服务器主机和虚拟机都组织到集群中,提供清晰的分层结构视图,能够直观地展示数据中心、主机池、集群、主机和虚拟机之间的关系,大大简化了资源管理的工作量。我们借鉴索贝公司的集中化管理层次模型(如图 3-3)来展示集中化管理分层结构视图。

融媒体云平台下的电视台生产系统

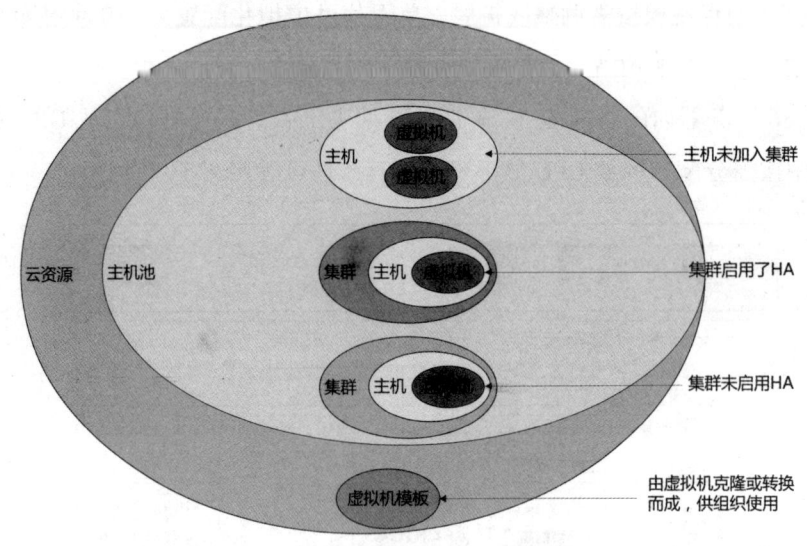

图 3-3 集中化管理层次模型

基于集群进行集中管理利用集中化管理功能，管理员能够通过统一的界面对整个 IT 环境进行组织、监控和配置，从而降低管理成本；由多台独立服务器主机聚合形成的一个具有共享资源池的集群，不仅降低了管理的复杂度，而且具有内在的高可用性。通过监控集群下所有的主机，集群一旦发现某台主机发生故障，就会立即响应并在集群内另一台主机上重启受影响的虚拟机，从而提供一个经济有效的高可用性解决方案。

（2）动态资源调整（DRS）。在虚拟化和云计算环境中，一旦客户将**服务器整合到资源较少的物理主机上，虚拟机的资源需求往往会成为意想不到的瓶颈，全部资源需求很有可能超过主机的可用资源。动态资源调整方式的负载均衡特性能够引入一个自动化机制，通过持续地平衡容量，将虚拟机迁移到有更多可用资源的主机上，以确保每个虚拟机在任何节点都能及时地调用相应的资源。即使客户大量运行 SQL Server 的虚拟机，只要开启了动态资源调整功能，就不必再对 CPU 和内存的使用情况进行一一监测。此外，全自动化的资源分配和负载平衡功能，也可以显著地降低数据中心的成本与运营费用。

动态资源调整功能能够通过心跳机制，定时监测集群内主机的 CPU 利用率，并根据用户自定义的规则来判断是否需要为该主机在集群内寻找有更多可用资源的主机，以将该主机上的虚拟机迁移到另外一台具有更多合适资源的服务器上，或者将该服务器上其他的虚拟机迁移出去，从而为某个虚拟机腾出更多的"空间"。动态资源调整运作原理如图 3-4 所示。

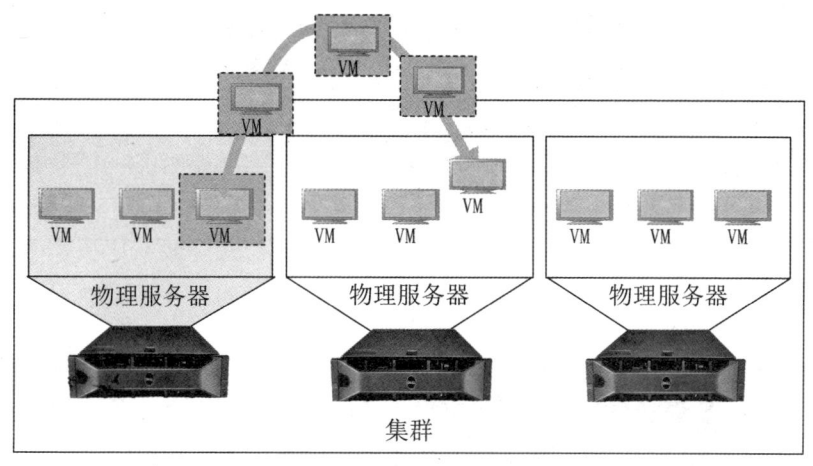

图 3-4　动态资源调整

（3）共享文件系统。存储服务器用于保存虚拟机的操作系统、应用程序文件、配置文件以及与活动相关的其他数据，是虚拟机正常工作的基本前提条件，而根据存储的种类不同，可以分为本地存储和共享存储两种。

采用共享存储方式的好处有：共享存储往往比本地存储提供更好的 I/O 性能（尤其在多虚拟机环境下）；在线迁移和高可用性功能需要共享存储作为先决条件，例如 HA 和动态资源调整等；管理平台中的虚拟机文件系统是一种优化后的高性能集群文件系统，能够允许多个节点同时访问同一虚拟机存储。由于虚拟架构系统中的虚拟机实际上是被封装成了一个档案文件和若干相关环境配置文件，通过将这些文件放在 SAN 存储阵列上的文件系统中，可以让不同服务器上的虚拟机都可以访问到该文件，从而消除了单点故障。共享存储模型样例如图 3-5 所示。

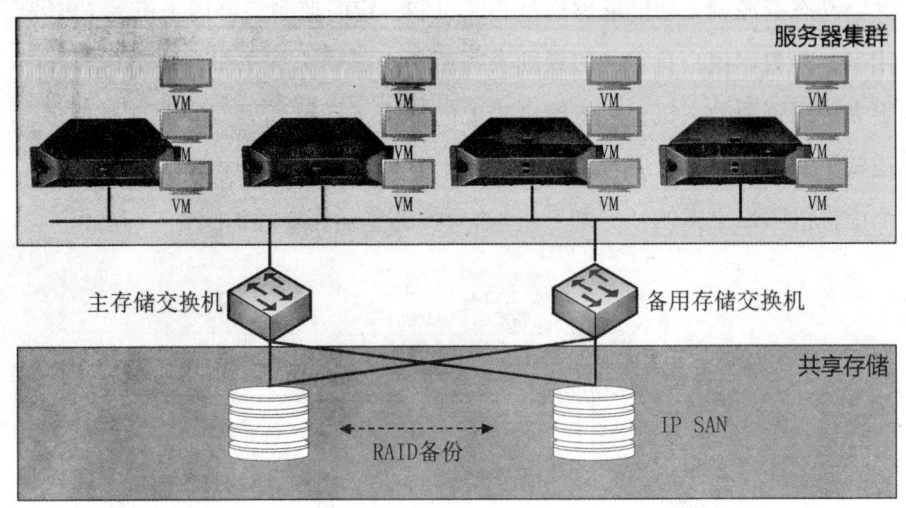

图 3-5 共享存储样例

（4）虚拟机生命周期管理。计算资源池通常支持虚拟机的创建、修改、启动、暂停、恢复、休眠、重启、关闭、下电、克隆、迁移、快照等常用功能，同时支持通过管理界面的控制台远程连接到虚拟机，以达到管理虚拟机生命周期的目的，所有的操作全部基于图形化配置界面，易于直接进行操作管理。如图 3-6 所示。

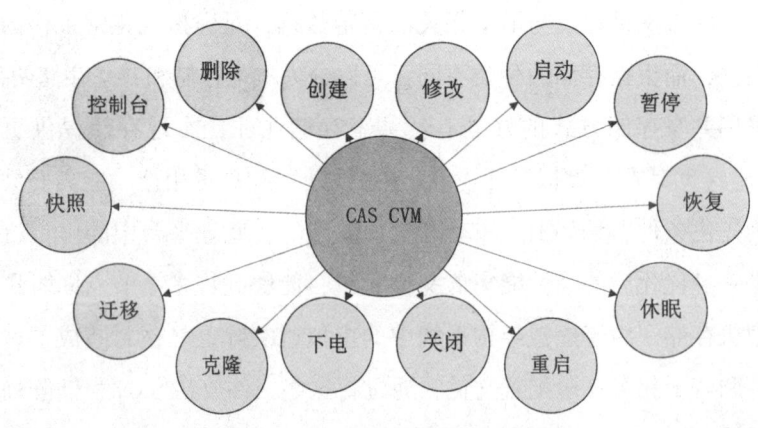

图 3-6 虚拟机生命周期管理

第3章 融媒体基础资源及服务能力实施

6. 虚拟机防毒安全

云平台通常需要集成主机杀毒引擎,可按需为虚拟机提供主机病毒防护服务。这种方案不需在每一个虚拟机中安装代理程序就能提供病毒防护技术,从而降低了系统的资源,运行模式示例如图3-7所示。

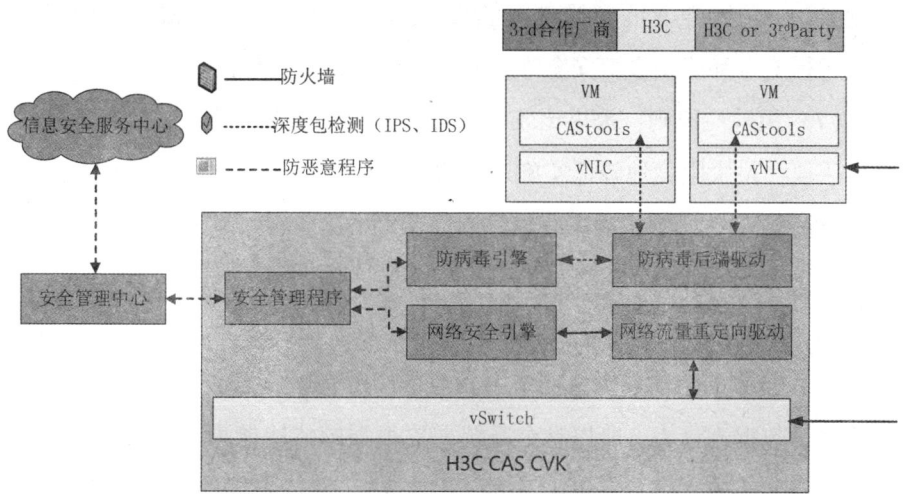

图3-7 虚拟机防病毒安全

3.2.3 存储资源池建设

1. 存储资源池建设原则

存储系统是云平台数据存储的基础,用于支撑云上各应用对存储的需求。整个云平台对存储的原则性要求如下:

(1)先进性原则:技术构成先进,符合信息科技的发展趋势,能适应当前不同数据平台架构下进行大规模数据存储的需要,保证系统具有较强的开发、使用空间;

(2)均衡性原则:提供较好的系统运行效率,不产生系统瓶颈;

(3)节能性原则:应以节约能源为前提,营造良好的绿色、环保节能环境;

(4)拓展性原则:随着业务规模的扩大,比较方便地独立升级,能够和其他系统进行无缝集成；

（5）稳定性原则：保证系统 7×24 小时的稳定运行，并能保证一段时间关机情况下重启系统的稳定性；

（6）安全性原则：有严谨周密的安全体系结构，系统能够提供有效的安全机制，防御各种可能的自然毁伤或恶意攻击，在运行安全、网络安全、数据安全和应用系统安全等方面有合理可靠的策略；

（7）风险性原则：提供比较成熟可靠的运行管理、监控、故障处理等技术手段，最大限度地降低实施过程的风险；

（8）经济性原则：设备有较好的性能价格比。

2. 存储资源池核心需求

综上所述，存储系统需要满足如下几个核心需求：

（1）足够的传输能力。网络中心为单位所有用户提供服务，由于客户端众多，数据流量大，所以整个系统需要很强的传输能力。包括存储系统与服务器之间的大容量、高频率的 I/O 传输，设备内部的总线传输带宽，服务器的网络性能和响应能力等都是非常重要的方面。

（2）海量存储能力。大容量的存储系统是网络中心服务应用的核心，拥有一套或多套大容量的存储系统是保证数据安全性和服务连续性的基础。解决方案中不仅需要存储系统具有超大容量而且硬件的可靠性、容量的灵活扩展、简便的安装维护管理也是必不可少的。

（3）先进的存储架构。存储系统所采用的架构需要成熟而先进的，能适应未来几年内的技术发展方向。

（4）高稳定性和高可用性。解决方案中应保证数据安全和随时可用；另外系统数据量大，很难恢复或恢复时间长，而高校网络又需要 7×24 不间断可用，因此还要为备份系统的建设打好基础。

（5）快速的响应能力。解决方案中不仅要满足当前的需要，由于网络对连续性的要求很高，因此在售后服务方面也应保证快速响应，一旦出现问题，服务人员能尽快赶到。另外存储系统的设计还应遵循可扩展性原则及完整性原则。除了系统硬件要符合技术潮流外，与之相配的软件也需采用先进技术，以利于整个系统的平滑升级。而作为数据存储的统一平台，系统的各项设计应从整体考虑，协调各子系统构成完整的数据存储管理系统。

3. 存储资源池建设方法

在实际的存储资源池建设过程中，涉及 IP 集群化核心存储，必须采用全对称分布式架构，支持全互联全冗余的组网机制，提供文件系统级的统一命名空间，允许系统中所有节点并发访问整系统的任何数据。具备负载均衡的管理策略，实现核心存储针对任何一种应用类型都可以提供高性能的存储能力。至少保证在整个存储集群中两个节点同时出现故障，并且其余每个节点两块硬盘出现故障时存储仍可全性能正常使用。

（1）高扩展性。必须具备先进的扩展方式，即扩展容量的同时，扩展带宽等其他性能。支持存储容量达到 PB 级，带宽也能随着节点的增加而线性增长，同时核心存储节点横向扩展时不改变存储集群的架构，不影响存储集群的使用。

（2）负载均衡。核心存储支持通过分布式操作系统在前端和后端都实现负载均衡。前端访问核心存储的操作具备通过多种负载均衡策略，将访问分散到核心存储集群的各个存储节点上，实现减轻节点负载的能力。后端访问数据具备通过开放式的架构和后端网络分布在所有节点上进行存放和读取的能力，使得每个读写操作具备多磁盘参与的能力，从而提高读写操作的性能。

（3）数据安全。核心存储必须采用建立在分布式、节点间冗余基础上的数据保护技术，即数据进入系统之后先切分为 N 个数据条带，然后计算出 M 个冗余条带，并最终保存在 N＋M 个不同的节点中。核心存储中的数据不仅能支持硬盘级的故障，而且能够支持节点级的故障。具备通过数据重构过程恢复损坏数据的能力。具备任意可用空间都可以作为"热备"空间使用的能力，进一步提高存储利用率。

（4）简化管理。核心存储至少支持系统可视化自动部署、空间配额灵活配置、全面性能监控、网络拓扑统一管理和统一命名空间等功能。

（5）容量算法。安全可用存储容量计算方式为：单节点数据盘数量×单块硬盘容量×节点数量×进制转换率 0.9×元数据开销 0.9×利用率 0.75。

核心存储需要增加不低于 2.9PB 的有效使用容量，单节点稳定混合读写带宽不低于 1GB，整体存储综合读写带宽不能低于 14GB，至少采用 N+2 的存储安全冗余机制，必须保证在制播业务不停的情况下完成现有数据的平滑导入和继承。按照现有存储系统的所有目录结构导入新的存储系统，通过对比工具实现数据校验，保证数据的完整性；数据导入完成后，融合私有云平台所有站点挂载到新的素材盘，盘符与之前盘符保持一致。

存储资源池，通常指虚拟化的共享存储，该资源池对存储的类型要求比较宽泛，示例如图 3-8 所示。

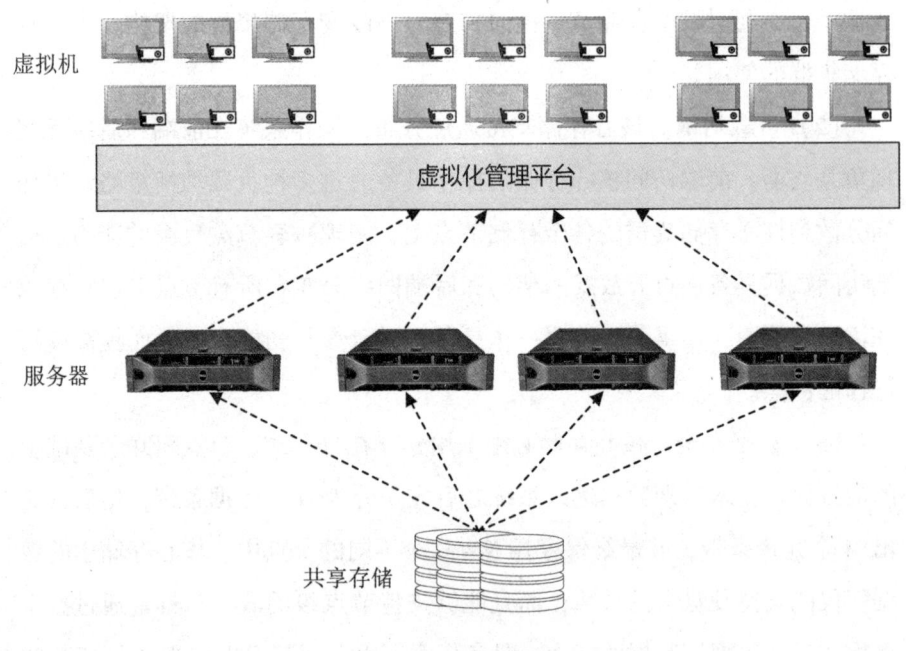

图 3-8　存储资源池

存储通过一个高带宽、低延迟特性的背板或者连线,将经济高效、模块化、可升级的组件统一成一个具有高可用性的、可自动均衡负载的集群,形成存储资源池,其独特的架构使得单台性能大大超越传统的存储。

3.2.4 网络资源池建设

根据融媒体云平台所涉及的业务类型网络架构,将网络资源分为接入层和汇聚层。在进行云平台网络建设时考虑到在融媒体内容制作中会采用4K及更高码率编辑素材以及后续业务扩展所带来的高带宽需求,因此,上行接入核心交换机需要采用40G以上的链路,下行接各类业务区域采用10G以上链路才能满足需求。而关于演播室交换机考虑到演播室播出的安全性,需要独立配备交换设备,支持IPV4、IPV6网络协议。除此之外,平台还应规划核心交换机、客户端万兆接入交换机、IP流调度中心万兆接入交换机、高安全区万兆接入交换机、融媒万兆接入交换机、媒资万兆接入交换机、管理网交换机、后端交换机等设备支撑。

1. 网络资源池需求

(1) 构建统一数据中心。融媒体平台网络基础资源需要贯穿整个平台网络资源,构建统一数据中心,能够实现资源动态调配,具备全局资源共享能力。

(2) 发布区动态扩展。发布区的共享云资源池,其网络设计不仅要保证发布区的联通,还要考虑支持发布区业务按需部署在云资源池,才能保证安全区域划分不受影响。

(3) 云计算环境下的安全区划。以云计算技术构建基础资源,网络设计要充分保证在基础资源动态变化的情况下,实现符合等保要求数据中心安全区划。

(4) 统一管理。平台的网络设计需要实现云数据中心多个功能区域的基础资源统一灵活调度,其网络结构示例如图3-9所示。

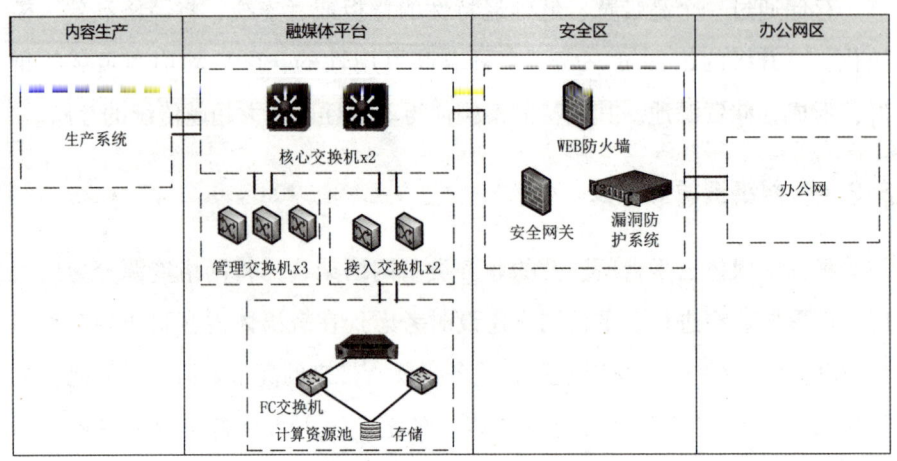

图 3－9　网络结构拓扑图

2. 网络资源池建设方法

前文提到，融媒体平台项目需要构建统一数据中心，中心的网络逻辑架构如图 3－10 所示。

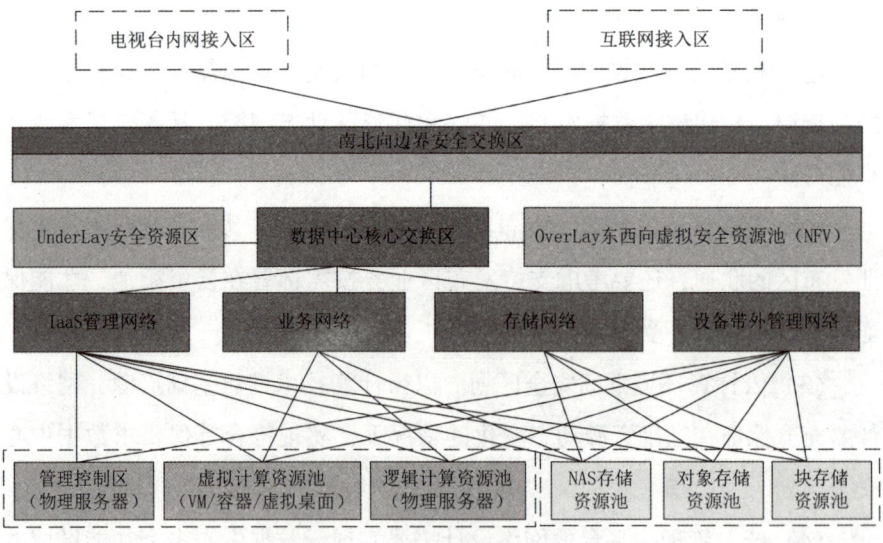

图 3－10　网络逻辑架构图

融媒体平台的网络结构分为边界安全区、安全管理区、核心区、计算区、云存储区。其中，边界安全区与用户融媒业务交互至少需要通过 2 台安全网关做边界安全防护，保证网络安全。

（1）在做网络资源规划设计时，应包括物理网络和 SDN Overlay 网络两个部分，其中物理网络按功能定位一般包括业务网络、存储网络（对分布式存储 SAN 还可划分成前端存储业务网络和后端存储集群调度网络两部分）、IaaS 管理网络（包括计算虚拟化调度）、设备带外管理网络几个功能网络。上述各个网络可独立成网，也可做个别合并。

（2）业务网络是承载业务主机对外提供业务的流量，一般存在于物理网络平面上，根据不同的业务类型映射到不同的 VXLAN 或 VLAN 逻辑网络。

（3）存储网络（或称存储前端业务网络）是承载主机访问存储系统的流量。存储流量一般包括虚机镜像存储流量、虚机的块存储访问流量、虚机的 NAS 存储访问流量。

（4）IaaS 管理网络主要包括两类用途：第一，承载计算虚拟化系统的调度流量，包括主机及虚拟机软件管理报文（包括 HA、集群心跳等报文）、迁移数据流量的网络。第二，承载虚拟化管理平台、云业务管理平台、SDN 控制器即其他管理系统对数据中心 IT 资源的运维管理流量；设备带外管理网络作为网络设备、服务器、安全、存储等各类设备的带外管理通道。各服务器厂商都用于服务器底层硬件和上层操作系统安装等功能的管理手段，并提供了独立的物理网口。

（5）数据中心核心交换区的作用是部署核心交换机，作为云平台内部的数据交换核心节点连接所有业务网络、安全资源区。

3.2.5 云管平台建设

云管理平台具备对物理资源、虚拟化资源、网络资源、安全资源、存储资源的统一管理与调度功能，通过虚拟化、云计算等技术，对资源统一进行优化和管理，能够为生产业务的实际需求弹性分配 IT 资源，并根据资源的实际使用情况进行计量，使峰时和闲时工作量的资源利用都保持在合理水平,从而实现低本高效的 IT 运营模式,使网络资源、计算资源和存储资源,实现资源优化和成本节约。

云管平台从运维、运营与用户三个层面进行资源管理和运营管理。拓扑结构参考下图 3-11 所示。云管平台的核心目的是帮助非 IT 人员能够通过自服务的方式使用虚拟机服务。云管平台包含管理服务器以及业界标准的虚拟化软件(如 XenServer、Vsphere、KVM 等)的扩展。管理服务器可以部署在一台服务器或一组服务器集群上。管理服务器对所有节点上的资源进行统一管理并提供 Web 接口给管理员和用户,使他们可以对权限内的资源进行访问和操作。云管平台将要实现的目标包括:

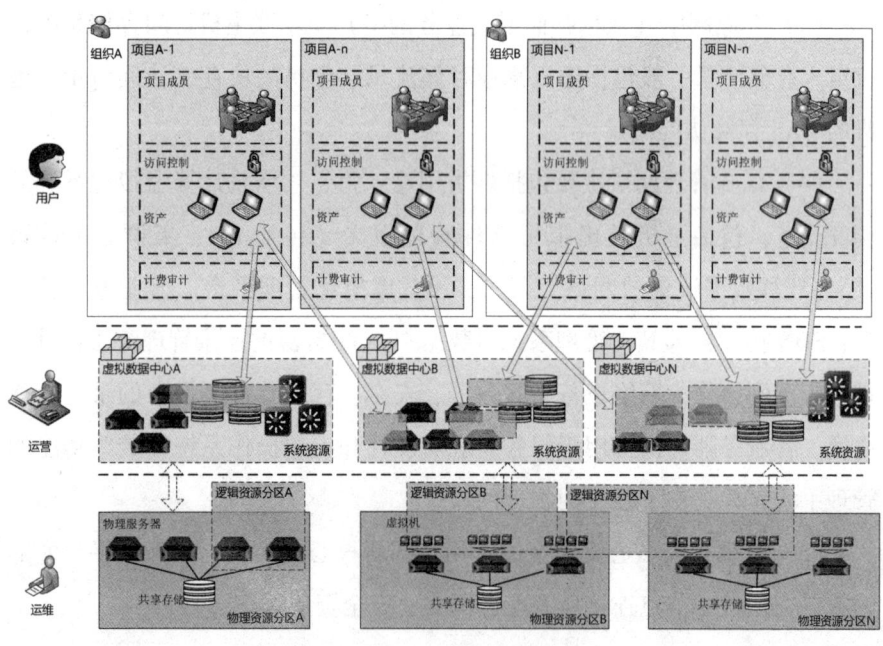

图 3-11 云平台管理架构图

(1) 对物理资源、网络资源和虚拟资源,进行统一的管理;

(2) 在不同的内网或外网条件下,建设的云管平台可以对不同的应用资源进行跨网络管理;

(3) 实现对所有信息资源,包括物理计算资源、虚拟计算资源、物网络资源、虚拟网络资源的自动化管理；

（4）云管平台提供可视、可控、可管的运维系统。

在前台业务方面，云管平台应提供大量的功能管理模块进行云业务管理，最终呈现给终端用户的则是各种云服务。在后台业务方面，考虑到服务的便捷部署和迭代性能，云管平台应采用微服务架构，将业务所需的后台服务封装在 Docker 容器中，并结合先进的分布式应用协调与集群管理工具（Kubernetes）进行容器调度与管理。

在云管平台软件开发方面，推荐业界主流 OpenStack Pike 及以上版本开发，云管平台管理节点支持 Docker 集群部署，并支持部署在虚拟机上，提供平滑升级扩展、高可靠容错机制，各云服务组件之间松耦合，单云服务组件升级对其他云服务和云管平台无影响；同时软件应提供用户自助服务界面，用户能够通过自助服务门户完成云资源申请、使用、修改、销毁等操作，服务门户能够为用户提供云主机、云硬盘、云防火墙、云负载均衡、容器、云数据库、大数据、微服务、DevOps 等服务。

在用户管理方面，云管平台需要支持多租户划分，为不同的租户分配资源配额，配额包括 CPU、内存、云主机、路由器、VPN、网卡、防火墙、负载均衡、安全组、公网 IP 个数等，租户管理员可以根据租户内部架构，划分子租户；应支持多种用户认证方式，除支持本地密码认证外，还应支持对接 LDAP、Oauth 2.0 等方式认证、支持设置 CAS 和 OPENID 两种协议的 SSO 单点登录、支持邮件/短信双因子认证；用户可以通过自助服务门户批量申请云主机，申请云主机时可以定义所需操作系统、CPU 核数、内存、硬盘、IP 及安全组，可以为云主机选择自定义密码、随机生成密码或密钥对登录，并直接选择虚拟机所在资源区域、物理主机及设置虚拟机亲和性和反亲和性；支持云网盘服务功能，云管理员可以创建共享文件夹供云内多个用户访问，普通用户可自助申请私有网盘空间。考虑到便捷性，云网盘可以通过手机 APP 进行远程访问。

在计费方面。云管平台应支持云服务计费，云管理员可以对云资源和云服务进行计费策略设定，计费策略可以基于 CPU、内存、硬盘、存储、网络带宽、HP 主机、Power 主机、云桌面、裸金属等资源制定费率，支持按小时、天、月为周期进行计费，支持资源用量或资源规格两种计量方式。

3.2.6 网络安全系统建设

1. 安全体系建设

融媒体平台云等级保护安全设计应该以国家等级保护相关政策和技术标准要求为依据，结合融媒体平台云管理与技术要求，建成"分区分域、多层防护"的信息安全等级保护防御体系。

安全整体架构依据等保标准，从物理安全、网络安全、主机安全、应用安全和系统备份及容灾等几个方面提出设计采用的安全技术和措施。参考索贝公司的网络安全架构示例，如图 3-12 所示。

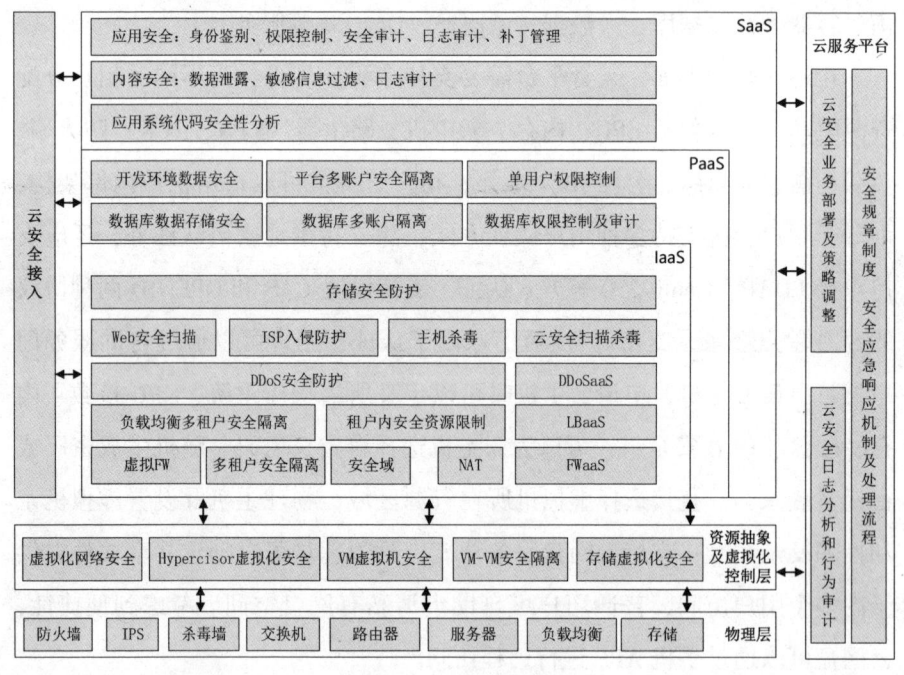

图 3-12 安全架构图

如上图所示，整个云平台系统的安全设计可划分为出口边界安全设计、虚机安全设计、云安全管理设计、系统管理安全设计。其中出口边界安全指云平台通过与互联网互联将面临大量来自外部的网络威胁；虚机安全指虚拟机作为一个独立的逻辑终端，其存在操作系统、中间件、数据库、应用软件等，在为对应部门或外部用户提供服务互联时，存在感染网络病毒、遭受网络攻击的可能性，因此虚拟机也需要与传统物理主机终端一样的终端安全防护需求，由于虚拟机存在迁移性、数量庞大的特点，有针对性的云主机安全方案，为其提供防病毒、防攻击的保障。云安全管理指对云平台内各类业务流量进行镜像和专业安全设备检测，汇集所有业务、主机、专业安全设备的日志信息，基于安全态势感知平台的智能分析技术，形成对云平台整体安全状态的多维度可视化，并结合外部安全情报，提前预测安全风险进行规避。

系统管理安全指数据中心内部署的各类业务系统、IT设施大部分需通过远程接入方式实现运维管理，且由多方人员接入，因此必须在运维管理层面实现远程安全接入、省份认证、合法授权、行为监控等安全保障。

在整体网络安全设计架构中，分为以下三个维度进行安全设计：

（1）物理安全设计信息系统的物理安全策略包括：对出入物理环境进行基本的控制，对进入后的活动也要控制；在物理环境方面，需要加强各方面的防护，采取比二级信息系统更细的策略来多方面进行防护。物理安全涉及与保护信息系统和敏感信息的实体有关的威胁缺陷和防范措施，这些资源包括人员、数据、设备、支持系统、介质和所需的供给品。因此物理安全的控制措施主要包括安全设施的选择和建设、设施安全管理、人员管理控制。

（2）边界安全设计。出口边界安全主要是为云平台内业务系统与外网之间的交互流量提供访问控制、负载均衡、IPS防病毒等安全服务。设计时应规划在核心交换机直挂综合安全网关设备，按需为业务提供各类安全服务。

（3）网络安全设计。网络安全设计主要关注网络结构以及网络设备自身安全，主要考虑虚拟化环境下的结构安全、访问控制和入侵防范等几个重点。

2. 结构安全

网络结构安全设计需要在虚拟化的环境中对整个网络进行子网划分，并对接入网络满足资源（带宽、处理能力）保证、优先处理等方面的要求。具体包括：

（1）保证主要网络设备的业务处理能力具备冗余空间，满足业务高峰期需要；

（2）保证网络各个部分的带宽满足业务高峰期需要；

（3）根据各部门的工作职能、重要性和所涉及信息的重要程度等因素，划分不同 VXLAN；

（4）避免将重要网段部署在网络边界处且直接连接外部信息系统，重要网段与其他网段之间采取可靠的技术隔离手段；

（5）关键设备和链路应避免出现单点故障；

（6）按照对业务服务的重要次序来指定带宽分配优先级别，保证在网络发生拥堵的时候优先保护重要主机。

3. 访问控制

网络在安全域与安全域之间需要使用安全设备进行隔离和访问控制，在方法上访问应当按照用户类别、信息类别控制。这样做目的主要有两个：一是控制融媒体平台云平台各级网络用户之间的相互访问，规划网络的信息流向；另一个是能够起到一定的隔离作用，一旦某一子网发生安全事故，避免波及其他子网。

访问控制措施包括：

（1）使用交换机进行 VXLAN 划分；

（2）根据访问控制列表对源地址、目的地址、源端口、目的端口和协议等进行检查，以允许/拒绝数据包出入；

（3）通过访问控制列表对系统资源实现允许或拒绝用户访问，控制粒度达到用户级。

4. 主机安全建设

主机系统是构成信息系统的主要部分，承载着各种应用。因此，主机系统安全是保护信息系统安全的中坚力量，主机的安全设计主要考虑虚拟化环境下的恶意代码防范。

主机防病毒的措施有：部署漏洞扫描系统及时进行漏洞发现以及系统补丁及时升级，减少恶意代码侵犯的途径；部署网络防病毒系统（主机＋服务器），进行统一升级、策略下发，在终端处安装防病毒软件，服务器安装基于服务器的防病毒软件。普通的企业安全软件，如果使用在虚拟化平台上，会导致如下一些问题：

（1）每一台虚拟机需要单独进行文件监控或者病毒扫描，占用的系统资源比较多，如果多台虚拟机同时进行，就会造成防病毒风暴；

（2）如果每台虚拟机单独使用网络连接企业云服务端，会导致每一台主机和云服务端中有多个连接，耗费网络资源，这个问题也会出现在安全软件升级过程中；

（3）如果虚拟机启动的时间比较接近，硬件资源的过渡利用会导致开机慢、开机过程中卡死等问题。因此，虚拟化平台需要采取适当的安全解决方案。

通常，虚拟化平台采用无代理方式的虚拟化病毒查杀方案，可实现如下功能：

（1）轻代理，单点集中查杀，避免反病毒风暴；

（2）本地引擎加载实例个数可设，并且查杀任务数可调；

（3）集中的 Cache 管理机制，优化查杀效率，避免重复查杀；

（4）病毒库升级只需每主机一份；

（5）配合私有云引擎和可开关的公有云引擎，有效提高查杀力；

（6）提供对安全虚拟机（SVM）专有防护。

5 其他安全设计

（1）数据安全性设计。数据传输的安全性对以太网技术来说是一个弱项，共享式的数据传输原理极易造成数据窃取行为的产生。云平台通常通过系统划分VLAN，来控制各个子网之间有序的交换数据。

以太网采用多台交换机堆叠后划分VLAN的方式实现，VLAN的划分跨交换机，这样每个VLAN均分布在不同的交换机上，每个功能模块内的站点均不会全部连接到一台交换机上，任何一台交换机的故障不会导致某一个VLAN的全部瘫痪，即不会出现某个功能模块的站点全部失效的情况发生。

（2）应用软件安全设计。软件系统安全设计应该严格按照ISO9001软件开发规范研发软件，且系统设备和软件出厂前均应经过严格的内部测试和各种压力、黑箱、白箱测试，这样可以有效降低系统的不稳定风险；系统软件应使用正版软件，支持所运行操作系统的补丁更新和升级。

计算机终端安全设计应在整个制作网络系统中，计算机终端是整个网络系统中直接面对用户的站点，其安全性也直接对整个网络系统有很大的影响，因此需要通过域控制策略进行管理，限制相关软件的安装，以及去除所有计算机终端的光驱和软驱，并禁用USB接口，防止操作人员通过这些方式拷贝文件。

（3）网络管理安全建议。再稳固的系统，也会有潜在风险，操作和管理规范是一个系统安全的重要基石。云平台需要建议根据自身情况，制定严格的《安全管理办法或规范》，做到操作有据可依。同时从技术上采取一定的安全措施，如制作网内加强管理，制订严格的操作管理制度，不允许私自从互联网上拷贝数据等。

3.2.7 运维监控系统建设

平台需部署运维监控软件，用来实时记录和分析监测设备、环境及软件关键技术指标并对异常指标报警。监控软件可支持对平台中各工作站、服务器、AV 设备、交换机、存储等周边设备实施监管数据库运行状态及关键指标、关键软件进程状态、机房温度等环境指标,并且可通过报警列表查看异常的设备或流程、信号等,直接从设备列表中查看异常设备及设备的 KPI 监控详情,将所有异常可通过短信、微信等形式发出警告。软件需要能够将硬件等运行状态通过图表等方式优美地展示展现出来,用于技术运维管理和大屏展示。运维监控系统应包含如下具体功能:

(1) 机房监控。对机房整体做可视化展示,提供机房的三维全景视图,通过大屏展示机房 3D 图,点击机柜可显示机柜名称、设备、位置、已用/未用 U 数等,并能够通过温度、湿度采集模块采集机房区域的温度状态,并可显示和报警。

(2) UPS 监控。对机房内的 UPS 的运行状态和运行参数进行实时监测。

(3) 融媒智慧平台项目的硬件平台监控。对硬件的严重性错误、临时性错误、未知错误,以及一些指示性错误信息和包括电源、风扇、温度,硬件的状态等指标的实时监控。以及刀箱连接相应时间、电源状态、环境温度、风扇、消耗功率、风扇利用率等。

(4) 操作系统监控。对操作系统内存利用率、磁盘、CPU 利用率、硬盘利用率、网卡状态、接收和发送的流量及包数、日志、Syslog、异常进程、目录和文件的数量及大小等进行监控。

(5) 网络和安全设备监控。对设备的 CPU、内存使用状况、接口状态、端口流量、流速、丢包率等监控;对网络设备配置变更管理;对网络设备配置进行批量自动备份;支持发现网络配置的变更,并可以比对并标注网络配置各个历史版本的差异。

(6) 虚拟化监控。对监控宿主机 Host 的运行状况、网络状态、CPU 使用率、内存使用率、存储容量进行监控;同时对 Host 硬件状态,包括处理器、内存、风扇、温度、电源、存储器等进行监控。

（7）数据库监控。对表空间、死锁数、用户连接、请求、内存、缓存、数据库连通性、SQL 执行耗时、SQL 耗 CPU 资源、SQL 耗内存资源等使用指标参数进行监控。

（8）应用服务监控。对系统中指定业务的运行状态、业务繁忙度、业务可用性、业务健康度等进行监控。对指定业务接口的模拟访问、监控接口访问性能、定制开发可以实现支持 C/S 架构的业务接口性能监控。可查看业务下各个设备的运行状态，将业务的问题直接定位到设备。基于业务视角的综合展示，支持业务拓扑图功能。

（9）故障告警和定位。支持多种告警方式：包括网页、邮件、声音、脚本、微信、短信等方式告警。自定义告警模板，告警模板中可以包括设备信息、监控点信息、阈值设置、故障时间等。告警全面、及时、准确，在被监控对象出现问题时，能及时告知工程师。可以设置多种不同的告警规则，避免网络不稳定等原因引起的误报及控制重复告警次数。故障设备可以在界面中以不同颜色标识，点击可钻入查看该设备所有监控指标状态。业务级视图和拓扑图也可以实现故障定位。

（10）多维报表。提供多种实时报告、历史数据报告和巡检报告模板，包括实时状态整体报告、流量报告、故障报告、TopN 报告、巡检报告和各个设备、监控点的详细报告。报表形式支持曲线图、柱状图、面积图、堆叠图、仪表盘、饼图、正负图等多种形式，周期可以自定义设置为天、星期、月等。

（11）智慧监控平台。智慧监控平台可以在 1 台服务器或虚拟机上监控 800 个以上管理对象，并支持后期扩展。监控轮询频率可由用户自行设置，应支持秒级监控，最快轮询频率可达到 5 秒。

3.3 服务能力建设

媒体平台服务层（PaaS）可实现系统内部用户管理、转码服务、流程引擎、视音频处理、系统接口等通用功能,并可根据业务发展及新需求进行扩展,为系统提供基础服务。

媒体平台服务层(PaaS)具备媒体业务支撑能力,并可基于现有的媒体服务平台进行扩容,对上可满足各类站点等业务的接入,对下可实现底层资源与业务的适配,同时自身还要具备一系列媒体业务的支撑能力。

平台服务层(PaaS)主要分以下两个部分满足应用软件服务需求:

(1)通用 PaaS 平台。通用 PaaS 平台提供系统基础建设所需的基础 SaaS 层能力,对数据库、中间件等关键服务提供 PaaS 业务输出,能够支持容器建设,提供统一的容器化管理服务。对业务自身容器提供代码管理、容器构建、容器管理、自主扩容等层面的能力,同时具备标准的运营支撑服务能力和开发接口服务能力。

(2)媒体专用 PaaS 平台。媒体专用 PaaS 平台通常具备专业的媒体业务支撑能力,以支撑媒体内容生产、内容管理、内容发布等具备媒体特点的公共服务能力。

3.3.1 媒体服务引擎

在媒体平台服务层中,媒体服务核心引擎是由数据引擎、计算引擎、业务引擎、分布式调度框架以及基础管理服务组成。媒体服务引擎具有媒体业务支撑能力,能实现系统内部用户管理、转码服务、流程引擎、视音频处理、系统接口等通用功能,并能根据业务发展及新需求进行扩展,为系统提供基础服务。下面将分别介绍媒体服务核心引擎的部分引擎能力。

1. 数据引擎

数据引擎通常提供基础元数据、音视频数据、业务数据以及文档、图片、关系等数据的统一化存储、检索和管理能力,以满足融媒体云平台的海量数据存储和访问需求。

2. 计算引擎

计算引擎层通常提供标准化计算引擎管理服务，包括视频转码、合成、智能处理等服务。引擎可以采用全对等的分布式计算架构，全开放标准化接口体系，可引入集群流式计算的架构，实现计算规模灵活扩展、工具无缝接入以及对海量媒体数据和日志数据的挖掘和分析。计算引擎通过一系列微服务的部署，能够提供系统空间管理、访问控制、数据建模、业务建模、流程驱动、媒体处理等一系列平台公共服务。

3. 业务引擎

业务引擎需以微服务架构容纳业务应用服务，能够为平台灵活扩充业务能力，支持采集、处理、制作、审核等业务流程，并支持业务流程的灵活定制和配置，实现同时满足"流程化"到"碎片化"的不同工作模式。

4. 分布式调度框架

分布式调度框架使用开源的分布式应用程序协调服务，配置维护以及命名服务等。

5. 基础管理服务

通过基础空间管理服务，在以数据为中心的环境下，将内容存放在统一的资源池之中。这样既能满足不同用户之间素材共享的需求，也能控制一定的访问权限，还能够使同一内容被多个用户所引用。此外，平台还可以通过数据引擎管理工具、容器管理工具、系统接入配置等工具实现平台服务运行期的隔离和自动部署，以及系统接入的所有配置功能。

3.3.2 媒体处理服务

媒体平台服务层中应根据实际建设需要支撑如下服务：

1. 合成渲染服务

在融媒体平台的制作环节，合成工作站承担着节目的合成任务。合成

第3章 融媒体基础资源及服务能力实施

工作站通过将提交的节目时间线（包括视频、音频、字幕、特技等）打包合成为一条数据节目，推送到节目审片工作站供审片使用。合成渲染服务也可使用智能生成，其原理是根据节目信息文件进行解析分段，根据每段的特点采取最优的方法以提高合成速度。合成渲染服务界面以索贝公司产品界面为例，如图3-13所示。

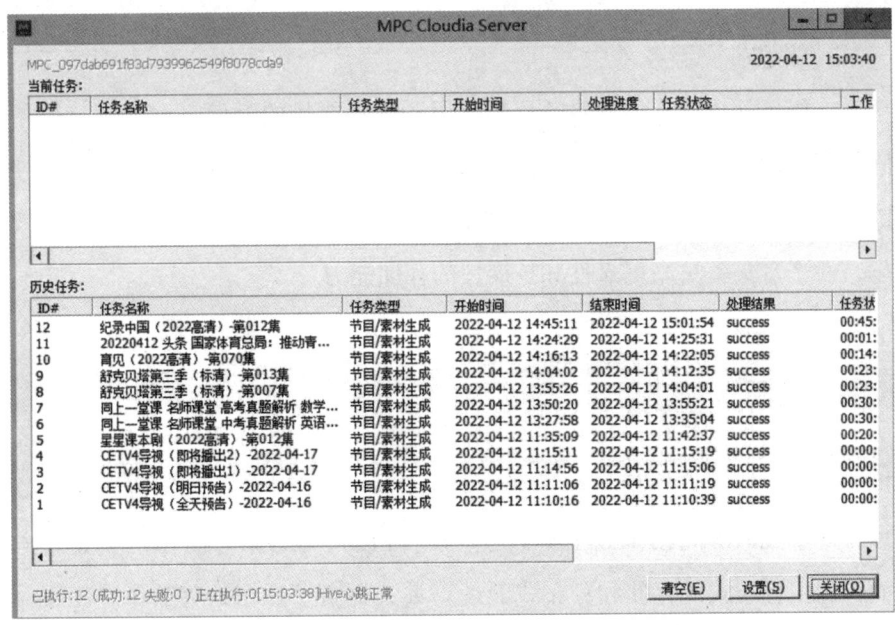

图3-13 合成渲染任务执行页面

如图所示，合成处理界面分为两个区域，分别显示当前合成任务及历史任务，在显示任务时需要包含任务名称、任务类型、开始结束时间、任务状态及任务处理结果。

根据相关项目建设经验，合成渲染服务通常需要支持如下功能：

（1）能够实现媒体文件分布式生成；支持集群渲染合成方式，可实现任务的集中调度，可统一提供渲染服务；具备各类视音频文件的多文件入出点合并（EDL合并）能力，能够支持单文件入出点剪切；在到达时间线后能够提交自动后台打包。

(2) 具备合成任务调度功能,编辑好的节目可进行后台打包,无需编辑人员过多干预;支持 MPEG－2 I/IBP、DV25/50、MXF 等多编码格式的混合输入合成。

(3) 可以根据实际需要选择 MPEG－2 I、MPEG－2 IBP、DV25、DV50 等多种输出格式,并能够合成输出电视台播出系统规定的播出文件格式。

2. 迁移转码服务

在媒体处理服务中提供迁移转码服务的主要目的是使平台能够突破单一视频处理任务瓶颈,充分发挥分布式结构优势,实现视频计算平台的性能随节点"准线性"扩展,最终实现数十倍乃至上百倍的高码率处理效率,使平台具备更高可靠性和扩展性的存储能力。

下面以索贝公司的产品"VIDA"视频架构为例,说明进行 CPU + GPU 分片并行转码/合成操作是如何线性提高视频的转码/合成处理效率的。

在数据进行分片并行转码/合成工作中,需要使用 Hadoop MapReduce 框架思想支撑。其作用是通过把大数据切割 Map 到多个执行器上并行处理,把生成的中间结果以 Reduce 过程合并成最终结果。而在视频处理方面,利用分布式的存储和分布式的运算大大提高了数据处理效率。Hadoop MapReduce 示例如图 3－14 所示。

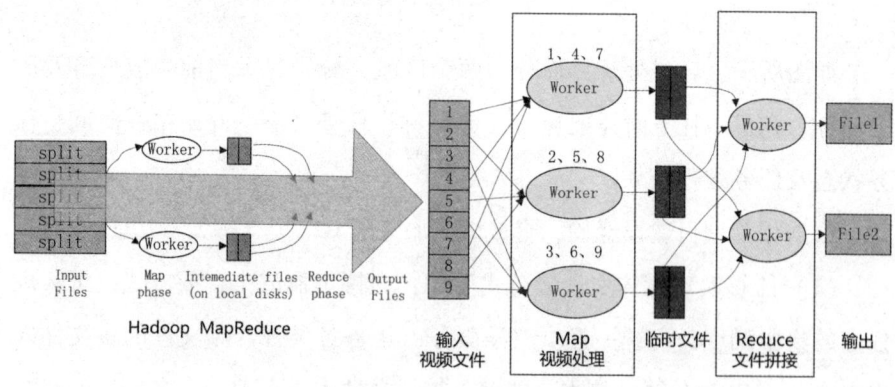

图 3－14　分片转码合成逻辑框图

第3章 融媒体基础资源及服务能力实施

MapReduce 计算系统：能够将多个融合架构中的计算核心汇聚起来并进行有效管理，用于分布式视频计算。结合"VIDA"存储，可为迁移转码服务提供如下功能：

(1) 能够提供 h.263、h.264 等编码方式以及 flv、mp4、3gp、TS 等格式封装，可自定义多种码率和幅面的格式转换；可以通过手动或通过模板添加转码任务。转码参数设置界面示例参见图3-15所示。

(2) 支持任务优先级判断和设定；支持对任务的监控和管理，可实现重置、暂停、取消等任务处理功能；

(3) 提供分布式转码功能，能利用转码服务器集群提升处理效率；转码软件可适配云平台支撑体系，实现转码能力的动态调整；

(4) 支持冗余容错机制，可及时接管出错任务；支持详细的任务信息查看，支持详细的工作日志和任务日志记录；

(5) 可设置 B/S 端和手机端浏览视频转码码率，可设置发送至第三方平台视音频转码码率，可设置发送指定位置的视音频文件格式和码率。

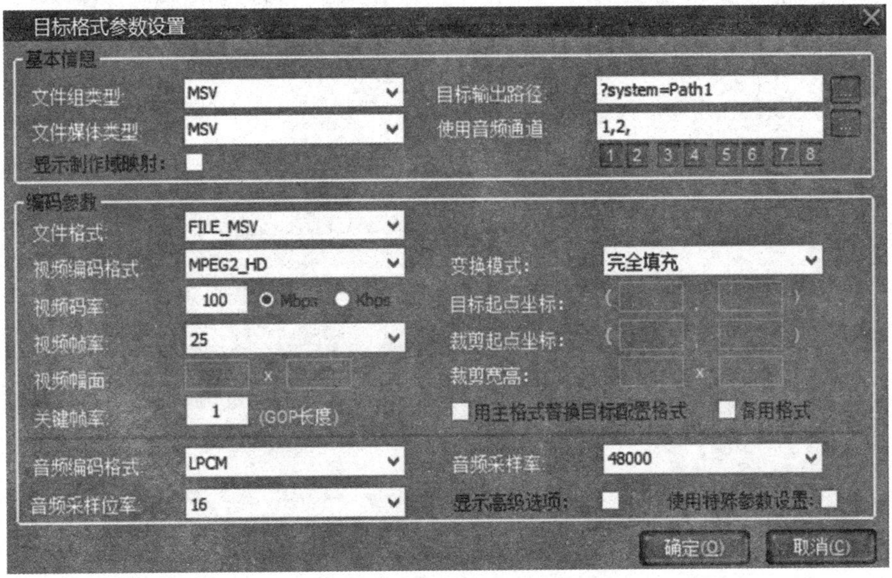

图3-15 转码参数设置示意图

3. 技术审查服务

媒体处理服务的技术辅助审查主要是针对视音频文件的质量审核，质量审核通常采用后台自动审查加前台人工复检的方式完成。辅助审查的结果作为素材的元数据之一提供给前台作为审核参考。在音频方面，辅助审查能够对静音、音量 VU 值、削波、音量峰值、直流偏移、响度（包括平均值超标和瞬时值超标）、不可听、立体声相位反相等进行检测，能够告警并生成标记，同时生成辅助审查报表。在视频方面，辅助审查能够对黑场、彩条、单色段、雪花、色彩丢失、静帧段、亮度超标、色度超标、RGB 超标、YUV 超标、YC 超标、蓝底、绿底、活动区域边缘、夹帧等进行检测，能够告警并生成标记，同时生成辅助审查报表。参见图 3-16 所示。

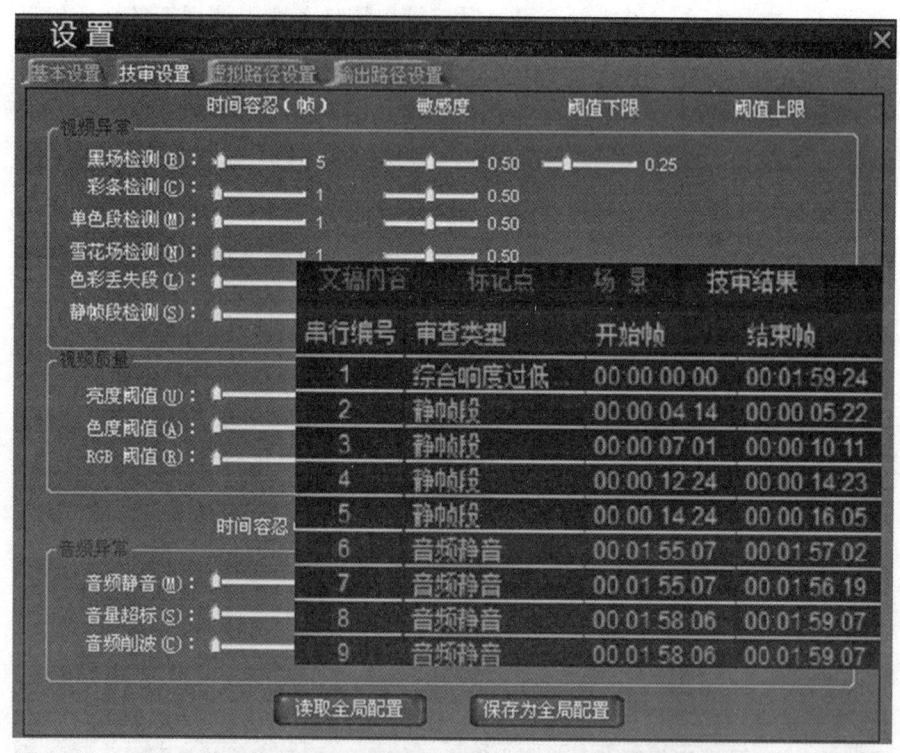

图 3-16　技审参数设置及技审结果示意图

如上图所示，用户能够直观对技术辅助审查参数进行自定义调节，辅助完成视频质量的检查工作,可大大提高工作效率。

3.3.3 人工智能服务

1. 智能中台

在互联网技术蓬勃发展的时代,媒体平台服务层(PaaS)应为融媒体云平台提供众多利用人工智能技术开发的智能中台服务。以索贝公司的融媒体云平台项目为例,PaaS 层应提供包括但不限于如下智能中台服务。

所谓"智能中台"是指针对广电业务场景,具备开放合作、自主整合特性,支持云原生架构的智能业务服务平台。智能能够提供精细化的算力管理驱动任务调度,可集成大量智能算法,为上层媒体应用快速提供智能算法服务和场景模板。智能中台的主要作用是:

(1) 智能中台能够深度融合 Kubernetes 和 Ray 工具,由 Ray 定义算力,用 Kubernetes 实现资源弹性扩缩,两者协同完成算力精细化管理。双工具协作示例如图 3-17 所示。

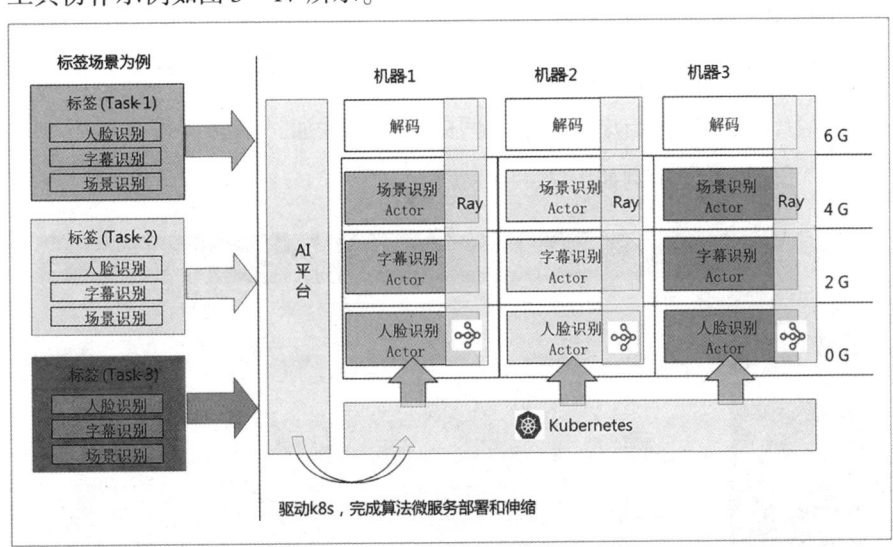

图 3-17 智能中台架构

(2) 智能中台应提供专业化媒体智能能力库,其中包括数十种 AI 原子能力和智能场景模板,而在算法模型和执行器两个层面采用开放标准协议,可支持场景模板定制。结构示例如图 3-18 所示。

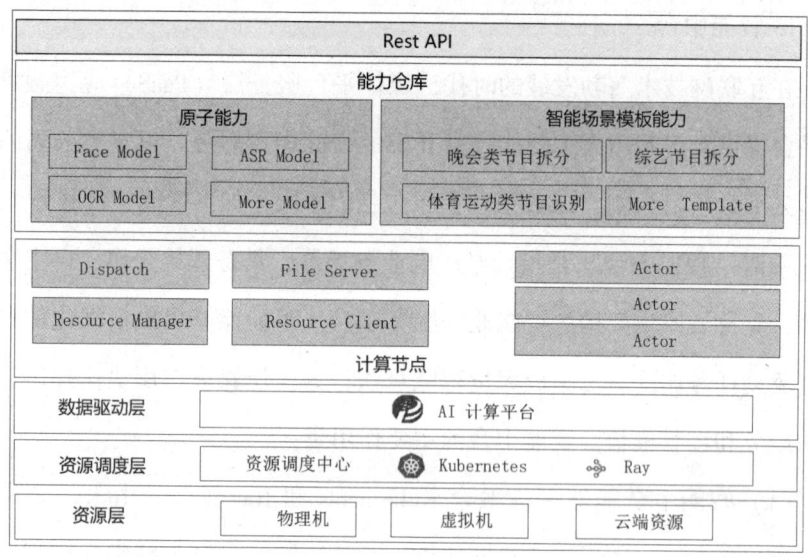

图 3-18　智能中台拓扑

(3) 智能中台应将服务的启停操作、占用 CPU 个数/内存/显存的资源等实现可视化,提供将任务类型、任务状态、子任务状态、任务所依赖的原子能力,以及任务与原子能力之间的对应关系通过跳转操作进行可视化展示。可视化界面示例如图 3-19 所示。

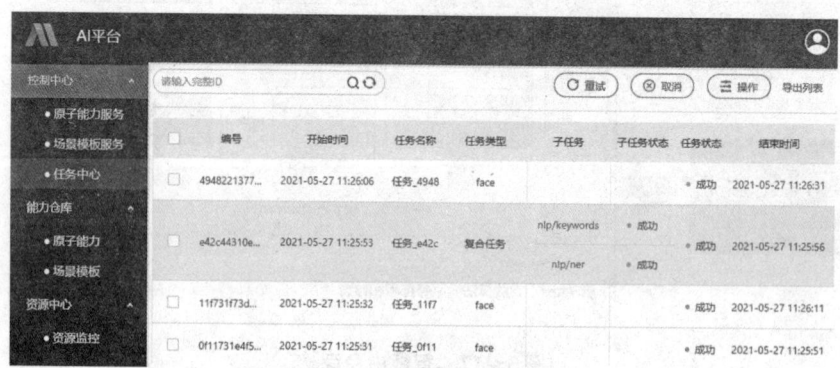

图 3-19　任务执行列表

第 3 章　融媒体基础资源及服务能力实施

（4）智能中台能力仓库指原子能力仓库和场景模板仓库，通常以卡片的形式将智能能力展现出来，包括智能能力简介、运行环境、占用资源情况、场景模板依赖的原子能力等信息，并可以通过启动按钮启动智能能力对应的服务。界面样例参见图 3－20、图 3－21。

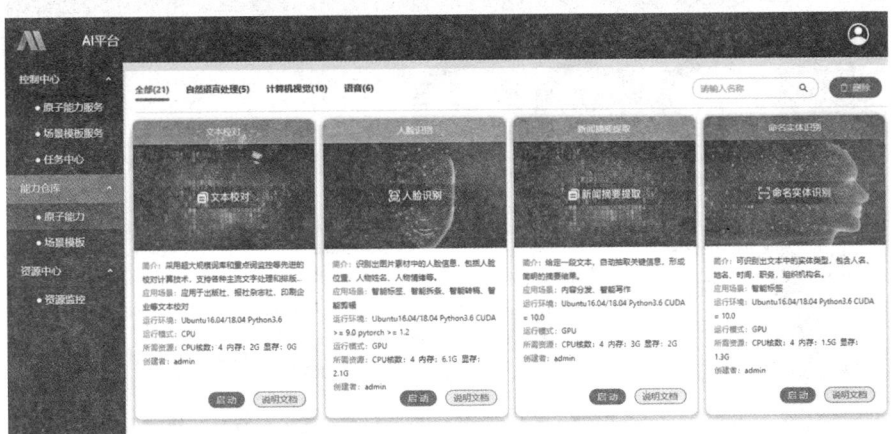

图 3－20　原子能力列表示意图

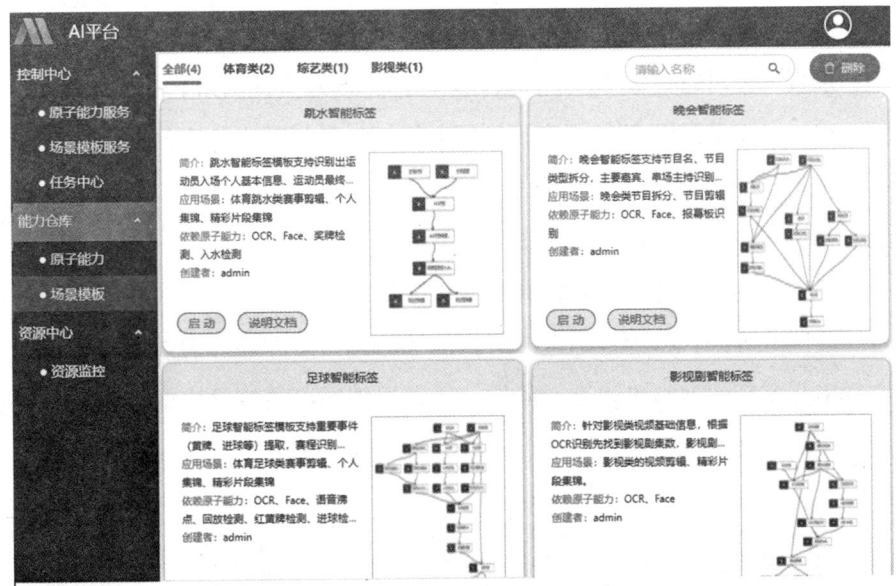

图 3－21　场景模板列表示意图

(5) 智能中台资源监控应对总量资源和节点余量资源进行监控，并对各原子能力服务单独占用的资源的使用情况进行可视化。界面如图3-22所示。

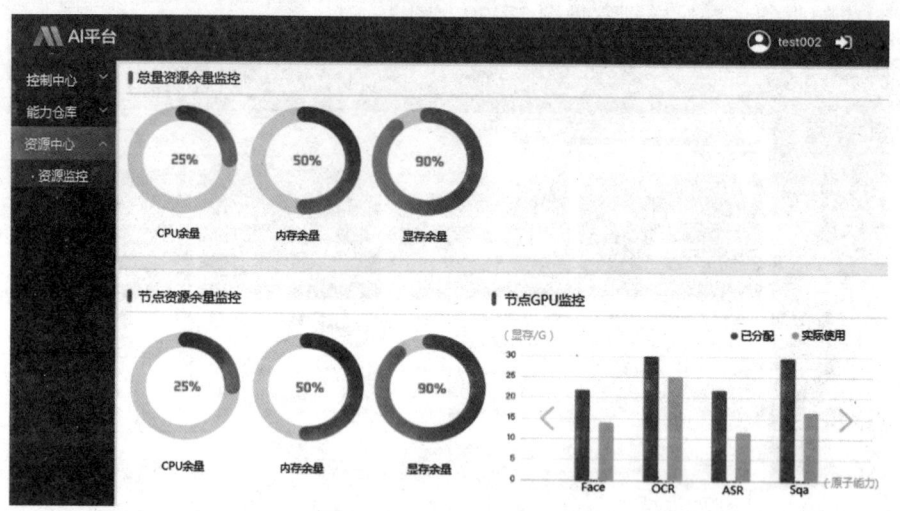

图3-22 资源监控界面示意图

2. 智能服务方式

以索贝公司的融媒体云平台项目为例，PaaS层应提供如下智能服务。

(1) 语音识别。智能语音识别服务能够对音视频文件中的语音（普通话）进行识别并输出文本，同时在浏览时能够查看该文本，支持文本检索、快速定位。界面示例参见图3-23。

语音识别服务能够对素材进行分析，将语音信号中的语音和非语音信号时段区分开来，准确地确定出语音信号的起始点并能够通过点击相应的文本段，实现快速打出入点。此外，语音识别还可将视频中的语音转化成对应语段的文本，便于快速打点出库面向新媒体发布。

第3章 融媒体基础资源及服务能力实施

图3-23 语音识别界面示意图

（2）字幕识别。字幕识别服务可对视频/图片中出现的文字自动转换为文字，并关联文字出现的具体时间段，支持自定义区域识别、支持全屏识别，支持输入索引用于多模检索。在识别结果检索框中，输入检索词，可查看到包含该检索词的段落。界面示例参见图3-24。

图3-24 字幕识别界面示意图

（3）人脸识别。人脸识别服务可对入库素材发起事实核查智能检测，并将检测结果存入媒资库。智能人脸识别能够自动识别视频画面中所有人脸的五官及轮廓位置，对画面中出现的人脸进行分析并识别出公众人物（覆盖政治、影视、体育、文化多个领域的人脸），并输出该公众人物的姓名及在视频中出现的时间，公众人物范围主要包括政治人物、体育名人、影视明星等。

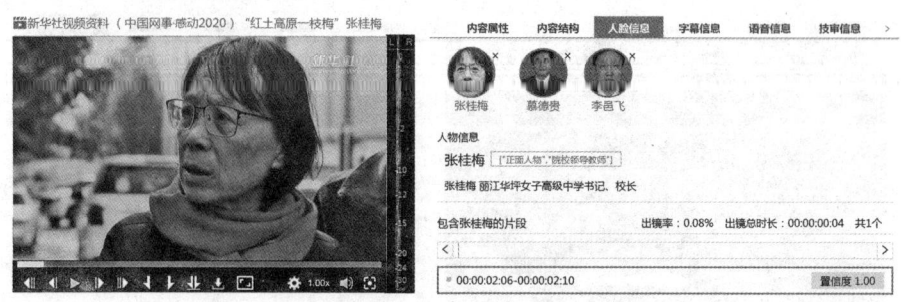

图 3-25 人脸识别界面示意图

（4）场景识别。场景识别服务（视觉标签）提供针对视频通用场景的标签识别服务，针对视频、图片的视觉信息进行打标，并关联对应的媒资片段，可输入索引用于智能检索。界面示例如图 3-26 所示。

场景过滤检索									
类型	镜头层(10568)	场景层(2503)	片段层(239)	视频(59)	图片(8)	音频(4)	其他(2)	文档(1)	
来源	Web引入(73)	xms(1)							
分类	政治(82)	经济(51)	医药卫生(44)	文化、教育、哲学、宗教(30)	城乡建设与环境(24)	其他(18)			
新闻人物	戴北方(7)	杨传堂(6)	沈跃跃(6)	王伟中(6)	唐小平(3)	吉炳轩(2)	张少康(2)	张春贤(2)	杨晓渡(2)
出镜人物	韩松(260)	刚强(108)	李梓萌(94)	王伟中(57)	陈如桂(31)	倪大红(28)	杨传堂(25)	沈跃跃(25)	
机构	国务院(20)	中国共产党(17)	党中央(16)	人民日报(13)	中国人民解放军空军航空大学(11)				
背景	图文类(1402)	会议室(918)	室内环境(629)	电视台演播室(606)	医院(437)	田地(214)			
视觉分类	人物(3250)	片花(582)	图表图画(155)	单人(演播室)(124)	双人(演播室)(16)				
景别	中景(3467)	近景(2165)	远景(1389)	特写(516)					

图 3-26 场景过滤检索示意图

在结果中挑选要浏览的视频，在详情页中，可查看到该视频片段的场景识别结果，包括背景信息、地标信息、摄像机动作、拍摄角度等。示例如图 3-27 所示。

第 3 章 融媒体基础资源及服务能力实施

图 3-27 场景识别结果

（5）敏感词识别。敏感词识别服务可基于敏感词库对入库素材发起事实核查智能检测并将检测结果存入媒资库，界面示例参见图 3-28、图 3-29。

图 3-28 敏感词库设置

融媒体云平台下的电视台生产系统

| 标记点 | 封面 | 标记段 | 文件列表 | 人物 | 字幕 | 语音 | 拆条 | 转场片段 |

00:00:59:13 - 00:01:02:08	已有1804名学生考入大学
00:01:03:01 - 00:01:08:13	燃灯校长张桂梅照亮了许多大山贫困女孩的人生
00:01:18:19 - 00:01:20:05	张桂梅每天都会拿着小
00:01:20:06 - 00:01:24:17	喇叭催促学生上课吃饭自习做操
00:01:24:24 - 00:01:27:11	嗨你迟到了

图 3-29 敏感词示意图

（6）智能编目。智能编目服务指在内容入库后，通过智能处理（人脸识别、语音识别、字幕识别等）为素材打上标签，通过 NLP 自然语音分析引擎，分类推导，剔除无效标签，保留有效标签，参见图 3-30。其中标签维度包含时间、地点、任务、机构、关键词等。

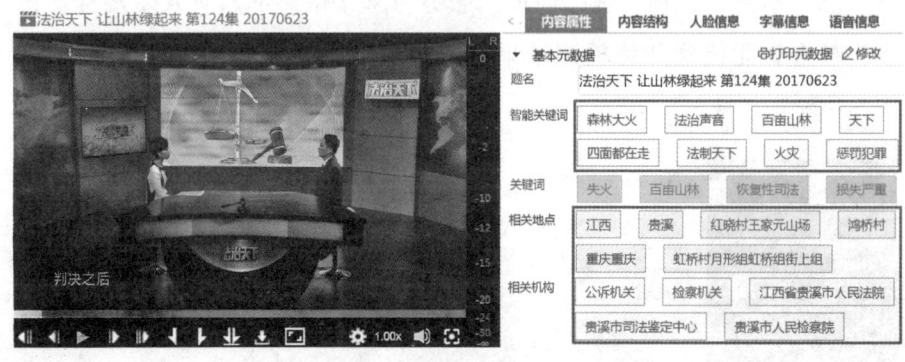

图 3-30 智能标签示意图

（7）视频结构化。结构化视频服务指基于智能标签、语音识别、人脸识别、字幕识别等各类 AI 算法，对入库的素材进行自动结构化处理，实现精确到"帧"粒度的自动编目效果。在基础的智能感知识别结果，如语音、字幕及人脸信息上，建立了多个跨模态算法模型，实现了整档新闻、单条成品新闻节目或素材的结构化分析，能自动地标注新闻片段、场景及镜头的分段信息。示例参见图 3-31。

第3章 融媒体基础资源及服务能力实施

图 3-31 自动编目结果

结构化视频服务支持联播新闻类资源自动切分符合广电标准的四层编目结构，示例如图 3-32 所示。

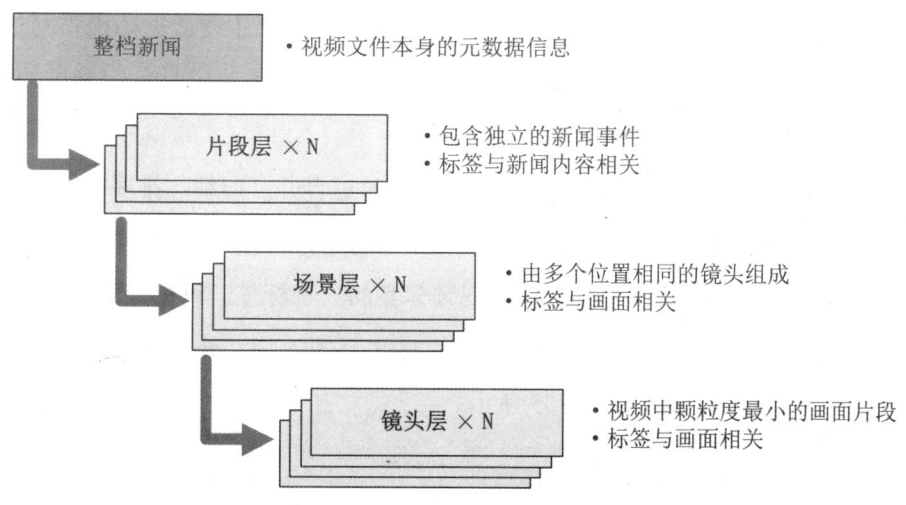

图 3-32 四层编目结构化

结构化编目包含多个片段信息、多个场景层和镜头层，适用于整档新闻；而非结构化编目包含一个片段层、多个场景层和镜头层，适用于单条节目、素材、综艺节目。示例如图 3-33 所示。

081

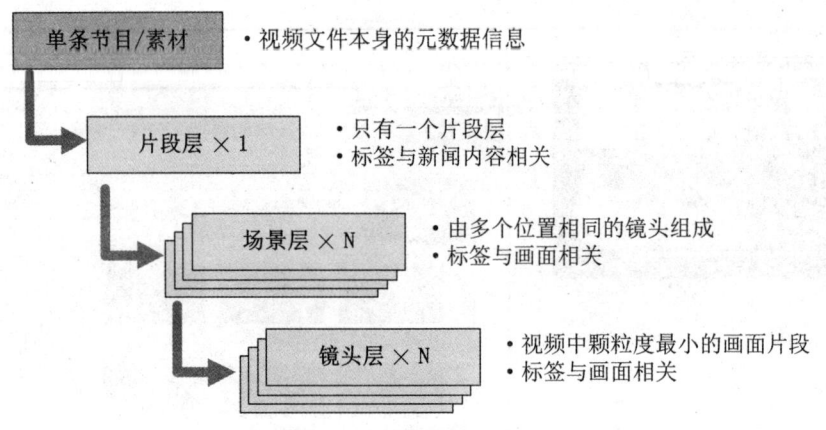

图 3-33　四层编目非结构化

（8）标签提取。视音频标签提取服务可分为粗粒度标签和细粒度标签。其中粗粒度标签指的是针对整个视频进行描述的标签，描写视频的整体特征，主要是新闻要素中的人物、地点、时间、机构、关键词等；而细粒度标签指的是针对视频片段进行描述的标签，主要依据画面拟写。为满足融媒体云平台对视频内容不同的特征描述需求，应具备完善的视音频内容标签提取功能。

使用多模态分析获取的 AI 标签，能够通过合并、归纳、排序、过滤、加权等处理，同时针对不同分类的资源，匹配该类别资源的内容兴趣点，输出最贴合业务的各类标签。关于视频标签的人物标签，可按照既定规则进行清洗过滤，对人物标签进行排序，标注新闻人物、处境人物等标签。相关示例如图 3-34、图 3-35 所示。

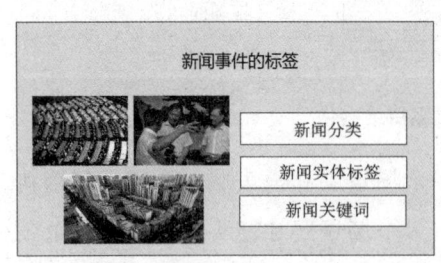
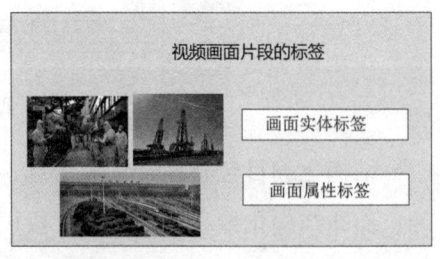

图 3-34　视频不同粒度的标签提取

第3章 融媒体基础资源及服务能力实施

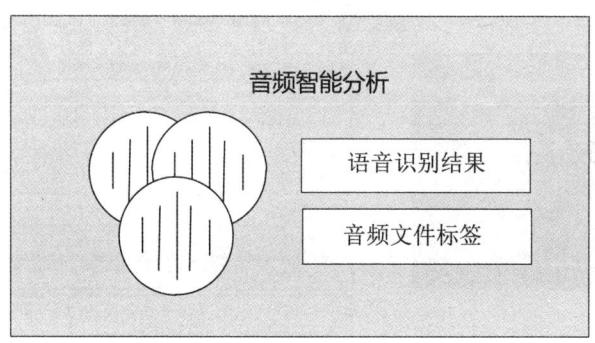

图3-35 音频粗粒度的标签提取

不同粒度的标签提取是利用算法模型、规则引擎以及知识图谱中的信息，对视频各层级片段进行标注，为检索和个性化内容推送提供必要的支撑数据。算法模型通过对视音频内容中的信息提取和分析，为结构化的视频片段提取出基础标签。规则引擎实现多来源数据的映射转换机制，将各种数据融合、萃取、修正后得到用户需要的标签集合。结合媒资知识图谱，对标签进行归一化处理及标签释义。

标签提取具备以下功能：

➢ 能够基于智能框架，构建出一套适合智慧融媒云的标签语义体系库，对视音频内容中的信息提取和分析，为结构化的视频片段提取出基础标签；

➢ 支持通过对视音频内容中的信息提取和分析，为结构化的视频片段提取出基础标签；

➢ 能结合媒资知识图谱实现对标签的归一化处理和标签释义。

（9）自然语言处理。自然语言处理服务能够满足业务系统对文字信息提取关键词的需求，通常在新闻分类时对新闻发生的时间、地点、人物等新闻要素信息进行理解和归类，达到新闻标签化处理，利于媒资系统的快捷管理，示例参见图3-36。

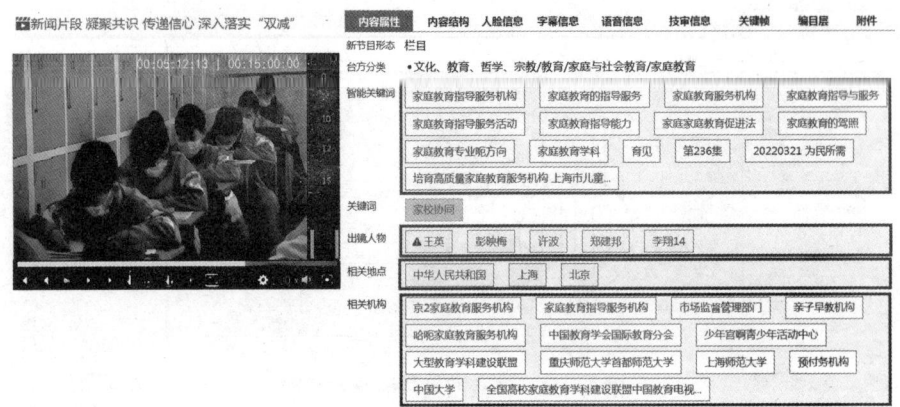

图 3-36　自然语言处理结果

自然语言处理具体功能通常包括自然语音处理服务、基于 Tensorflow 框架的模型训练、对要素信息（如时间、地点、人物、机构）的提取、对关键词的提取以及对新闻分类的提取。

（10）电视语言识别。电视语言识别服务通常指基于视频深度学习技术，对新闻视频内容进行智能分析，得到镜头运动（上/下/左/右移动、放大缩小、稳定）、拍摄角度（俯视、仰视或者平视）、景别（远景/中景/近景/特写）、画面属性（如多视窗场景、图文场景、演播室场景）等镜头语言结果。结构示例如图 3-37 所示。

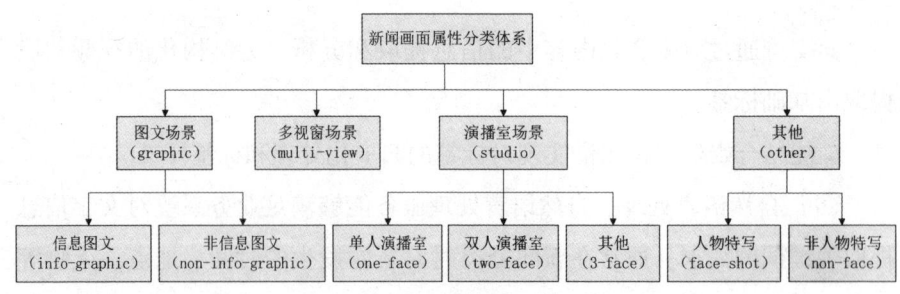

图 3-37　电视语言识别

（11）资源分类和主题提取服务。资源分类和主题提取服务指将文章按内容进行分类，比如政治、科学/技术、法律、医药卫生、军事、体育等。新闻文本分类可采用编目规范的分类体系，输出文章的一级主题、二级主题和三级主题，如政治、军事、体育、科学技术、法律、休闲娱乐、公安工作、政府工作、外国军事、球类运动等。分类体系的构建源自于《广播电视节目资料分类法》，其中包含了13个一级类别、164个二级类别、534个三级类别。这样的分类体系更适合专业领域的理解与使用，有助于相关资料的收录与存档。服务能够提取文章中的多值主题信息，可用于对资源的推荐等通过多模态分析获取的AI标签，经过合并、归纳、排序、过滤、加权等处理后，还能够针对不同分类的资源，匹配该类别资源的内容兴趣点，最后输出最贴合业务的各类标签。效果示例参见图3-38。

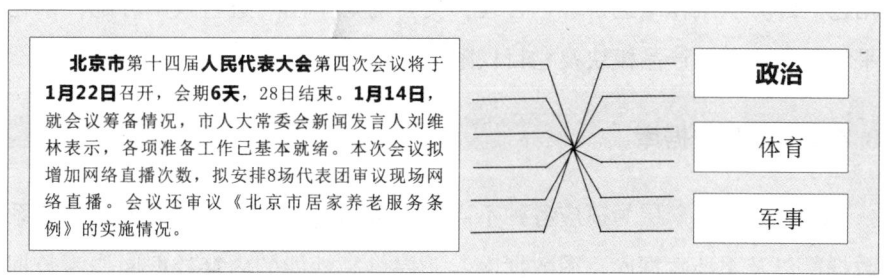

图3-38　资源分类和主题提取

如上图所示，资源分类和主题提取服务能够通过NLP将新闻文稿中关键字提取出来，并将内容分析结果应用于新闻智能分类。

3.4　平台服务建设关键点

从上文可知，媒体平台服务层（PaaS）作为承上启下的平台层，为实现2.2.2章节中对资源适配服务、公共能力服务、运营支撑服务、业务集成服务、开发接口服务的五大基本要求，应考虑如下建设关键点。

3.4.1 应用门户

融媒体平台应用门户服务是平台中及其重要的环节,应将多种应用系统、数据资源、互联网信息等集中起来,在登录后即可提供集中查看和使用的功能,将新闻网、制作云生产资源(文稿、节目)等进行汇聚展现。

此外,应用门户服务应实现统一用户注册、认证和单点登陆机制,还需支持功能模块的选择、功能模块展现管理、功能模块图标排序等,便于管理员和用户进行使用和维护。同时,应用门户服务后台通常能够实现平台统一用户权限管理,支持增、删、查、改用户信息及权限;支持用户分角色、部分、工作组进行统一管理;支持对每个用户进行权限分配,细化平台每个产品的产品模块及栏目权限管理。

3.4.2 多种数据库

平台数据引擎层为适应各种不同的元数据类型而混合使用分布式关系数据库以及文档数据库、图数据库,并提供高性能的内存数据库作为数据快速读取缓冲。以索贝公司项目产品为例,如图3-39所示。

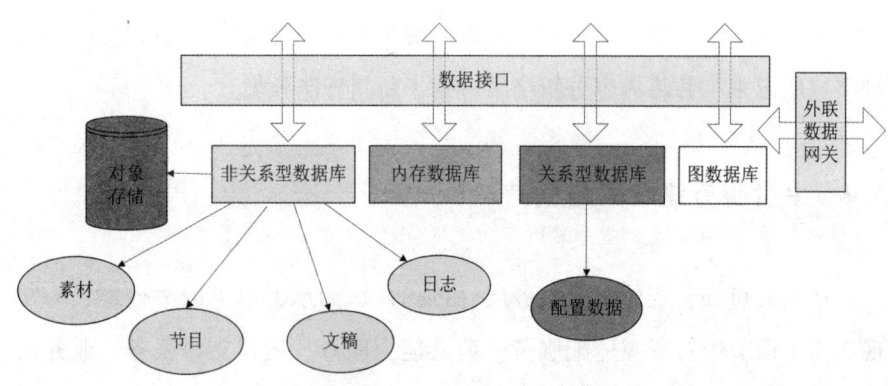

图3-39 数据引擎层

从上图可直观地看到,数据库在文件存储、键值存储、文档存储等技术的基础上，应具备分布式文档存储数据库、关系型数据库管理系统、分布式解决方案和分布式搜索引擎等多种技术，实现融合内容的分布存储、高效访问和性能伸缩。

云平台应在大数据架构下，以数据不同访问特性、存储特性、结构特性、重新设计存储底层的平台，让媒体行业中的核心数据以更科学更精细的方式存储和管理。如相对稳定的用户数据、配置数据等结构化数据仍然以关系型数据库进行存储；跟随业务需求变化，相对灵活的业务元数据，则以非结构化数据的方式存储到 MongoDB 当中。如表 3-1 所示。

表 3-1　各种数据和存储方案

类型	数据对象	典型代表	存储方案
资源	媒体文件	视频文件、音频文件	对象存储，写少读多
	通用文件	文档、图片、超文本、工程文件	对象存储，特征优化（WnR1, W1Rn）
	元数据	描述、编目数据	键值存储，列存储
	关系	目录结构，素材节目关系	图存储
配置	基础数据	业务配置，系统配置	关系型数据库（RDBMS 的集群分析）
索引	全文索引	Solr Index	EXT4
	快速索引	内存访问索引	内存
日志	运行日志	系统运行日志	键值存储，列存储
	资源日志	资源生命周期日志	键值存储，列存储

3.4.3　工作流引擎

流程引擎提供业务流程的服务，使用流程引擎各类工具将"工作结果"提交给流程引擎，引擎自动根据工具的注册认证信息及其"工作结果"配合工具用户的身份或权限信息自动推动流程执行至下一个环节。工作流引擎服务具备如下特性：

（1）开放性。引擎的对外接口充分考虑到了多种广电工具的特点可兼容可支持 RestFul、Http、SOAP、RPC（COM +）、EJB 等方式，接口内容可支持 XML、JSON 二进制等数据结构。除了提供完整的开发文档和协议文档外，还提供多种语言的本地开发库，包括 C + +、Java、.Net 等主流开发语言，使用这些开发库可大大简化各工具的开发成本和难度。

引擎本身也支持第三方插件接口，有开发能力的用户/厂商均可针对引擎进行深度定制。

（2）高可用。整个系统以分布式架构为核心，设计上着重考虑 MTTR，可自我修复、可横向扩展、无单点故障。在高可用上采用具有自主知识产权的负载均衡 + 主备技术，将具有不同负载指标和调度算法特征的服务器组抽象为集群，根据集群来定制负载调度。

（3）集中管理。流程的执行由引擎控制，可以控制相关工具是否能执行具体流程或流程环节。

引擎附带非结构化数据引擎，可以将所有工具的流程数据进行记录和统计，便于后续的大数据分析，挖掘数据价值并提供图形化的操作界面，修改流程和流程参数。

3.4.4 微服务化设计

媒体平台服务层应使用 MSA（Micro Service Architecture 微服务）思想，在通过将功能分解到各个离散的服务中以实现对解决方案的解耦。这种架构与传统的 SOA 架构相比，MSA 以业务进行细分，以更小的颗粒度进行封装，为系统实现更精细的弹性伸缩和去中心化提供条件，利于独立部署运行，利于独立运营，利于支持不同的先进技术实现方式。对比示例如图 3 - 40 所示。

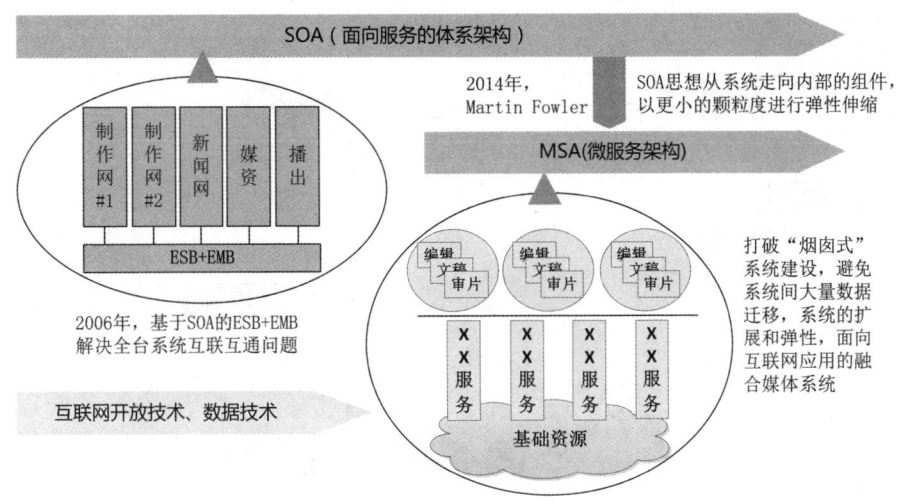

图 3-40　微服务架构

3.4.5　去中心化设计

媒体平台服务层应采用分布式技术和一致性 hash 技术增强系统中业务数据的安全性。在系统中数据丢失时，副本数据能够源源不断地替补上供用户使用，去中心化的设计使得服务器故障时，其他服务器能够自动分摊故障服务器的任务为系统提供服务，以保证计算、数据库和存储的安全性。模型示例如图 3-41 所示。

一般情况下，用户寻找服务器节点时需要通过一个中心来进行调度，平台可考虑采用一致性哈希算法，一致性哈希是将服务器集群的每一个服务器通过哈希算法映射成很多虚拟服务器，并随机地分布在一个 0～232 的圆环上，然后，客户机也按照哈希算法映射到此圆环中，客户机从数据映射的位置开始计算查找，将数据保存在就近的服务器上，如果超过 232 仍未找到，就会将数据保存在第一个服务器节点上。

一致性哈希算法使得每一个执行器只需要通过自身计算便能够找到相对应的服务器节点，并且每个虚拟服务器只需要维护少量客户机，在增减节点时不需要一个总调度每次进行配置，这样更加方便智能，提高了系统的运行效率。

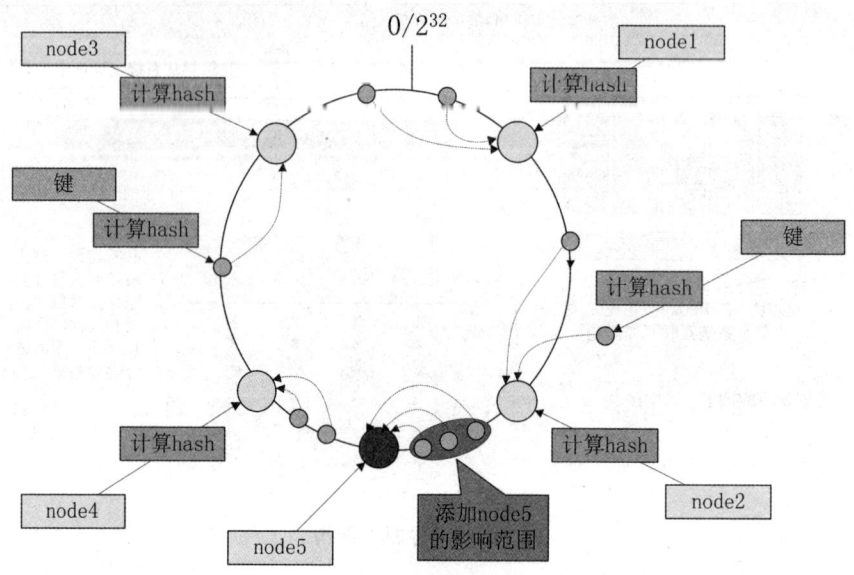

图 3–41 hash 模型

媒体服务平台的高可用框架致力于利用成熟的开源技术实现应用服务的负载均衡和高可用。参考的技术有 Keepalived + HAProxy。HAProxy 反向代理服务器，支持双机热备支持虚拟主机。Keepalived 是一个基于 VRRP 协议来实现的 Web 服务高可用方案，可以利用其来避免单点故障。架构示例如图 3–42 所示。

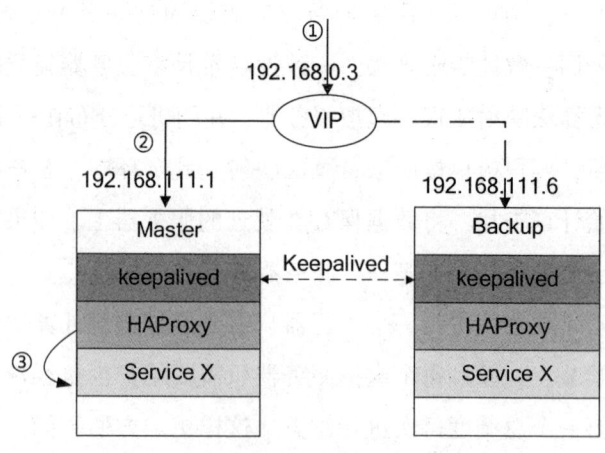

图 3–42 Keepalived + HAProxy 架构图

外部请求的 IP 地址设定为由 Keepalived 的 VIP，所有的请求先到当前 VIP 所在的物理机的 HAproxy。

3.5 系统对接

融媒体云平台应根据业务需要，与其他平台实现内容素材、文稿、数据级的交互。融媒体云平台通常能够获取新媒体平台的各项数据以及爆料新闻线索，同时能及时将融媒体新闻产品发布到新媒体平台。在实际实施过程中，融媒体云平台各系统需实现与新闻网、制作云平台的数据连接，从而实现素材共通、数据互传、资源共享。根据相关建设经验，云平台的各系统对接应与实际应用单位做好详实需求的沟通工作，在项目建设前期做好方案，说明云平台如何与现有系统进行对接、交互，确定系统间的交互逻辑，以及如何对需要跟融媒体云平台进行对接系统的用户数据、元数据、视音频数据进行继承与管理。接下来本章节将从业务系统对接逻辑、功能、流程等方面进行具体的对接设计介绍，提供合理、高效的方案设计样例。

3.5.1 规范定义

针对云平台各系统之间的互联互通，本书根据以往项目建设经验，推荐一套涵盖整个电视工艺流程各对象的标准化协议。该协议用于解决系统内部和系统与第三方系统间的对象交换问题。

协议基于中立的方式进行定义，它独立于实现服务的硬件平台、操作系统和编程语言。这使得构建在各种各样的系统中的软件模块可以使用一种统一和通用的方式进行交互。考虑到协议本身的变成语言无关性，采用 XML 语言作为协议的载体。对元数据的定义协议采用了"数据字典"方式，这种方式可以实现在协议结构不改变的情况下，通过修改"数据字典"进行增加元数据的定义，或者修改既有元数据的含义，极大地增加了协议的灵活性和可扩展性。

考虑到协议的目的主要用于系统间进行数据交换，因此这里建议传递协议的接口应以"松耦合"为第一要点，在相同安全级别情况下的技术接口建议如下：

（1）WebService（SOAP/Http/Resful）服务的接口方式；

（2）分布式消息接口 apache Kafka；

（3）JSON、RPC（COM+）、EJB 等主流标准接口；

（4）基于文件扫描的 HotFolder 接口方式；

（5）基于 MSMQ/IBMMQ 等异步消息队列方式。

融媒体平台与各系统间交互的数据主要分为两类：一类是元数据，另一类是媒体文件。根据实际环境采用不同的交互方式。

通过业务梳理，我们发现系统间交互数据通常存在以下两种类型：

（1）媒体数据。媒体数据文件包括视音频文件、项目文件、字幕文件等。各业务版块处理的核心对象是媒体数据文件，因此媒体数据层的联通也是版块之间互联的主体核心。实现数据文件格式的规范化、提高数据交换效率是媒体数据层互联互通的设计重点。

现有各业务系统与融媒体平台需要交互大量的媒体数据，并且其格式有所不同。例如：编辑制作格式的视音频文件、浏览检索格式的视音频文件、面向互联网发布的视音频文件等。这些格式的视音频文件需要遵循一定的标准，才能够实现各业务系统之间媒体数据的交换。平台支持的主流格式包括但不仅限于 MPEG2、MPEG4、WMV9、H.264 等视音频压缩格式，MXF、AVI、WAV、MOV 等视音频文件格式。

（2）元数据。元数据信息通常包括媒体数据文件的规格描述、编目等信息，不同的业务版块通常会采用自己独有的方式对媒体数据文件进行描述，元数据结构互不相同。版块间交互时，这些元数据信息需要被继承到其他版块中，这就要求版块必须能够接收并理解其他板块的元数据信息。

各业务系统元数据信息可能不一致，故需要建立元数据交换标准，以实现交换的数据可被各业务系统相互识别。在本次设计中，元数据交换标准采用 XML 格式，现有各业务系统与融媒体平台交换的元数据都必须以 XML 格式封装。

1. 通讯约定

内容发布 API 的远程通信接口均采用 HTTP 协议，并且都采用 HTTP POST 或者是 HTTP GET 的方式来调用。数据交互格式如下：

（1）数据类型。内容发布 API 的数据交互支持 XML 和 JSON 两种数据格式，并且返回的数据编码均为 UTF-8 格式。对不同的接口，所返回的 XML 或者 JSON 格式的数据会有所不同，在之后的示例中会给出。

（2）编码格式。内容发布 API 接受 UTF-8 编码格式的编码信息。传入的参数和返回的结果都是 UTF-8 格式的。需要注意的是如果采用 HTTP GET/http Post 请求传递参数时，请求的参数 URL 需要进行 URL Encode 之后，再进行传递，否则会造成乱码。

（3）错误码定义。内容发布 API 针对不同的接口，正确的返回结果会在每个接口的返回结果中单独定义，如果在请求和相应的过程中发生错误，那么错误的返回则是统一的格式，访问频度。

2. 数据交互

（1）构造请求数据。用户根据 API 接口的规则，按照一定的方式组织并且需要传给内容的数据集合。

发送数据请求：把构造完成的数据集合，通过 Http get/HTTP POST 的请求方式提交给内容发布 API 系统。

接受并处理请求：内容接收到传过来的数据集之后，会进行 token 校验、业务处理等，然后会根据请求的数据集返回相应的结果集。

返回相应数据：把处理完成的数据集通过 Http Response 返回给合作用户系统。

处理相应数据：把从内容接口中获取到的数据结合自身的业务逻辑进行数据处理，组织成自己所需要的数据结构。

（2）请求参数。内容 API 请求的参数全部为简单类型，不需要构造复杂的 XML 格式。在请求接口的时候对不同的接口需要几个参数，就在 HTTP POST 或者 HTTP GET 方法中传几个参数。当然如果用 GET 方式请求的时候需要使用一下。其中 method 参数表示请求的接口方法，针对不同的接口 method 的值会有所不同，dataType 为请求相应的格式，目前只有 XML 和 JSON 两种类型的数据格式，partnerToken 为获得权限认证之后获取到的 token 令牌也可以叫认证码，在请求不同的接口方法的时候，这三个参数每次请求的时候都是必须要传值的。如图 3-43 所示。

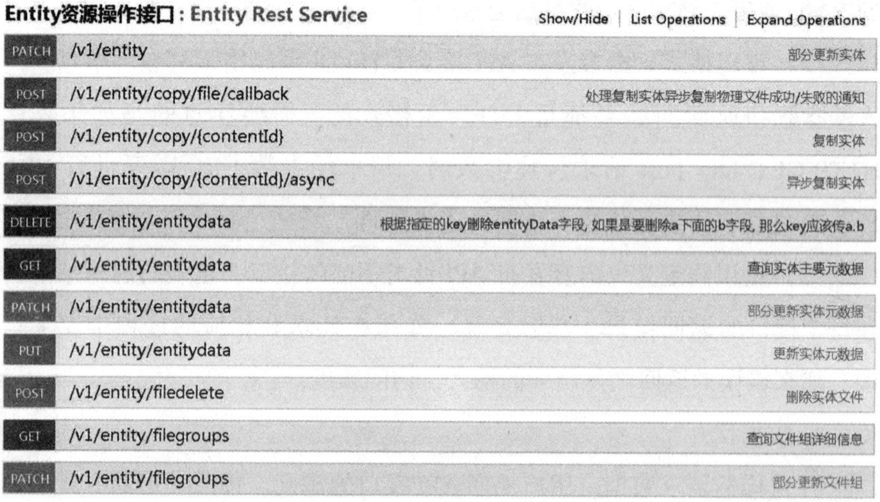

Entity资源操作接口：Entity Rest Service		Show/Hide | List Operations | Expand Operations
PATCH	/v1/entity	部分更新实体
POST	/v1/entity/copy/file/callback	处理复制实体异步复制物理文件成功/失败的通知
POST	/v1/entity/copy/{contentId}	复制实体
POST	/v1/entity/copy/{contentId}/async	异步复制实体
DELETE	/v1/entity/entitydata	根据指定的key删除entityData字段，如果是要删除a下面的b字段，那么key应该传a.b
GET	/v1/entity/entitydata	查询实体主要元数据
PATCH	/v1/entity/entitydata	部分更新实体元数据
PUT	/v1/entity/entitydata	更新实体元数据
POST	/v1/entity/filedelete	删除实体文件
GET	/v1/entity/filegroups	查询文件组详细信息
PATCH	/v1/entity/filegroups	部分更新文件组

图 3-43　图形化界面调试

3.5.2　与媒体平台对接

融媒体云平台应具备获取新媒体平台的各项数据以及爆料新闻线索的能力，同时能及时将融媒体新闻产品发布到新媒体平台。系统应实现与新媒体平台打通，新媒体平台调用平台入库接口，实现内容素材、文稿、数据级的交互，平台能够获取新媒体平台的各项生产数据、媒体内容以及稿件等。另一方面，通过融媒体云平台生产的稿件，可直接发布至新媒体渠道。此外，融媒体云平台中的素材，可通过出库方式，推送至新媒体平台。

3.5.3 与已有制作系统对接

融媒体云平台系统应支持与已有制作系统连接，实现素材、数据互传，资源共享，在融媒体云平台可将文件推送至制作系统；制作系统也可将元数据和文件推给融媒体云平台，实现数据的双向交互，如下图3-44所示。

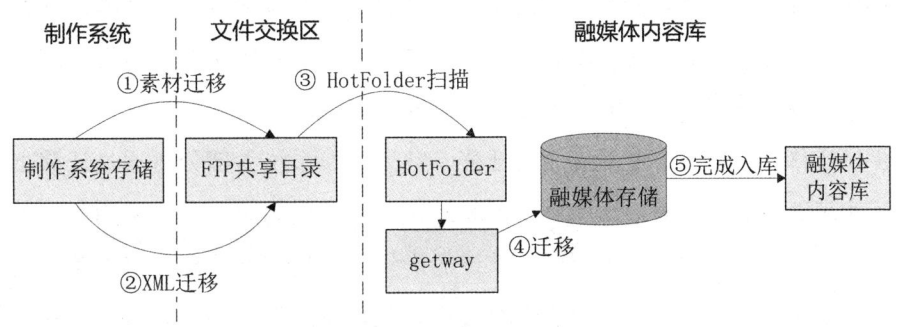

图 3-44 基于 HotFolder 的异步调用

流程说明：

（1）制作系统将文件传输至 Ftp 目录；

（2）传输完成后将对文件描述的 XML 文件也放入 FTP 目录；

（3）融媒体云平台的流程处理引擎在扫描到 XML 后，会触发一个媒体处理流程（若需转码则流程引擎会调用转码服务完成转码）；

（4）getway 网关将转码后的文件放入融媒体存储；

（5）在转码的同时流程引擎也会将元数据入库到融媒体内容库。

3.5.4 应用迁移及现有设备利旧

考虑到经济性，电视台融媒体云平台的建设需要充分考虑业务应用系统迁移和设备利旧需求，切实保障业务数据迁移完整性与一致性，充分确保业务应用平滑过渡。在业务系统平稳切换前提下，通过虚拟化等多种技术将现有应用服务器、网络设备、安全设备和存储设备等资源整合到新建的资源池中，实现统一运维管理，提高资源利用率，延长设备使用寿命。

1. 应用迁移

电视台融媒体云平台应用系统迁移采用平台专用软件通过 P2V 实现。P2V 技术通过对操作系统进行 Volume Shadow Copy 实现在物理服务器主机系统无修改的情况下，将系统数据、环境配置、应用软件和业务数据整体以"快照"形式导入云平台计算资源池中，转换为以虚拟机方式运行。迁移过程分为系统备份、迁移测试、数据验证和系统切换四个步骤。迁移过程中原有服务器临时中断，待验证新的虚拟机业务应用正常运行后进行系统切换。系统切换前需要停止原有业务应用的对外服务进行一次数据同步。迁移主要适用于业务应用的迁移，常见操作系统大部分可通过迁移方式实现整体迁移。对数据库服务器和迁移失败的应用服务器，采用手动迁移方式进行，手动方式根据迁移系统的操作系统提前部署虚拟机，需要协调业务应用开发单位在虚拟机中通过重新安装应用软件和导入数据方式完成系统的迁移。带有硬件加密狗的业务系统需要协调业务应用开发单位修改软件授权方式后部署到新的计算资源池中。迁移过程按照网络拓扑和功能分区逐一进行，在保持现有网络拓扑结构基本不变和业务应用不中断前提下开展工作。

2. 设备利旧

设备利旧是云计算中心建设方案的重头戏，好的方案设计可以提高用户原有设备的利用效率，利旧可分为两部分：一部分可加入资源池中，为应用提供服务；另一部分较老的设备可以作为应用冷备份、数据备份管理端、平台管理端来使用。

第 4 章

融媒体制作系统设计

融媒体云平台相比电视台传统业务架构赋予了更加强大的服务能力，彻底改变了以往广电的新闻/节目上载、编辑制作、播出和存储管理全业务流程，以移动化、智能化和共享化的融媒体内容生产将满足互联网时代下人们对精彩内容的需求，更加贴合广大群众的使用习惯。本章节将围绕融媒体内容生产，详细讲述融媒体云平台下的制作系统及相关工具的设计原理和服务能力。

为适应近年来互联网技术与媒体融合的高速发展，使制作系统具备互联网思维，可应用先进技术与新兴媒体在内容、渠道、平台、管理等方面实现深度融合，满足可扩展、迭代式的发展模式，需要打造满足融媒体云平台全业务流程的制作系统。

融媒体云平台制作系统核心建设原则如下：

（1）利用云平台的性能优势，弹性调度计算资源、存储资源和网络资源等，建立桌面编辑机制，实现包括面向新媒体的内容生产、面向电视播出节目的生产、面向融合媒体互动演播室呈现的内容生产。

（2）兼容电视台自身业务，应包括新闻类节目生产与非新闻类节目生产，同时应以网络为纽带，通过平台对资源进行统一调配管理，建立快编等服务工具,使记者/编辑能够随时随地对平台上的低码流文件进行快速编辑,提高新闻/节目制作效率。

(3) 应以文稿为核心,贯穿整个新闻制播流程。文稿系统提供 B/S 模式,可通过文稿关联新闻制播的各个工作节点,根据栏目和业务需求,灵活配置采编审流程,以支持采编一体和采编分离的不同业务需求。

(4) 系统多格式兼容,制作系统应立足高清、兼容标清,可满足超高清制播要求。在集成和设备配置上具备或能够升级支持将来更大规模的高清制播需求。

(5) 系统在编辑制作方面应采用网络化、数据化的工作模式,遵循统一接口标准与规范,保证制作系统与其他功能业务系统的互联互通。

(6) 安全稳定第一,兼顾灵活易用性。在整体网络设计中,安全稳定为第一要责,无论是存储、数据库还是网络管理都应提供完善的设计实施方案,以确保节目制播生产安全。可根据不同岗位业务需求,对界面进行合理化配置,在确保系统安全稳定运行的前提下,兼顾记者、编辑等业务人员使用的便利性。

4.1 制作系统总体架构

制作系统部署在融媒体云平台上,采用分布式的流程设计,在媒体设施服务层、媒体平台服务层和媒体软件服务层上,实现融媒体汇聚、采集、编辑、审查和播出/发布全业务流程,完成媒体资源、媒体数据、业务数据的分散处理、存储和管理。融媒体云平台制作系统总体构架如图4-1所示。

第4章 融媒体制作系统设计

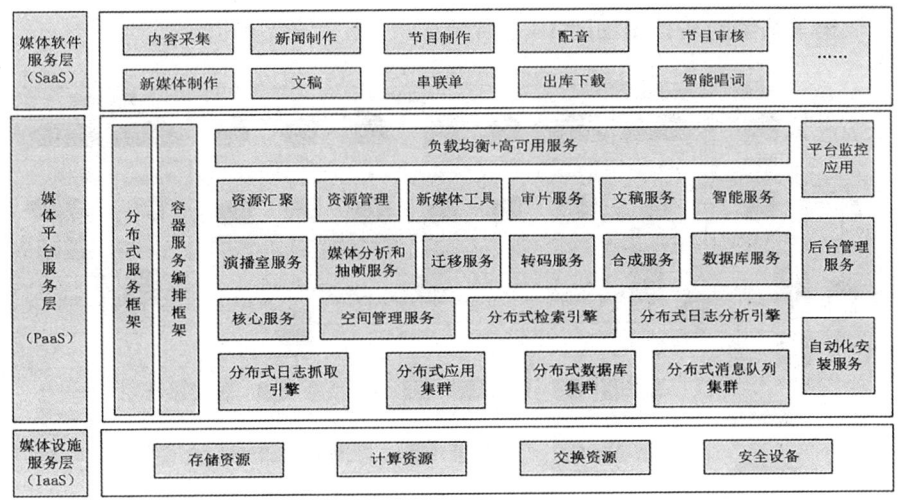

图4－1 制作系统总体构架图

4.2 主要业务模块

融媒体云平台下的制作系统采用模块化结构，主要包括资源汇聚、资源管理、新媒体工具、标清/高清制作系统、超高清/高清制作系统、节目审片、新闻文稿系统、演播室数据化播出系统、网络管理系统组成，如图4－2所示。

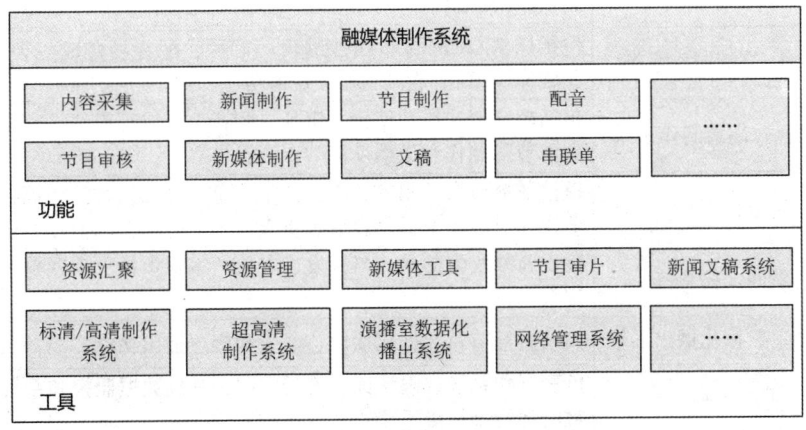

图4－2 主要业务模块构架图

通常系统的拓扑图如图4-3所示。

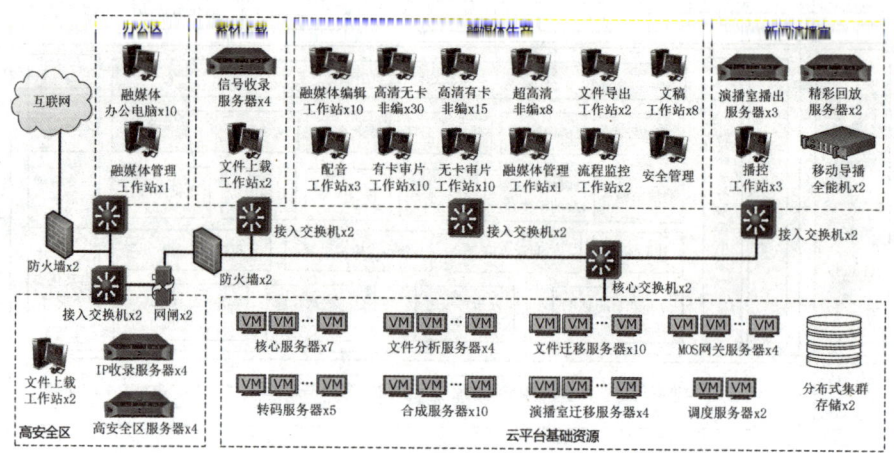

图4-3 制作系统拓扑图

制作系统的主要模块作用如表4-1所示。

表4-1 制作系统的主要组成

业务模块名称	功　能
资源汇聚	提供全渠道资源汇聚工具，实现多渠道的资源汇聚
资源管理	对素材进行统一管理，并提供多种搜索方式；对素材提供权限、角色、空间、栏目、密级等多机制管理
新媒体工具	提供微博、微信、网站等新媒体渠道的稿件编辑及发布功能
标清/高清制作系统	包括标清/高清的非线性编辑、审片、配音、合成等模块，完成标清/高清节目制作和送播功能
超高清/高清制作系统	包括超高清非线性编辑、审片、配音、合成等模块，完成超高清节目制作和送播功能
节目审片	提供送播节目的内容查看、技审信息、敏感人物等数据，由审核人员确定节目是否通过审查
新闻文稿系统	负责新闻线索的录入与分发、文稿的编辑审核、串联单的编排等工作
演播室数据化播出系统	实现直播节目数据化播出、回采和应急播出功能
网络管理系统	负责制作系统权限认证、流程定制、基础数据监控和系统日常的运行维护等工作

4.3 业务流程

制作系统业务主要包括内容汇聚、融合生产制作、多渠道发布三个环节，如图4-4所示：

(1) 通过专业回传或汇聚、互联网线索服务、传统新闻采集渠道、台内其他系统接入等方式将文字、视音频及图片等汇聚至全媒体内容库，用于后续的检索、挑选、制作、推送等工作。

(2) 通过内容库，各编辑记者查询、引用、挑选相关资源，挑选互联网汇聚线索或台内各系统接入推送的成片等内容，进行任务指派及节目编辑制作，实现面向生产网的分发和互联网渠道的内容多样化生产操作。

(3) 利用多种生产工具，完成新闻或节目内容的前期编辑加工后，可以推送到各生产系统进行深加工，根据需要进行相应的制作、送播。

(4) 编辑完成的成品，审核通过后，可灵活地推送至包括传统生产系统和网站、微信、微博、APP等新媒体渠道。

(5) 编辑完成的新闻/节目，审核通过后，可送至新闻直播演播室，或通过文件化送播，送至电视台播出系统。总业务流程图如图4-4所示。

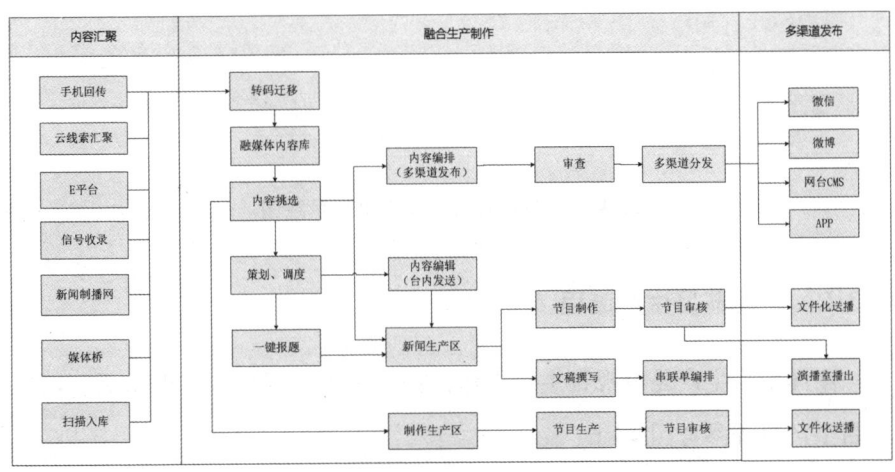

图4-4 总业务流程图

4.3.1 新媒体内容生产流程

新媒体生产是制作系统内容生产的重要组成部分，当前短视频、网剧、网综等各种新媒体内容形态迅速占据大量市场，制作系统应积极顺应时代变化，支持对各类新媒体内容的生产与发布，图4-5展示了制作系统中的新媒体内容生产流程：

（1）通过手机回传、云线索汇聚、E平台、信号收录、媒体桥、新闻制播网及扫描入库的内容，入库至融媒体内容库；

（2）新媒体制作人员可在融媒体内容库中按需挑选素材，进行策划、调度和内容编排，并将编辑完成的新媒体节目提交审查；

（3）节目审查通过的新媒体节目内容可根据要求发布至微信、微博、APP、网台CMS等平台。

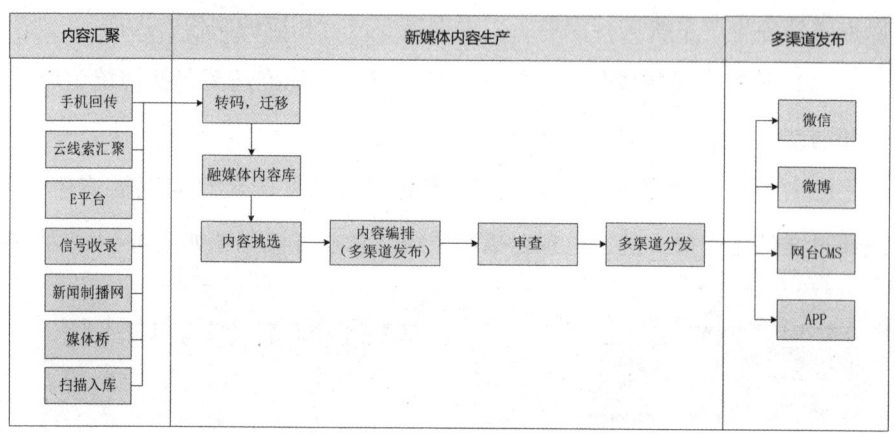

图4-5 新媒体内容生产流程示意图

4.3.2 新闻节目生产流程

新闻节目生产是电视台主要工作，在电视台经过融媒体改造后，新闻节目生产流程参考图4-6。

（1）记者准备素材，开始编辑视音频节目。素材来源可以是外出拍摄、

第 4 章 融媒体制作系统设计

台外回传、E 平台和来自新闻媒资的存档素材。外出拍摄的素材可由有卡工作站上载到新闻生产区核心存储；台外回传的素材可以通过融媒体内容库检索、挑选推送入库；融媒体内容库汇聚内的素材也可以推送入库。

（2）记者根据已汇聚的线索进行选题申报，审核通过后进行任务创建，并可将任务传递给新闻生产制作平台。新闻选题确定后，记者将利用多种工具对新闻内容进行前期编辑。记者将在编辑工作站上进行文稿撰写和节目制作，并结合新闻文稿对新闻节目进行如剪辑打点、添加字幕等编辑和制作工作。新闻配音工作可在配音站点上调出文稿对照着配音，也可以在视频编辑工作完成以后配音。

（3）新闻节目制作完成以后应提交审查。待审新闻由后台合成工作站合成为演播室播出格式的数据文件后，审片人员将在审片工作站上审查与播出完全相同的音视频文件和对应的文稿，填写审查意见。若审查没有通过，其对应的新闻音视频文件和文稿将被退回，记者和编辑应在编辑工作站中再次打开该条新闻，根据审查意见进行修改后重新送审。

（4）演播室播出系统接收到节目审查通过的信息后，调度、分配播出任务，将审查通过的新闻音视频文件由迁移服务器迁移至播出服务器本地存储。播控工作站播出时，将从本地调出需要播出的新闻串联单，通过播出服务器进行新闻节目播出。如图 4-6 所示。

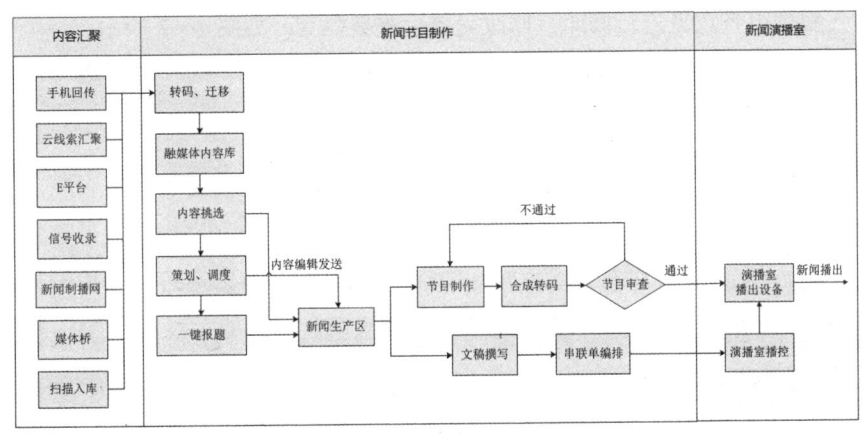

图 4-6　新闻节目生产流程示意图

4.3.3 节目制作生产流程

融媒体节目制作流程与传统电视台节目制作流程大体相同，只是在创建节目部分加入了更多渠道，充分利用了互联网资源。融媒体节目制作生产流程如图4-7所示。

（1）申请节目代码，启动节目的视音频编辑工作。节目制作素材可来源于外出拍摄、演播室回采、外来信号收录、媒资系统的存档素材和互联网上的汇聚信息，素材可通过台内各业务系统或融媒体内容库挑选推送，也可由有卡工作站上载到资源管理库。

（2）在编辑工作站上对节目进行剪辑打点、添加字幕、制作特技等编辑制作工作。配音工作可在配音工作站上调出文稿对照着配音；也可在视频编辑完成以后配音。节目编辑、制作和配音完成后提交审查，待审节目将由后台转码合成服务器合成为电视播出格式文件，提交审查。

（3）在审片工作站上，将由节目审查人员对节目分别进行审查，填写审查意见。电视台节目审查包括技术审查和内容审查，节目通常需要进行中心领导审查、总编室内容审查和技术审查三级审查。如果通过终审，该节目的播出格式文件和元数据信息将被推送到节目整备系统，进入播出准备环节；如果没有通过审查，记者和编辑应在编辑工作站上再次打开该节目的相关文件，根据审查意见进行修改，修改完成后重新提交。如图4-7所示。

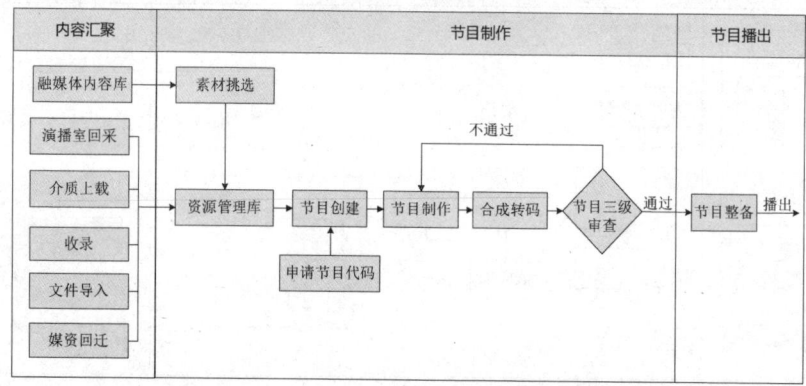

图4-7 节目制作生产流程示意图

4.4 资源汇聚

融媒体云平台应具备多方资源的汇聚能力,以方便进行各种形态的内容制作。融媒体云平台通过制作系统提供全渠道资源汇聚工具,实现多渠道的资源汇聚。汇聚包括上载、客户端、Web 上传或是第三方平台对接等方式。

4.4.1 远程回传

传统的 FTP 等回传方式的文件要经过二次解压、转码、易出现损耗、文件不可用等问题。融媒体下的远程回传主要用于电视台的外派记者,在采访现场、新闻前场能将新闻资料、素材快速地回传至台内,以满足新闻播出的时效性。

目前融媒体平台一般配备有文件远程回传客户端。通过客户端实现素材回传的同时,可把素材自动导入到制作系统中,直接使用。大型电视台的融媒体回传客户端基本上具备以下能力:

(1) 支持上传视频、音频、图片、文本内容、office、序列图等多种类型文件,上传视音频文件内容时可包含相应的元数据信息;

(2) 可以手动填加任务,上传任务包中可含有视频、音频、图片;

(3) 可以从 Windows 资源管理器中直接拖拽素材;

(4) 支持批量上传、支持断点续传,支持超大文件上传,可以查看上传进度和状态;

(5) 支持在上传列表中实时查看上传进度;

(6) 支持选择转码组,转成多个码率文件,支持在上传的同时选择栏目节点;

(7) 可以集中调度文件,进行自动转码后入库;

(8) 可以继续新闻五要素等元数据的填写和同步回传;

(9) 支持加入关注收藏,内容可一键报题到现有新闻制作系统,报题支持审核流程；

（10）可选用独立的传输客户端上传文件，支持 FTP 方式上传和 UDP 传输。

4.4.2 信号收录

信号收录是融媒体云平台具备的广电业务相关基础能力，这就要求融媒体云平台要具备多种信号的收录能力，包含视频流信号收录、音频流信号收录、转码收录等，在收录的同时可以转成多个码率的文件以满足不同终端的播放需求，可与资源管理库进行无缝对接，完成内容的收录、生产及发布。信号收录系统具备高安全、高性能、易扩展的能力。

在新建融媒体云平台的过程中，我们希望能以更加自动的方式解决传统广电业务中的收录问题，因此在云平台的收录部分，众多厂商都添加了自动收录任务创建功能，可以新建自动收录任务，使其可以在未来的某个时间段，按照一定规则进行收录，可参考图 4-8 所示内容。

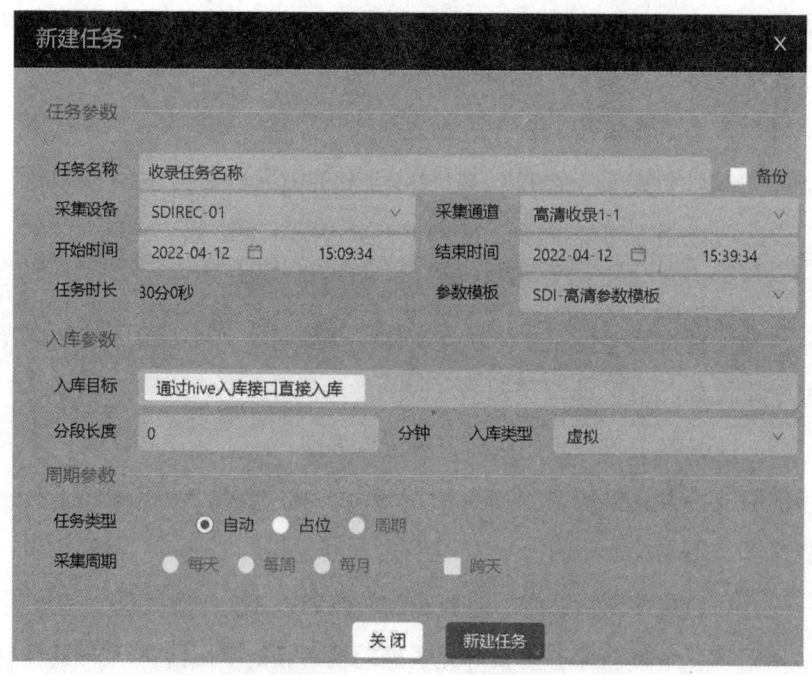

图 4-8　创建收录任务示意图

4.5 内容管理

通过上文的描述我们得知,融媒体云平台具备各类内容的汇聚能力,那么对这些种类繁多的资源,我们需要对其进行更精准、更便利的管理。

4.5.1 统一内容库

统一内容库实现内容共享并支撑多种敏捷业务应用。统一内容库支持权限的多级控制和自定义配置。具体如下:可以通过统一的检索页面,可检索到平台上制作系统、媒资系统等业务系统内的所有内容,系统之间无需进行素材迁移;在非线编辑软件的资源管理器中,既能查看到内容库中的素材,也能查看制作系统中的素材;在统一内容库中,可嵌入 Web 审片和媒资系统的访问链接,在点击链接跳转至相应系统进行访问时,可以不需要再次输入用户名和密码。

4.5.2 统一检索

一直以来对内容的检索都是电视台内容生产的关键点,更方便的检索可以让工作人员更高效地完成内容生产任务。所以在融媒体的统一内容库中,应该要求能够检索到制作系统、媒资系统等业务系统和融媒体内容库内的全部资源;统一内容库中素材标注有该资源的源(高码)文件的存放位置,用于区别出该资源的实际所在系统。若该资源不在制作网中,则用户在下载时,通过调取接口的方式,由后台驱动对应系统出库源(高码)文件至指定位置。

4.5.3 用户管理

融媒体云平台为了实现更加方便快捷的资源管理,提出了更为高效的用户管理方案，系统可以根据业务将系统内的用户自由组合成业务单位，实现"人"和"资源"的高度统一，在群组内不仅可以对"人"的角色、权限进行自由配置，还可以对"资源"设置生命周期，实现对资源的自主管理及对业务的自治。主要功能如下：

（1）可以按个人资源、群组资源（例如频道、栏目、临时工作组）、公共资源进行资源的分域管理，支持跨域进行资源共享；支持对每个域管理单位进行存储配置管理；

（2）每个群组针对用户拥有一套独立的操作授权，可以根据群组内业务需要，针对群组成员制定个性化的角色；

（3）支持按不同业务的文件格式要求进行入库转码处理，按要求准备资源文件；

（4）可以对个人资源、群组资源、公共资源和文件夹按天数或时间设置生命周期，到期后可自动清除相应资源的全部文件及信息。

4.6 新媒体生产工具

新媒体生产是电视台融媒体升级改造的灵魂，此部分完全不同于传统电视台内容生产，而是采用互联网思维进行建设，提供了多种轻量化的生产工具，可实现短视频快编、图片编辑、各类社交媒体稿件制作与审核，并面向微信、微博、APP及其他主流社交媒体发布的环节。

4.6.1 短视频快编

融媒体需要提供B/S视频简编工具，在普通互联网电脑上就可通过浏览器完成节目的快编，无需提前安装插件，简编完成后，后台根据编辑结果完成高质量视频文件的自动打包，打包完成的文件再用于后续的共享和分发业务，B/S快编实现对音频、视音频的剪切、合并、拆条等编辑功能。目前融媒体短视频快编主要功能如下：

（1）B/S 视频快编不限于办公地点，可随时随地进行音视频编辑。支持通过 Http 流媒体协议访问并编辑网络媒体文件；支持模板引导式快速编辑，可选择 9∶16、16∶9、1∶1 或自由幅面比例；支持不同幅面的流媒体素材混编及幅面变换。

（2）支持音轨、视频轨分离编辑，支持音轨、视频轨合并编辑；支持添加字幕、简单特效、拆条、后台打包输出等功能；特技包含 2D、遮罩、溶解、浸染。

（3）预置丰富多样的字幕/贴图/音效/主题模板；支持高效率的快速字幕，包括标题字、图像等常用字幕物件。

4.6.2 图片编辑

图片编辑可针对内容管理平台、稿件库图片进行快速编辑，减少图片在其他平台编辑流转时间，同时支持多种特效图片编辑效果，提高图片编辑效率。为了契合当下人们的使用习惯，融媒体的图片编辑也加入了图片美化、美颜、拼图、动画等功能，目前很多电视台融媒体都具备以下功能：

1. 美化图片

美化图片支持一键美化，包括一键人像美肤以及一键风景美化；支持图片裁剪，包括自由裁剪、比例裁剪、圆角大小裁剪等裁剪方式；支持修改图片尺寸，支持百分比调整以及锁定宽高比例调整；支持自动增强、柔光、暖化、黑白色、锐化等基础特效调整；支持颜色基础调整，包括亮度、对比度、色彩饱和度、清晰度调整。

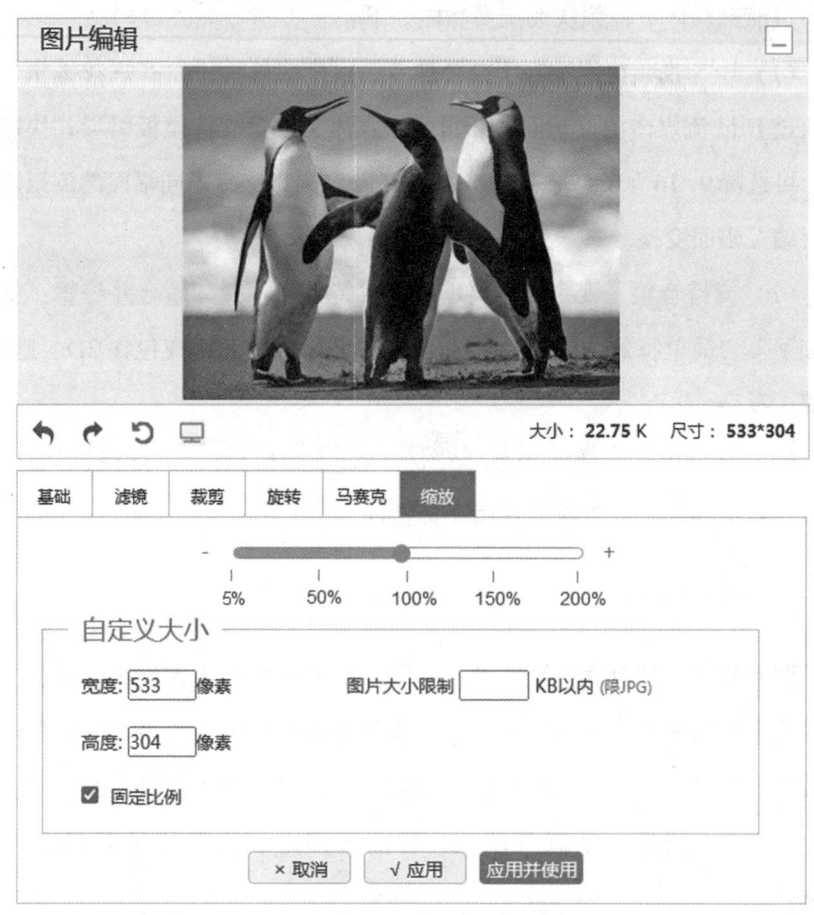

图4-9 图片编辑界面示意图

2. 人像美容

人像美容支持美颜能力,包括一键美颜;支持其他美化,包含染发、消除红眼、美容饰品;支持美肤能力,包含皮肤美白、祛痘祛斑、磨皮、腮红笔;支持眼部美化,包含眼睛放大、睫毛膏、眼睛变色、消除黑眼圈;支持唇部美化,包含唇彩、牙齿美白;支持美形能力,包含瘦脸瘦身能力。

第 4 章　融媒体制作系统设计

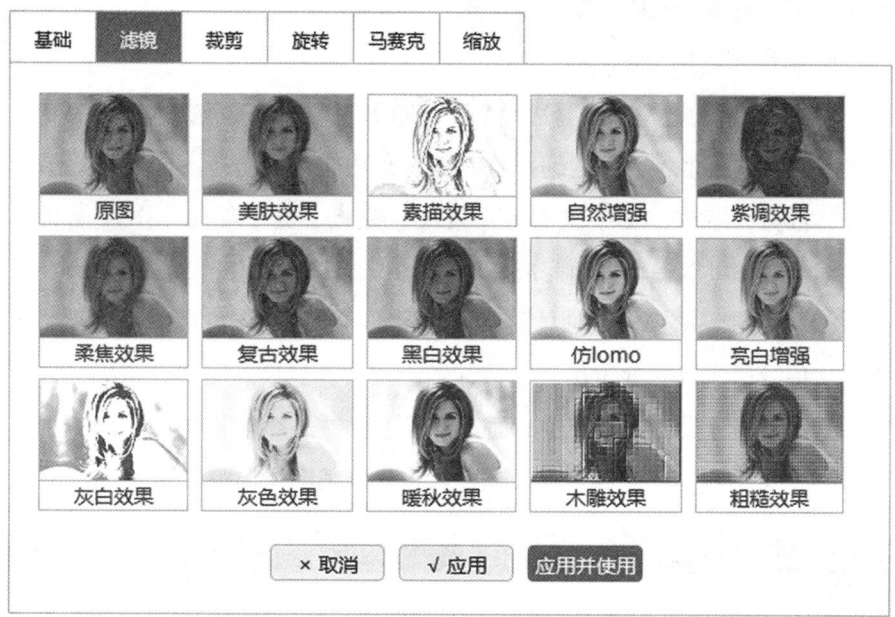

图 4-10　人像调整界面示意图

3. 拼图

拼图支持图片拼接，支持间距、边框形状、边框样式选择；支持模板拼图，包含多张图拼图模板选择、边框设置；支持自由拼图，包含背景选择、画布设置等；支持海报拼图，支持多种海报模板选择。

4. 动画

动画支持动态表情添加，包括可爱、动漫、西游记等十几种表情设置；支持闪图效果添加，包括多图闪图、特效闪图、条纹闪图、飘落闪图等。

4.6.3　多媒体稿编辑

多媒体稿的编辑是融媒体适配当前网络环境的一种重要功能，一般多媒体稿中包括图、文字、视频等多种媒体形态，并且会发布至各类渠道中。一般而言，目前的融媒体多媒体稿件的编辑会包含稿件编辑，图片、视频编辑、组稿、审稿、发布等功能，具体如下：

1. 多媒体稿件编辑

（1）支持图片、视频、文字三合一编辑，提供面向新媒体生产的专属工具，具备支持多种稿件的编排与一键发布功能，并支持不同规格的图片制作、裁剪、缩放、文字编辑等；素材、模板、文字编辑、图片视频编辑、编排全部可以一个界面完成。

（2）所有编辑操作实时显示在预览界面，所有操作可撤销、可叠加效果；支持微信模板一键添加，包括标题、正文、引导、图文、布局、节日等互联网化的分类；支持稿件封面、作者、摘要和关键字的录入。

（3）支持嵌入视频编辑器，支持点击视频编辑弹出编辑器。

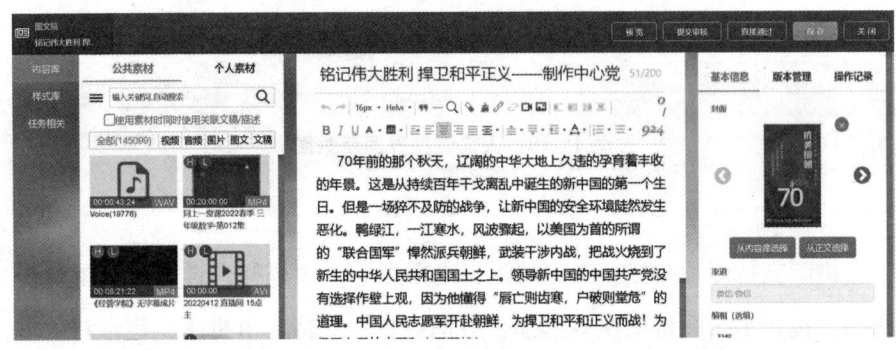

图4-11 多媒体稿件编辑

2. 视频编辑

（1）支持对视频进行打入出点、打标记点、合成短视频、截图、生成字幕叠图、生成GIF、添加字幕、添加特效等；

（2）支持生成GIF图，在视频的进度条上选择需要生成GIF的视频段，打上入出点可及时生成GIF图；

（3）支持字幕叠加，在视频的进度条上选择需要生成字幕叠图的有字幕视频段，打上入出点可及时生成字幕叠加效果；

（4）支持与非编相同的快捷操作方式，如打入出点、取消入出点。

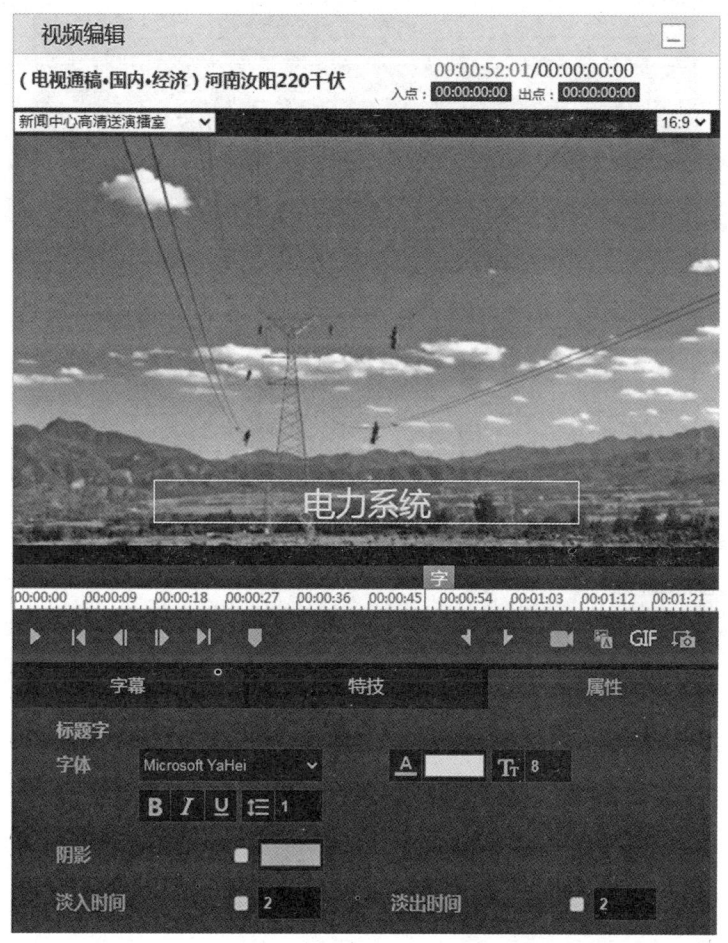

图 4-12 视频编辑示意图

3. 图片编辑

图片编辑支持嵌入图片编辑器,所有编辑操作实时显示在预览界面,所有操作均可以撤销;同时图片编辑还支持基础调色、滤镜、裁剪、旋转、水印、马赛克 6 种基础处理功能,并支持对图片亮度、明暗度、饱和度的调节。

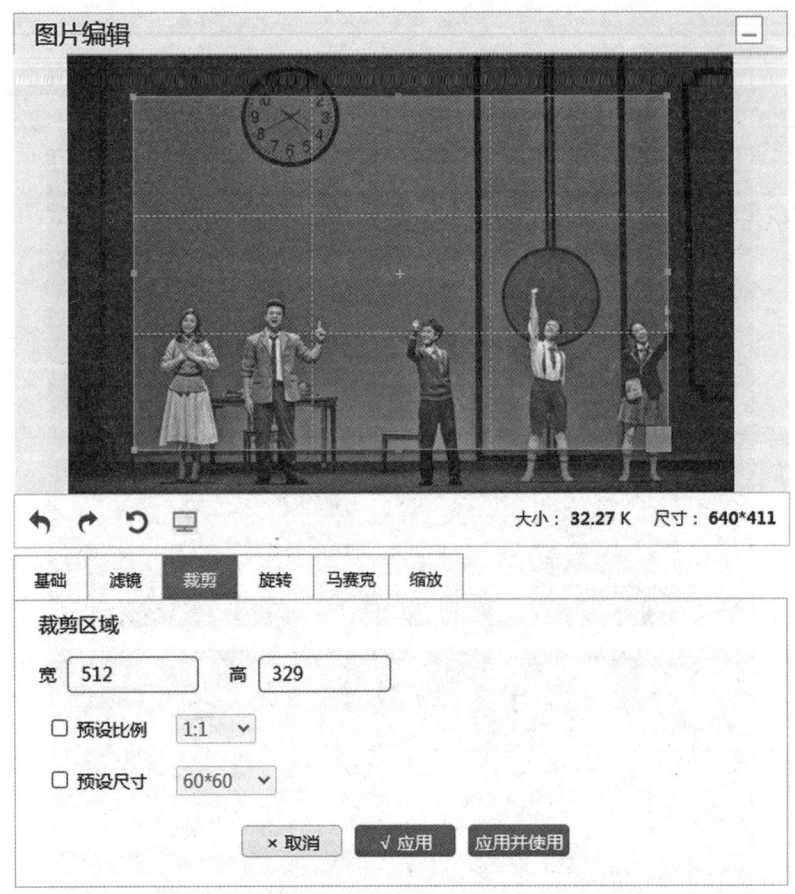

图4-13 图片编辑示意图

4. 文字排版

文字排版支持"保存"版本管理,可追溯每一次"保存"的版本记录;支持稿件的每一次操作记录的保存和追溯;支持富文本文字、图片、音频、视频的混合排版。

5. 稿件审核和发布

稿件审核界面可点击稿件进行预览,在预览页面可进行审核操作;支持发布前的效果预览,点击预览后,可查看效果。稿件发布支持微信组稿发布,支持选择多个公众号同时发布;支持微博稿件推送;支持第三方

第4章 融媒体制作系统设计

APP、网站的对接和推送。

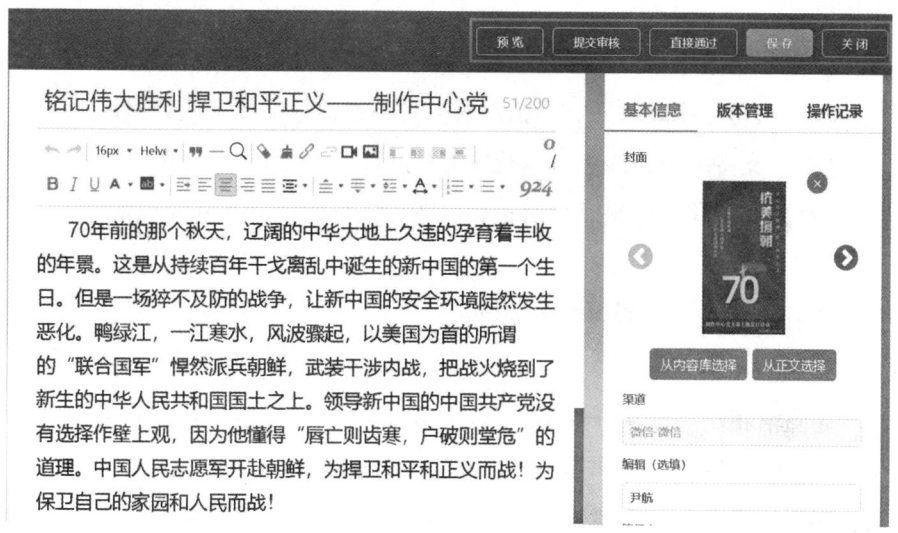

图 4-14 多媒体稿件审核界面示意图

4.6.4 移动生产工具

移动生产是基于融媒体"策、采、编、发"流程的移动化生产和管理工具,移动生产工具不仅支撑记者快捷地完成每天新闻采访任务的认领、任务回传、移动写稿、移动发稿、移动直播等移动业务功能;同时还便于各业务体系管理层能够便捷查看任务执行过程、审稿以及工作任务统计。

平台支持用基于移动端实现选题策划流程,能够实现基于移动端查看线索内容,将线索素材实现一键选题,具体功能包括:

(1) 支持 Android6.0 以上、IOS9 以上智能手机设备;

(2) 支持视频、图片、音频回传,支持图片、视频拍摄;

(3) 支持任务地图分布浏览、支持查看本机实时位置;

(4) 支持互联网线索、本地线索的浏览和收藏;

(5) 支持新建采访任务与指派、支持采访任务的浏览、认领、完成;

(6) 支持新建文稿、文稿编辑、文稿审核功能;

(7) 支持电视审片功能，并能回复审片意见，手机审片状态不影响制作播出；

(8) 手机端素材支持浮窗播放，方便同时打开文稿校对；

(9) 支持音视频通话，包括点对点视频通话、群组音视频通话；

(10) 支持直播连线、直播视频美颜功能；

(11) 支持移动非编，可对视频、图片进行特技、字幕等编辑。

4.7 超高清/高清节目编辑软件

超高清相比高清从分辨率、色域、帧率、动态范围、量化精度五个维度大幅提升，4K/8K 视频进一步逼近肉眼分辨极限，为了提高内容的品质，融媒体云平台生产系统应在满足标/高清的情况下兼顾超高清的内容制作。

现有融媒体中心一般采用 ALL IN ONE 的思路进行内容编辑，即在同一个软件中，将素材上下载系统、非线性编辑系统、调色系统、音频制作系统、特效制作系统、字幕包装系统和合成渲染系统等制作域所需的各个模块集于一体，在一个软件中可以形成一站式全链条后期制作，实现全域制作。

为了满足实际使用需求，电视台融媒体的超高清/高清编辑软件应该提供整套的时间线编辑工具，同时支持高低码率编辑，具备精确的轨道编辑技术，内置丰富特技效果库，支持高标清节目编辑、配音、字幕、打包、上下载、包装等关键业务环节。还可与其他的业务系统实现真正的互联互通，从而可构建更大规模的融媒体节目生产制作平台，满足各级电视台和节目制作单位的需求。为节目生产和节目包装提供更高的效率、更好的质量和更人性化的工作模式。

4.7.1 素材上/下载

为了匹配超高清和高清内容生产，超高清工作站和高清工作站应采用

第 4 章 融媒体制作系统设计

统一的配置自主知识产权的专业广播级高清视音频板卡，板卡可提供丰富的视频音频 I/O 通道，支持带通道的压缩视频格式输出功能。无需外接转换设备即可支持目前常用的 HD/SD – SDI、高清分量、模拟复合输入/输出接口，C/S 独立上载客户端，支持本地文档上载，支持 VTR 录像机、索尼 XDCAM、松下 P2 上下载。

非编工具作为上下载功能站点时，可将所上载的素材自动入库到内容库；支持高、低码采集入库，支持将采集的高、低码素材文件写在不同的存储上。高清节目制作系统在导入素材时，可同时提供高码与低码媒体数据访问功能，可在采集高质量视频的同时，生成低质视频，用于低码率编辑和流媒体使用，视频格式可任意设置。以目前市场上比较主流的非编软件为例，主要功能应包括以下几点：

（1）支持多种分辨率，包含 SD 720×576、HD 1920×1080、UHD 3840×2160、4K 4096×2160，以及自定义分辨率；帧率支持 25P、30P、50P、60P 及以后的技术标准。

（2）高清格式支持 MPEG2 – IF（422/420）100M、MPEG2 – IBP GOP（4~15）（50~100M）、AVCINTRO（50/100M）、XDCAM HD IBP（18/25/35/50）、DNxHD120M、DVCPRO HD、AVC – long GOP、XAVC、MXF – HD 及其他广电用常用格式。

（3）标清格式支持 MPEG2 – IF 25M/30M/50M、MPEG2 – IBP 25M GOP4、DVCam、DV25、DV50、MXF、IMX 30/40/50 及其他广电常用格式。

（4）代理码率编辑格式支持可选高清 MPEG4 1.5M（640×360）、MPEG2 – IF 20M（1280×720）、H.264 8M 及其他广电用常用格式，支持广电用常用音频格式。

（5）支持本地库模式，可进行本地脱网模式和网络库模式切换，本地库模式支持节目、素材导入导出，元数据继承。

如图 4 – 15 所示。

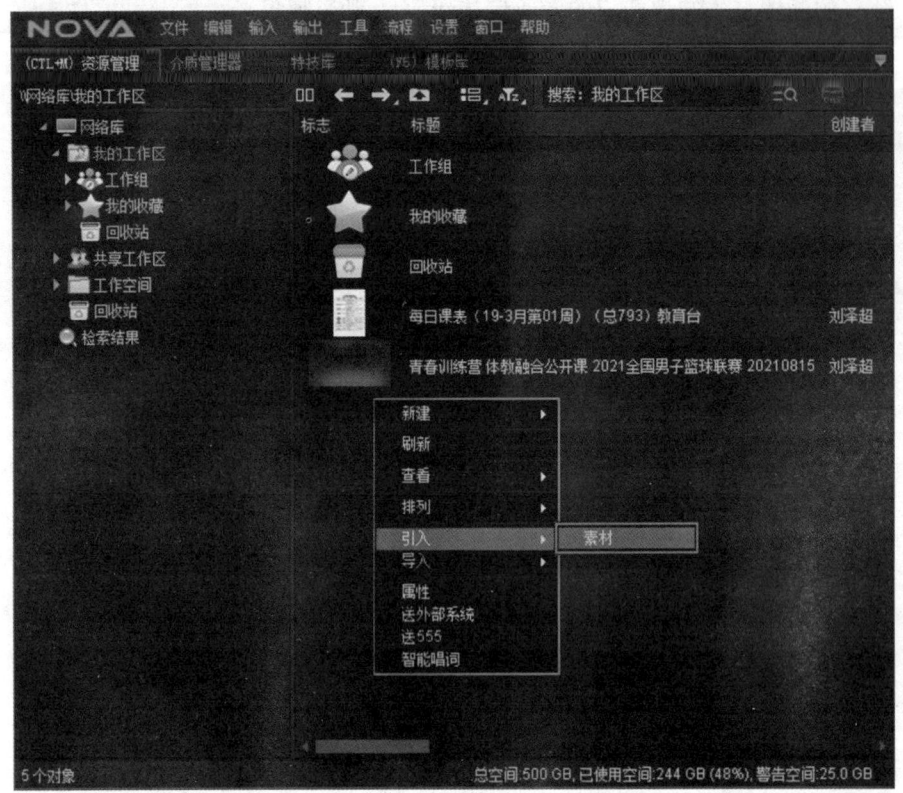

图 4-15　ENG 介质统一上载示意图

4.7.2　编辑处理

超高清/高清节目编辑软件可作为媒体影视行业的记者/编导/制作人进行融媒体节目制作的高效超高清视音频编辑工作平台。平台可适配从标清、高清、4K/8K 超高清到 360°全景视频及任意分辨率、任意帧率；可编辑从标清到超高清的无压缩等编码格式；支持多种帧率、多种格式、多种色彩空间及伽马曲线素材的实时性混合编辑。支持输出苹果 ProRes 等格式的视频文件。系统提供整套的时间线编辑工具，同时支持高低码率编辑、精确的轨道编辑技术，内置丰富特技效果库支持，支持高标清节目编辑、配音、字幕、打包、上下载、包装等关键业务环节。可满足单声道、立体声、5.1/7.1 环绕立体声在内的多种音频编辑应用。本地备份文件能够实现自动管理。支持对素材、故事板、EDL 表、特效信息、字幕等实现本地及网络的自动实时备份，可确保网络故障时，制作业务不受影响；网络恢复后，所有的素材、故事板、EDL 表、特效信息、字幕等信息自动同步到网络存储以及数据库。以目前市场上比较主流的非编软件为例，主要功能应包括以下几点：

（1）支持高清和标清编辑模式；支持不同编码格式、不同分辨率、不同帧率素材的混合编辑，可实现智能的高质量上下变换；支持 HD/SDMPEGI－1、DVCPROHD、XDCAMHD、HDV、WMV 等编码格式；支持多种分辨率，包含 SD 720×576、HD 1920×1080、UHD 3840×2160、4K 4096×2160 以及自定义分辨率；帧率支持 25P、30P、50P、60P 及以后的技术标准。

（2）至少支持 4 层 MPEG－2、MPEG－4、DV50、DV25、DVCAM、DNXHD、H.264、DVCPROHD、DVCPRO50、DVCPRO25、AVCINTRA、PRORES422、HEVC 等格式的视音频素材实时混编和特技实时处理。

（3）支持 P2 卡、蓝光盘在线编辑，能够获取盘中的低码率信息并可将其直接拖上时间线进行编辑，当节目编辑完成后，系统根据编辑完成的 EDL（编辑决策列表）信息对盘中的高码率素材进行自动的打点上载，完成节目合成；索尼 XDCAM 格式需支持 FAM 和 FTP 模式。

（4）支持时间线的个性化设置；全面的可定制的快捷键、界面按钮布局以及窗口布局；窗口布局和节目进行绑定；支持高级的备份和恢复机制：提供多步恢复列表（undo/redo），并在意外退出软件后仍然保留时间线的所有历史操作记录，以供恢复使用；支持本地库模式，可进行本地脱网模式编辑和切换到网络库模式，本地库模式支持节目、素材导入导出，元数据继承。

（5）支持手动标注素材或通过超实时自动转场识别提取关键帧，并根据自动转场识别结果创建新的子素材；支持时间线短素材和黑场自动检测功能，可快速找出其对应时间线的位置；支持竖屏素材在时间线进行画面挑选及旋转角度调整功能。

（6）提供简单字幕编辑和复杂字幕编辑两种级别的操作；支持唱词模版导入导出，具备字幕编辑功能；支持调节和修改字体和背景颜色。

（7）支持实时多层特技处理；支持轨间超级合成：基于像素亮度或色度信息的合成；具备序列动画合成工具。

（8）支持多种方式的节目输出，如素材生成、文件输出、单帧输出、生成 TGA 序列等；支持分布式打包，倍速提高成片的输出效率；支持根据时间线上使用的素材自动整理打包素材并复制到指定目录功能；支持根据时间线上使用的素材重新生成带有"余量"的音频嵌入的新素材文件至指定目录，并可设置生成视音频文件的封装、编码、码率、编码方式等功能。

（9）支持导入时间线后离线素材文件的重新链接功能（包含已入库的素材文件和未入库的素材文件）；支持生成和导入后缀名为 aaf、edl、fcpxml 1.5 版本等时间线文件；支持 Davichi Resolve 15 及以上版本进行套底回批工作流程；支持导入时间线文件后能够读取 Davichi Resolve 调色软件中生成的时间线文件的各类元数据信息、色彩信息及简单特技信息。

（10）支持高清节目直接转码为超高清节目。高清素材下变换标清素材时，支持信箱、整体压缩、切边等方式；支持转码模板配置、视音频格式转换、浏览码率生成、关键帧抽取、分离字幕合成、高标清转换等功能；转码支持但不限于 MPEG–2、MPEG–4、DV50、DV25、RM、H.264、HEVC 等编码格式，支持但不限于 MXF、MP4、TS、3GP、ASF、AVI、MOV、HLS、MKV、FLV、WMV、RMVB 等封装格式。

4.7.3 音频处理

超高清除了对视频内容有了新的要求外，对音频的处理也提出更高的标准，如下所示：

（1）音频采样率不低于48KHz，能够达到96KHz；支持无损压缩音频；支持采样率设置；比特率不低于16bit；提供高还原度的音频质量。

（2）支持5.1环绕立体声声场及5.1声音输出。所支持的音频文件至少包括mp3、S48、wav等格式。

（3）支持杜比声，支持Dolby–E环绕声音频格式编解码。

（4）支持三维声5.1.4/7.1.4的全流程混音制作。可实现立体声、环绕声的监听功能。与超高清画面相配套的"沉浸式"三维声制作也可同步完成，在5.1/7.1环绕声的基础上，提供5.1.4/7.1.4三维声的制作能力。从输入到剪辑、混音、输出完成了三维声音频制作的全流程覆盖。

（5）具有波形的音频精细调节和淡入淡出曲线，可参考波形更精确快捷地找到声音的接点。支持唱词自动断句。

（6）界面支持标准调音控制：Master主输出电平、Mix混音分配、Gain音频电平调整、EQ均衡器、Pan平衡、SOLO独奏。

（7）提供完整的调音台路由和增益调整工具；音频特技包括混响、自动增益、EQ、带通降噪、变调、带通/带阻、低/高通、低音增强、回音、声音伪装、音量调整；变长不变调。

（8）具备响度超标检测及调整功能，响度值包括平均响度值和瞬时响度值，通过选择不同的检测标准，对时间线上的响度进行检测，并实现自动调整。

（9）支持音频的单独打包合成，兼容台内第三方音频制作系统，通过AAF/XML等实现故事板级交互。

参见图4–16、图4–17所示。

融媒体云平台下的电视台生产系统

图 4-16 音频调整示意图

图 4-17 响度调整示意图

4.7.4 视频特技

(1) 支持二维、三维特技,包括遮幅、掩膜、画中画、动态马赛克、色键、滤镜等特技。提供基本颜色校正和色键、亮键、图文键抠像功能。提供超过 150 种预制视频特技。

(2) 内置多种特技效果,如色键、新颜色调整、辐射模糊、多窗口、粒子、闪光等几十种效果,为视频编辑提供了强有力的效果工具;支持非编特技模板库包含超过 100 个调色模板和超过 50 个光影特效模板,可直接拖拽到时间线上使用;每个模板都可以自定义修改和重新保存。

(3) 可进行实时多点动态跟踪,跟踪区域可叠加任意特技。

(4) 支持关键帧之间的曲线调整,所有特技的关键帧之间均可以实现曲线过渡,使得特技效果更加灵活、自然、流畅。

(5) 支持单一素材的曲线变速;无极变速采用多种算法处理,根据拍摄的画面不同,选择不同算法可以将快、慢、倒放结合在一起实现非常完美的变速效果。

4.7.5 色彩管理

由于 4K/8K 超高清素材的多样性,各种摄像机差异化的宽色域及伽马曲线,4K/8K 超高清制作的色彩管理十分必要。以目前市场上主流产品索贝公司的 Editmax11 为例,新一代超高清编辑站点基于全新一代 Cutlist SDK 智能编解码引擎及 A.R.T.10 非线性编辑渲染引擎,在色彩管理方面通常具有如下功能:

(1) 支持全色彩深度,支持采样率从 4:2:2 到 4:4:4;支持 BT.709 和 BT.2020 色域,支持 PQ、HLG、Slog3、V-log、C-log、ARRI logC 等多种动态曲线;具备自动化色彩管理功能,可自动识别索尼、松下、佳能等原厂格式。

(2) 支持全流程色彩空间管理,可以在色彩管理上做到自动识别和自动转换，并可从素材识别、时间线编辑、节目输出三个环节进行色彩空间调整。在文件输入时自动识别出各素材的色彩信息，并在时间线上进行编辑时，使素材根据时间线的设置，做出自动转换，使色域和伽马曲线匹配时间线的色域和伽马曲线；在输出时，能够根据不同的输出目标做出适配，自动将时间线上所编辑的色彩空间和伽马曲线做出转换匹配输出目标。

（3）支持 HDR/SDR 上下变换，具备 HDR 示波器。可结合非编伴侣 Vision HDR 使用，同步监看 HDR、SDR 输出，做到所看所审即所播，所编即所播。Vision HDR 拥有自动测光功能，可以根据素材场景亮度变化，自动调整变换参数及曲线，在亮度变化频繁的节目中变换效果十分出色，并能够很好地对极亮或者极暗的特殊场景进行适配，还原画面各部分色彩层次细节。

此外超高清/高清节目编辑软件还提供内置的调色系统，可实现一阶校色、二阶校色、渐变遮罩工具和一键除霾功能。具体如下：

（1）一阶颜色校正。当素材的通透程度调节完成后，意味着素材已经准备好了，接下来就需要对画面整体的色彩表现进行修饰。这样做一方面是为了修正拍摄时环境导致的偏色，另一方面是为了创造艺术效果烘托画面氛围。这样的修饰通常表现为对画面整体色调的调节、提高画面颜色的鲜艳程度等。而这些调节对应的工具分别为色调参数调节、饱和度参数调节。

（2）二阶颜色校正。为了解决局部画面的色彩问题，或是美白修正人脸肤色，或是让红旗的颜色更加鲜艳等，需要在使用上述两类校色工具的基础上，使用二阶校色工具，进行二级校色，完成局部画面颜色的调整。

二阶校色工具包括遮罩工具、限定器工具以及节点管理工具。校色师可通过使用绘制区域的各类遮罩工具与限定器工具，配合一阶校色工具解决局部画面区域的颜色问题。遮罩工具能够以绘制矩形、圆形、自定义图形等方式控制一阶校色、色调、饱和度等工具在画面中的作用范围。限定器工具旨在根据 HSL/RGB/亮度等不同的色彩划分类型，对具有一定色彩特征的画面进行分离，例如面对视频画面中流动的彩旗、走来走去并穿着

第4章 融媒体制作系统设计

纯色 T 恤的工作人员等。节点管理工具可以通过添加节点实现对校色效果的管理,包括校色效果之间的叠加、处理顺序,从而将校色效果与遮罩、限定器进行结合,创造局部的校色效果。如图4-18、图4-19所示。

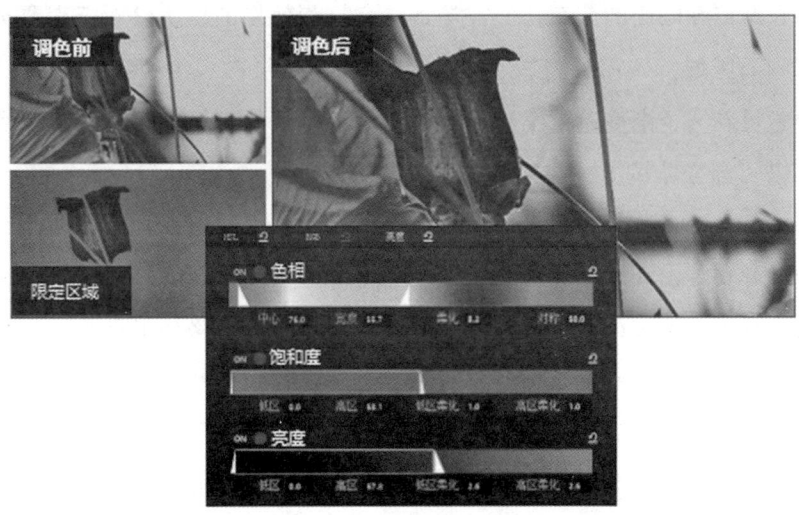

图 4-18　遮罩工具使用示意图

图 4-19　节点管理工具使用示意图

(3) 渐变遮罩工具。在校色工作的某些特定场景中，还会需要对画面中天空以及建筑的颜色进行统一调整，例如，阴天拍摄的天空需要调成明媚的蓝天，使四周的房屋建筑群在画面中没有那么显眼。这个时候由于天空和建筑群在画面的分布特征常常是具有景深效果的，所以不仅需要选定局部画面区域，还需要将校色的效果形成渐变层次。为了满足这样的场景，索贝新增了渐变遮罩工具，能够实现在生效的区域内，将一阶校色的效果以"渐变"的方式在区域中显示。

(4) 一键除霾。一键改善画面通透性，省去众多素材片段调节曲线的步骤，并且除霾功能能够专门针对画面中的天空部分进行清洁，使阴霾、灰暗天气中的拍摄素材重见天日。可通过算法统计图像的雾霾程度，根据画面特征有针对性地提高画面通透程度，达到一键调节的效果。尤其是雾霾天气导致整个画面灰蒙蒙的情况下能够快速让整个画面透亮清晰起来，还原出画面的真实面目，并且在一键除霾后，依然可以配合一阶调色工具对画面的细节进行修正和调整。

4.7.6 字幕处理

为了满足实际使用需求，超高清/高清编辑软件除了要具备上述视音频编辑制作、特技和色彩管理功能外，还应具备强大的字幕处理能力。编辑软件应能提供以下字幕功能：

(1) 提供5种以上字库（windows自带除外），嵌入专业字幕软件，支持标题、滚屏、唱词、动画的制作，字幕制作完成后可实时播放。

(2) 支持"通告"字幕，可快速完成通知、公告字幕的制作与展示，支持同屏幕3组通告字幕同步制作；支持矢量图文字幕编辑，如缩小放大标题字、多边形时不出现明显的锯齿。

(3) 支持入、出、停留区间特效，支持特技实时预览；字幕编辑模式下支持路径编辑，直观显示字幕运行轨迹并进行调节，可启用形变参数关键帧来控制字幕运动效果；一个字幕对象中可实现多个停留特技；体积光

第4章 融媒体制作系统设计

特技在字幕上可以施加通用视频特技。

（4）支持实时浏览滚屏、唱词编辑效果；图文混合滚屏，滚屏可实现上下、左右滚屏及走马字幕。支持 SRT 唱词导入后的快速字幕特技入出方式调整，可实现批量删特技或加特技；支持手拍唱词，拍唱词时可实时预览，实现一屏唱词显示多行文字，每行文字均可调整字体属性和位置，每一句话都可单独调整入出点。支持时间线上唱词展开精调，可通过快捷键对句子做对齐、内容、长度修改操作。

（5）支持带时码的唱词文件直接导入非编使用，无需再次手拍；可以调用 AI 服务中的语音唱词、语音字幕等功能，将语音转换为文字、文档、唱词。具备简单字幕和复杂字幕时间线两种级别的操作。

（6）字幕 HDR 映射亮度功能，可实现 SDR（标准动态范围）字幕自动转化映射到 HDR，实现字幕亮度、色彩在 HDR 视频上的高度还原呈现。

（7）全字体兼容，支持纹理、渐变色等多种综合字体属性编辑；具有完备的物件属性预制：颜色、面边体影、渐变色、材质、光效；支持滤镜、逐字特技变形和分割、风格化、光效、划像、键值、模糊、色彩滤镜、透视、像素化、调整。

（8）支持带 α 通道的动画文件，动画播放时能叠加视频输出。提供三维字幕软件，实现三维立体字、三维物件的实时制作和播出，支持贴图、灯光、旋转等三维效果制作；3D 字幕支持 FBX 格式的 3D 模型文件；提供丰富的 3D 字幕物件（文本、球体、立方体、圆柱、圆环等），且可对相机、灯光、形变参数设置关键帧，实现 3D 字幕动态效果。可以制作三维滚屏、字幕+粒子及丰富的字幕特技效果；支持制作饼图、柱图、曲线图；支持三维立体动态图表。

（9）提供一键式快速字幕替换及修改。提供快捷字幕修改窗口，快速内容修改，实时预览修改结果；提供新闻、财经、体育类预制字幕模板，拖上线即可方便使用和再编辑。

（10）支持 GY – T 270 – 2013 数字电视隐藏字幕制作；支持 EIA – 708

（CEA-708）Closed Caption 字幕制作；支持 Orad、Vizrt、ROSS 等第三方字幕插件；支持导入 *.txt，*.stl，*.srt，*.ass，*.pac 字幕文件。

4.7.7 智能唱词

一键上唱词功能可大大提高唱词制作效率，具体如下：

（1）支持通过语音智能分析快速进行音频转写，生成智能元数据，实现将素材内的语音转换为文本信息；

（2）每条文本信息都有对应的时间入出点，并支持快速定位；

（3）支持通过唱词时码直接在时间线匹配时间线素材，实现语音、文本、视频画面同步；

（4）支持在非线编辑软件中直接读取智能元数据生成唱词。

具体操作参见图 4-20 所示。先选择语音识别编辑界面，选择需要上唱词的语音，

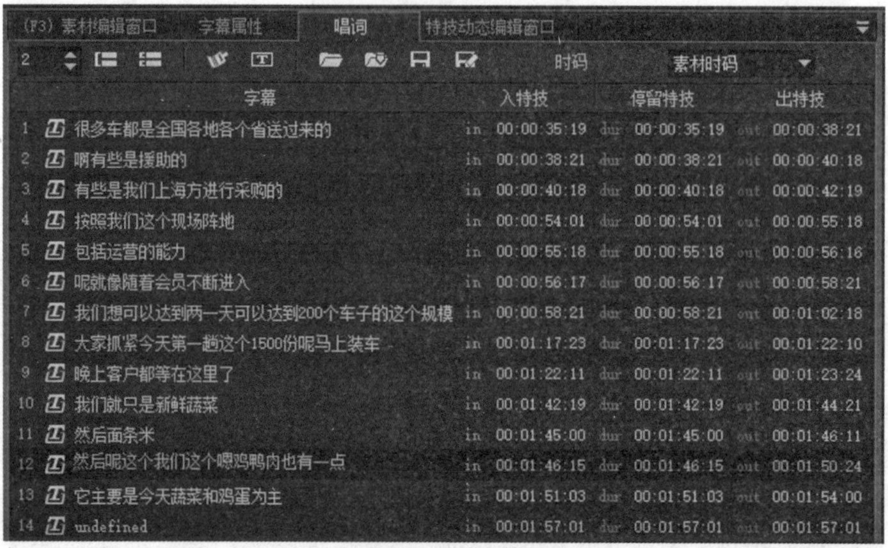

图 4-20 语音识别结果示意图

之后点击上线按钮，语音就会根据文本及时间点自动上线到时间线上，参见图 4-21 所示。

第 4 章 融媒体制作系统设计

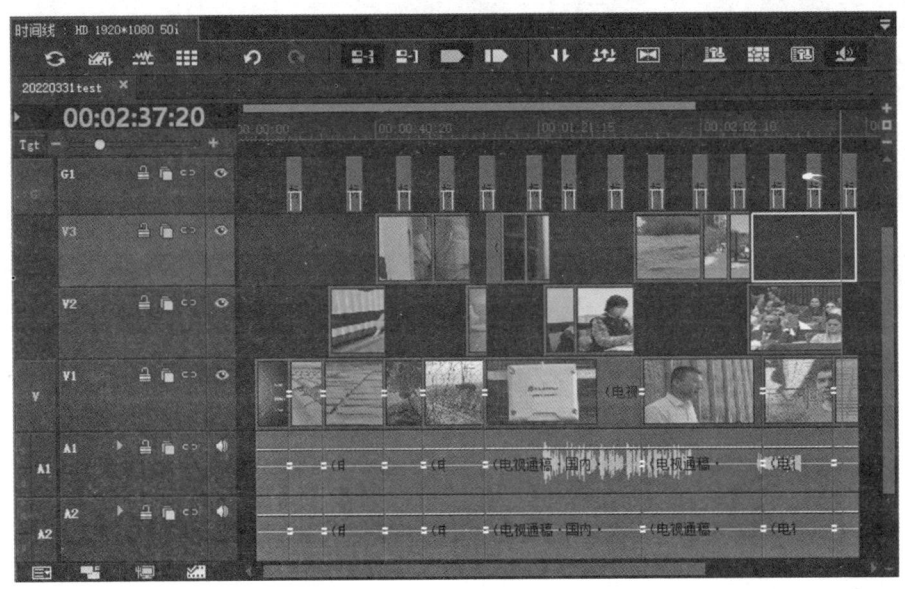

图 4 – 21　非编时间线示意图

4.7.8　资源管理器

超高清/高清节目编辑软件中的资源管理器是专门管理节目、节目模板、素材和其他资源的模块。超高清/高清节目编辑软件支持统一资源管理,支持共享制作生产模式,在一个软件内灵活展现资源库中的资源管理页面和个人中心页面,作为资源管理器使用。资源管理器以完善的权限机制确保资源的最大安全化,并以多样化的素材过滤方式进行多元的资源呈现,实现对节目、素材等的全面管理和资源利用的最大化。主要功能如下:

(1) 可提供非编网络版软件,实现网络编辑功能、项目化组网节目制作。

(2) 资源管理器支持对节目、素材的全面管理,支持定期的素材整理,支持多种字段组合方式搜索素材,支持多样化的素材过滤显示方式。

(3) 资源管理器采用并行技术,支持同时打开多个资源管理器窗口,轻松实现不同打开的文件夹或目录间的对象交互操作,提供灵活的资源管理操作。

(4) 支持项目式管理与文件夹式管理相结合的资源管理方式,提供制式绑定或资源自由放置的灵活管理方式。

（5）支持采集素材同时生成高低码入库，打包合成文件同时生成高低码；支持打点，合成拼接等多种导入方式组合，以节约上载时间和存储空间。

（6）支持在盘浏览、在盘编辑；可直接使用媒资库中的资源，而无需等待资源的下载迁移，提高工作效率。删除素材时提示该素材被引用的情况，避免误操作。

（7）支持根据账号、栏目等设置库内素材保密级别，满足特殊节目制作要求。可对不同角色、栏目进行空间、权限设置。严格权限管理机制，确保资源的最大安全化。

（8）可将低码率打包文件、音频文件同步至广播、新媒体等系统用户。将打包后的节目文件一键发送至融媒体内容库和台内新媒体系统内容库中。一键发送是指一键点击，后台自动完成。

参见图 4-22 所示。

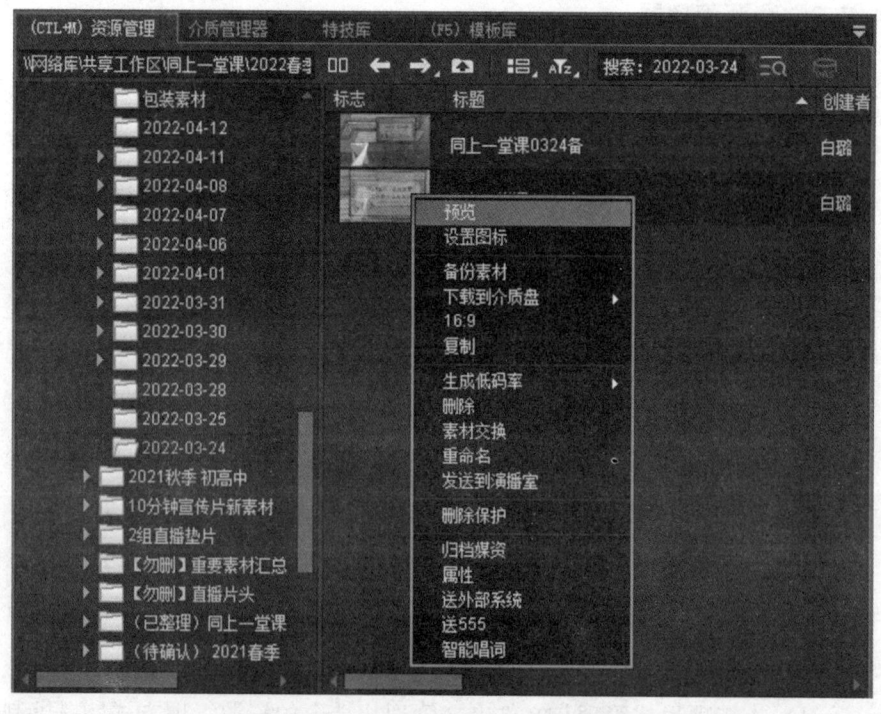

图 4-22　超高清/高清节目编辑软件资源管理器软件界面示意图

4.8 配音软件

节目配音工作是新闻和其他节目制作的一个重要环节,在云上部署专业配音软件,既需要满足专业节目配音的需求,也需要符合专业制作工作人员的操作习惯。

配音工作站的主要用途是节目编辑的前期配音和后期配音,通常需要专门针对配音功能进行重新设计,新增提词器功能,使其更加适用于配音的业务环境。专业配音工作站应具备根据不同节目类型,分别针对高低码率的节目进行配音的能力,同时需要配备专业声卡,以达到专业级的配音效果。

配音工作站在配音的同时应能够提取节目文稿内容,以便让配音员能直接在显示器屏幕上看到稿件内容,简化配音员在配音前繁琐的准备稿件工作,使配音员看得见文稿,看得见视频画面,能够把握速度,控制声音,一气呵成完成配音。

配音工作站软件通常支持前配音和后配音两种配音模式,前配音是指编辑人员在节目制作前或制作过程中根据稿件进行独立的配音工作,能够生成单独的配音音频文件,在节目制作过程中再将配音文件加入音频轨;后配音是指配音人员打开已经制作完成的时间线工程文件,根据稿件和视频画面进行配音,配音文件直接进入音频轨,无需再进行对齐和编辑,直接发送到合成服务器进行合成送审。软件界面示例参见图4-23。

根据上文所述,配音工作站应具备如下模式及功能:

(1) 音配画和画配音两种配音方式;

(2) 先配音和后配音两种配音模式;

(3) 单屏配音及双屏配音功能;

(4) 有卡配音及无卡配音模式;

(5) 自动断句功能,可对音频进行多种特效处理;

融媒体云平台下的电视台生产系统

图 4-23 配音模式主界面示意图

（6）可控制音频输入源，灵活配置配音参数；

（7）调用提词器功能，直接提取节目所对应的文稿内容；

（8）配音软件与非编软件共享素材及时间线片段，支持直接获取参考视频和参考音频，实现多人、多工作站协同工作，无缝转换；

（9）配音模式打开节目时，时间线除配音轨可编辑以外，其余轨道均处于锁定状态；编辑模式打开节目时，编辑人员仅能编辑非配音轨，配音轨为锁定状态。

4.9 节目审片

播出安全在我国媒体行业是重中之重，而审片环节是节目制作网络系统中保证播出安全不可缺少的重要环节。节目审片指的是审查待播节目，待播节目必须经过拥有相关审查权限的人审查通过才能够送入新闻演播室或节目整备系统。节目审片工作站承担节目的审查任务，审片人员通过节目审片工作站将审查通过的节目发送到节目整备系统或新闻演播室。

4.9.1 节目审片流程

在实际应用中，节目文件编辑配音完成后，审片人员就需要通过审片工作站来对节目进行审查。审片系统可以对合成后的成片进行审查，同时也可以审查待播出的串联单、唱词、字幕、标题、导语等各种文字。在审核方式上，需要支持逐条审或串联统一审两种方式，也能根据实际情况审高低两种码率的节目文件，在审查完成后，审片人员可填写审查意见。审查通过的节目可根据策略自动送入演播室进行节目播出，未通过节目需要在编辑工作站中再次打开，根据审查意见进行修改后，重新送审。节目审片流程样例可见下图4－24。

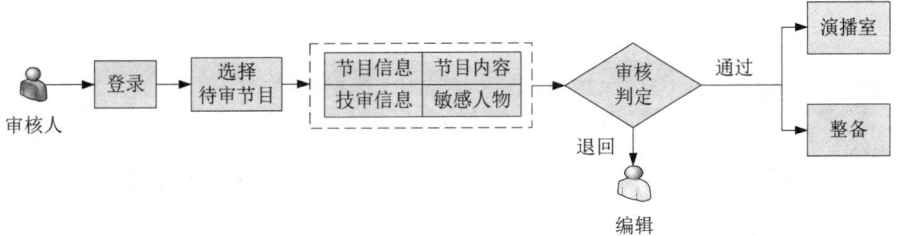

图4－24　节目审片流程示意图

4.9.2 审片软件功能

根据上文描述的节目审片流程，审片软件应具备如下功能：

（1）超高清/高清节目审片能力。

（2）审核支持技审和内审的并行审核，并且能灵活配置。

（3）节目编辑用户可在内容中心同一界面中完成编目、技审和内审操作。

（4）审片软件支持五级审查，每级审查可独立配置，能够按照不同的送播策略选择对应的分级审查方式。支持按栏目进行审片合成策略的配置。

（5）审核工具去流程化设计：不同厂商的审核工具均可作为工具挂载至内容中心，并不影响内容中心整体审核流程。

(6) 支持多种审片流程：可根据工作需求，灵活配置审核流程；可支持串行审核、并行审核以及多级审核。

(7) 支持审成片：可直接调用节目，进行实时播放审查；支持审时间线：在审片终端全局审看所有节目内容（包括视频、字幕等），增加批注。

(8) 支持对审查节目进行入出点设置和快慢放等多种操作；支持在同一界面中同时查看该节目的文稿信息和视音频信息。

(9) 可录制和收听审查意见；在审片工作站发表的审片意见，在非线编辑软件中可查看该审片意见。

(10) 审片软件上既能查看辅助审查的结果，又能查看敏感人物筛查系统反馈的结果，点选审查结果后游标能够自动跳转至对应时间点。

(11) 支持远程移动端审片，支持 iOS 和 Android 系统。

以索贝公司的产品为例，审片软件界面示例如图 4–25 所示。

图 4–25　审片软件界面示意图

4.10　新闻文稿及串联单

4.10.1　新闻文稿

新建文稿是融媒体平台新闻生产环节的核心功能，用于对新闻栏目稿件进行新建、查询、审核、管理等操作。新闻文稿的新建界面通常应包含输入标题、关键字、节目编辑、文字记者、摄像、栏目、播出方式、稿件内容等信息，输入导语、正文时系统会自动计算导语、正文时长，辅助新闻稿编辑，记者可利用系统提供的编辑条对文字进行相应的编辑。界面示例参见图4-26。

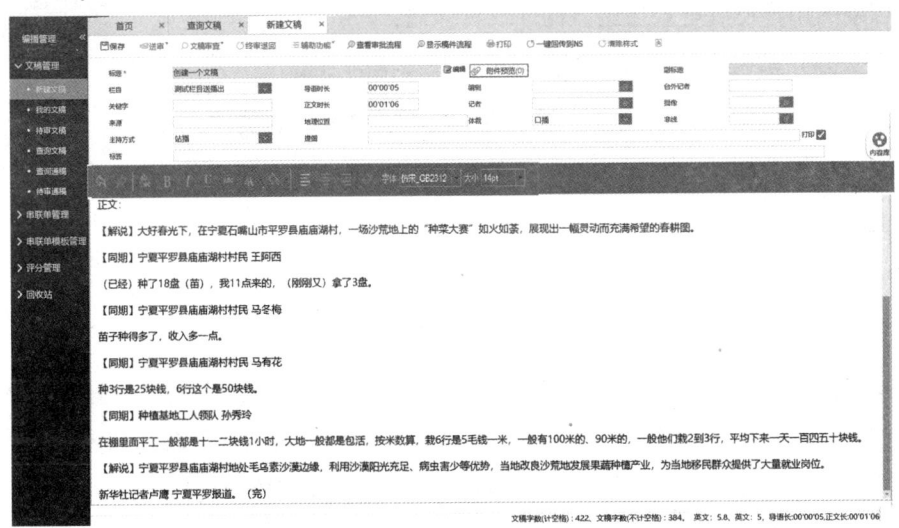

图4-26 文稿编辑界面示意图

根据相关项目建设经验，新闻文稿功能应包括但不限于"我的文稿""查询文稿""待审文稿"这几个模块，接下来将对新闻文稿功能进行分模块描述。

1. 我的文稿

"我的文稿"模块应具备如下功能：

（1）"我的文稿"中应显示我创建的稿件、我作为文字记者创建的稿件，以及我在节目编辑过程中创建的稿件；

（2）查询：可根据标题、创建日期、栏目等查询条件查询；

（3）编辑：可选中一条稿件点击上方"编辑"按钮或双击稿件进入编辑界面；

（4）删除：具有删除权限的用户才能使用。

2. 查询文稿

查询文稿模块应具备如下功能：

（1）查询稿件可以浏览所有有读取栏目权限的稿件；

（2）双击某一稿件可以对其进行编辑，针对已经送审的稿件，有审查权限的用户还可审查通过该稿件或者弃稿；

（3）编辑：文稿查询界面中可打开稿件的编辑；

（4）删除：可删除自己创建的未被串联单使用的稿件；

（5）复用：可复用选中的稿件作为当前用户的文稿。复用后，文字编辑将变为当前用户，文稿状态为编辑，节目状态为编辑的稿件，并用蓝色标识为复制稿件；

（6）导出–TXT：可选中稿件根据勾选的导出列选项以TXT形式导出；

（7）导出–EXCEL：能以EXCLE格式导出查询的稿件结果列表；

（8）定制列：用户可根据自身喜好和岗位特性定制列的显示；

（9）查询：输入稿件的标题、开始日期、栏目等内容，单击"查询"按钮，可查询相应的稿件；

（10）右键稿件：通过点击鼠标右键可执行编辑、浏览、删除、复用、查看审批流程、显示采用情况、内容修改轨迹和刷新功能。（在我的文稿、待审文稿中均有该功能）

3. 待审文稿

待审文稿模块应具备如下功能：

（1）在此可查询到用户能审查的稿件；

（2）可以通过查找标题、开始日期、栏目等条件来查询等待审查的文稿，可对文稿进行"通过"或"退回"的操作，双击文稿可以对文稿进行编辑；

（3）通过：将符合要求的稿件审核通过；

(4) 退回：将不符合要求的稿件驳回，状态为"退回编辑"，需再次提交审核；

(5) 编辑：选中一条稿件，点击"编辑"或双击稿件，进入编辑界面；

(6) 定制列：用户可根据自身喜好和岗位特性定制列的显示。

4.10.2 串联单管理

串联单是融媒体平台新闻生产及编辑环节的核心功能之一，通常是将多个已完成的新闻稿件拼接成一个完整的串联单，新闻节目将根据串联单顺序依次播出新闻稿件。串联单管理功能是将已经完成的文稿形成串联单，在串联单列表上对稿件及相应的节目进行播出调整，调整好的串联单发送到播出工作站供播出使用。

1. 新建串联单

新建串联单模块用于创建串联单，用户通过点击"新建串联单"建立串联单，输入标题（当选择播出时间和栏目后，标题会自动生成，也可手动修改）、播出日期、栏目，并可选是否使用该新建的串联单模板。

2. 查询串联单

在查询串联单页面上，可以看到当天的串联单在该页面上显示。用户可查询标题、播出日期、栏目等条件，显示符合条件的串联单。查询串联单的功能通常有：

(1) 查询：按标题、播出日期、栏目等条件，单击"查询"按钮，显示符合条件的串联单；

(2) 编辑：选中一条串联单后，点击编辑，进入串联单编辑界面；

(3) 删除：选择串联单后，单击"删除"按钮，弹出"确认删除"的提示框，点"是"删除串联单；点"否"取消删除操作。

3. 待审串联单

可查询出等待初审和已初审的串联单。待审核串联单的功能通常包括：

(1) 通过：则审批通过串联单；

(2) 退回：则退回编辑串联单，需重新送审；

(3) 显示明细：显示选中的串联单的明细表。

4. 串联单一览

串联单一览功能可以查看串联单里的文稿明细表和文稿内容，也可以点击右键串联单明细表中稿件查看修改轨迹和双击编辑稿件。

5. 串联单模板

串联单模板功能可以为多个串联单提供固定的片花和条目。在串联单流程管理中，串联单模板的新增是第一步操作。在每个栏目下可以有多个串联单模板，每个串联单模板又可对应多个片花和多个条目。此外，该功能也可用于串联单模板查询、编辑和删除。图4-27为串联单模板查询界面示例。

图4-27 串联单模板查询界面示意图

第 4 章　融媒体制作系统设计

4.11　新闻直播演播室

新闻直播演播室是融媒体新闻生产及播出的核心功能，如果说新闻文稿及串联单相关功能是"静态"的新闻生产，演播室则是动态的直播新闻生产环节。新闻节目直播演播系统是专为演播室提供的网络化节目播出解决方案，通常需要该系统与新闻文稿、节目制作系统形成无缝连接，真正实现媒体节目的网络化、数字化与流程化的制作播出。新闻节目直播演播系统需要支持多路高清通道同时控制、串联单一体化连播、基于集群服务器的共享演播室等多个重要的系统功能，且在系统安全方面，演播室系统应采取多重安全设计，保障元数据信息、数据迁移、节目素材、播出切换控制等关键环节的高度安全。

演播室视频播出专用设备通常采用双节点架构，内部两个节点作为数据消费者的同时也作为数据提供者，互为热备；该款播出设备实现了磁盘数据的冗余互备，保证部分磁盘损坏时播出不受影响，并且对磁盘的修复速度也是极为迅速，与此同时，视频播出专用设备节点与播控专用设备一起构成播出设备及播出控制交叉热备的高安全构架，使得系统单点故障存在的可能极小，确保了播出安全，设备架构示例如下图 4－28 所示。

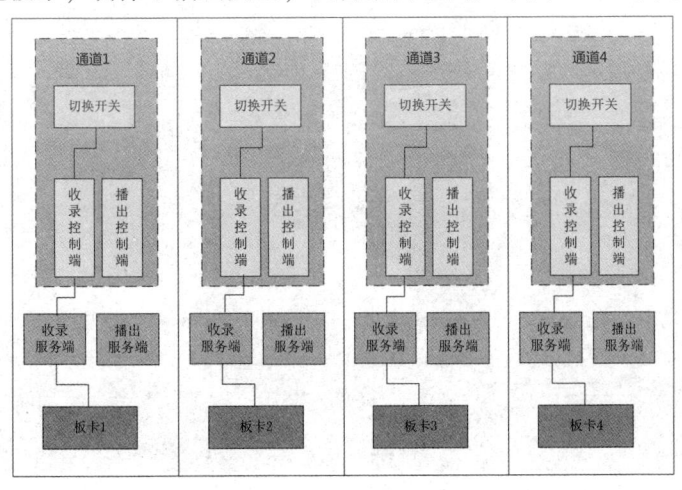

图 4－28　演播室通道示意图

视频播出专用设备集合高级媒体文件系统、最新软件编解码引擎、专业级视音频 I/O 板卡等多种新技术成果于一体。专用媒体文件系统可根据实际情况提供基于单以太千兆接口达到 800Mbps 的读写速度进行实时播出，同时能够以 8 倍速及以上的素材迁移速度到播出服务器本地，该视频播出专用设备是文件系统与磁盘管理系统的统一。

4.12 直播类节目拆条

视频直播节目拆条在直播节目制作流程中具有重要作用，该功能能够将直播信号输出流进行快速碎片化、拆分和进行提交，可实现边采边编边播，不需要安装任何插件就可直接进行拆条编辑。直播节目进行拆条后，能够作为新媒体素材进行编辑，因此直播类节目拆条功能能够帮助融媒体平台快速高效地进行互联网新媒体编辑。

视频直播拆条通常支持智能识别能力，能够在拆条的过程中实现片段识别、广告识别及片头片尾识别标注，辅助拆条人员快速实现视频拆条，以索贝公产品为例，功能界面示例如图 4-29 所示。

图 4-29 拆条界面示意图

第 5 章
融媒体节目整备系统设计

节目整备通过全台统一节目代码管理和节目播出准备流程管理向播出系统等传输平台提供电视节目文件化送播服务，是电视台实现电视节目播发的重要业务系统技术支撑平台。节目制作人员在节目备播平台上主要完成节目代码管理、节目单编排、成品节目上传、重播节目审看、节目编播审核、节目送播及节目备播媒资管理等方面工作。

节目整备作为融媒体云平台的一部分，可充分利用云平台虚拟化技术，实现计算和存储资源的高可用性，为节目整备提供数据和业务的核心支撑。可通过开展云平台的能力建设，为节目整备平台提供节目文件的导入、转码、MD5 校验、技审、存储、迁移等一系列功能服务，建立节目整备平台统一的节目代码管理机制及电视节目文件化传输校验、节目编排和播出串联单编制等审核机制，实现节目计划制定、节目代码申请管理、节目单编排、广告单编排、成品节目上载、广告上载、节目备播和送播业务流程的统一管理，使节目整备平台能自动有序地将播出节目素材向播出二级存储分发，完成电视节目的网络化文件化备播，实现节目生产从制作系统到播出系统的全流程管理，实现与内容汇聚、融合生产、内容管理等平台的互联互通和信息共享。

5.1 整备系统总体架构

融媒体节目整备基于云架构，在融媒体节目生产平台中台上，通过对私有云平台前台业务进行规模扩展和能力提升，提升融合节目生产平台资源池能力，使节目整备融入融媒体节目生产平台业务层。融媒体云平台的节目整备要求从数据源设计出发，围绕媒体文件、元数据信息、业务缓存文件为出发点，对底层数据存储和组合方式进行全面调整。按实际建设经验，融媒体节目整备云平台推荐采用分布式的流程设计，去中心化，在现有基础架构上，实现媒体资源、媒体数据、业务数据分散存储，这就要求应用层部分软件需要重新设计、编译以满足电视台长远业务发展需求，改造后完成融合节目生产平台按照不同建设思路形成不同网络拓扑。总体架构如图 5-1 所示。

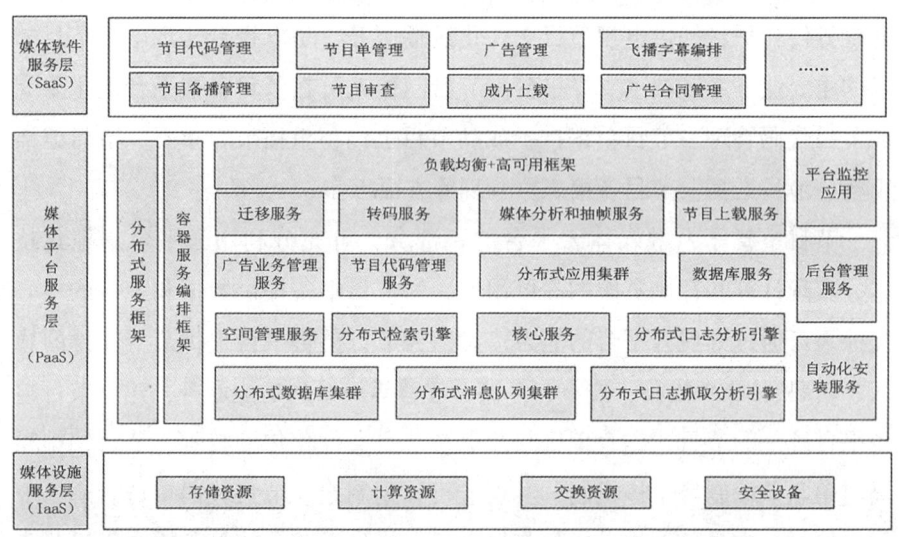

图 5-1　节目整备总体构架示意图

5.1.1　基础资源准备

针对融媒体云平台的整备对基础资源提出了新的要求：

(1) 计算资源：需要基于现有云平台进行计算资源扩容；

(2) 交换资源：更换备播系统网络架构，融入融合节目生产平台网络架构，同时更换融合节目生产平台交换机，推荐平台具备 40GB/25GB 端口用于上联或与存储相连，下联采用 10G IP 交换协议；

第 5 章 融媒体节目整备系统设计

（3）存储资源：应满足频道播出的具体要求。

建议采用下述方式进行存储设计：

为提高存储资源的利用效率，整体存储架构推荐采用在线与近线相结合的方式，采用磁盘阵列与数据流光盘库结合的方式实现媒体文件的分级存储。数据流光盘库是节目整备系统播后归档节目长期保存的存储设备，具备长久保存价值的节目将归档到光盘库上，当重播需要用到已播节目时再迁移回节目整备系统在线盘阵上，供重播使用。

节目整备系统在线与近线存储之间的素材迁移相对于节目整备系统与其他业务系统（制作、播出）之间的迁移有较大的不同之处。在线存储与近线存储之间的迁移通常称之为归档/回迁，由归档服务器执行该操作。归档服务器既要读写媒资盘阵又要读写 ODA 光盘库的驱动器，虽然传输链路均采用 FC 连接，通过 FC 交换机实现链路交换，但这两种存储设备的运行协议有较大差异，比如对磁盘阵列读写，HBA 卡（HBA 的常规定义：就是连接主机 I/O 总线和计算机内存系统的 I/O 适配器）上需要绑定在线存储文件系统的文件协议，对光盘库读写则需要在 HBA 卡上绑定 SCSI 传输协议。以教育电视台实际工程为例，为了提高归档服务器的传输效率，我们在归档服务器上采用双 HBA 卡，分别绑定不同的协议以支持对盘阵和光盘库的访问。经过教育电视台大量的工程实践，证实该方式能够实现最好的播后归档读写效率，如图 5-2 所示。

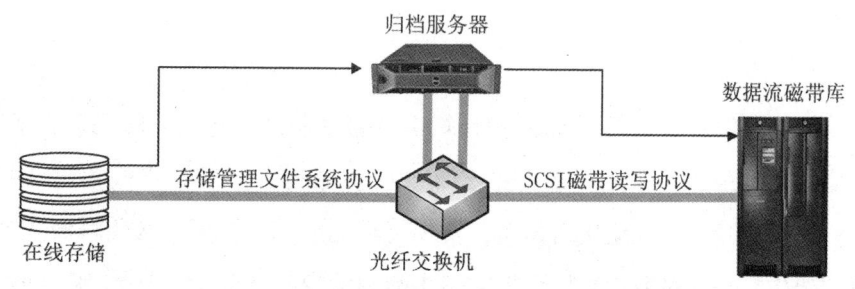

图 5-2 归档服务器连接示意图

在此方案中高码率在线存储设计有效容量为260TB，可存储高清节目（50Mbps播出格式）10000小时以上。近线存储设计有效空间为747TB，可存储高清节目（50Mbps播出格式）29800小时以上，并且可以通过ODA光盘离线、插入新空白光盘介质的方式，实现存储容量的无限扩容。

5.1.2 服务能力准备

融媒体云平台的内容整备应基于现有融合节目生产平台的媒体服务平台进行融合。媒体服务核心引擎要求由数据引擎、计算引擎以及业务引擎、分布式调度框架、基础管理服务组成。对上需要满足本次各类站点等业务的接入，对下需要实现底层资源与业务的适配，同时自身还要具备一系列媒体业务的支撑能力，以本台实际建设经验应包括以下几个部分：

1. 内容的统一管理

内容的统一管理要求内容的集中处理（转码、抽帧、迁移等），业务流程统一管理和驱动，面向业务的统一用户管理及权限管理，面向媒体业务的应用工具集管理，以及采用分布式框架，具备持续提供高可靠公共服务的能力。

2. 数据引擎

数据引擎要求提供基础元数据、音视频数据、业务数据以及文档、图片、关系等数据的统一化存储、检索和管理，满足海量数据存储和访问需求。

3. 计算引擎

计算引擎层要求提供标准化计算引擎管理服务，包括：转码、合成、智能处理等服务；采用全对等的分布式计算架构，实现计算规模灵活扩展；采用全开放标准化接口体系，实现工具无缝接入；可引入集群流式计算的架构，实现对海量媒体数据和日志数据的挖掘和分析。计算引擎通过一系列微服务的部署，提供系统空间管理、访问控制、数据建模、业务建模、流程驱动、媒体处理等一系列平台公共服务。

4. 业务引擎

业务引擎要求以微服务架构容纳业务应用服务,为平台灵活扩充业务能力;要求支持采集、处理、制作、审核等业务流程;支持业务流程的灵活定制和配置。同时要求满足"流程化"到"碎片化"的不同工作模式。

5. 分布式调度框架

要求提供开源的分布式应用程序协调服务,即包含一个简单的原语集,分布式应用程序要求基于它实现同步服务、配置维护和命名服务等。

6. 基础管理服务

在以数据为中心的环境下,内容存放在统一的资源池之中。要求既能满足不同用户之间素材共享的需求,也能控制一定的访问权限,同一内容还能被多个用户所引用。提供数据引擎管理工具。提供容器管理服务,实现平台服务运行期的隔离和自动部署。提供系统接入的所有系统配置。

7. 数据库

数据库必须在文件存储、键值存储、文档存储等技术的基础上,至少具备分布式文档存储数据库、关系型数据库管理系统、分布式解决方案和分布式搜索引擎等多种技术,实现融合内容的分布存储、高效访问和性能伸缩。

(1) 写入数据时:要求数据被分成若干个数据块存储在不同的节点上,同时生成副本集备份到至少 3 个节点上。

(2) 读取数据时:要求当数据块服务器掉线或故障时,若副本集的存储节点过半存活,存储系统中的备份数据仍能进行读写操作;若副本集的存储节点未达到过半存活,则可以根据存活节点的备份信息恢复数据达到过半存活条件,实现继续进行读写操作。

5.2 系统总体流程

节目整备系统作为云平台下融媒体节目生产和播出分发一体化流程的

纽带，控制制作网内自制节目、文件化成片节目，实现跨系统网络化迁移和送播，完成整备系统内包括电视剧、广告等成片在内的全部节目上载、备播存储及送播。备播系统业务流程主要包括节目代码管理流程、节目单编排流程、节目上载流程、节目审查流程、节目整备流程、节目送播流程、播后节目归档流程等（具体流程后续会逐一讲解）。备播系统总体业务流程如图5-3所示。

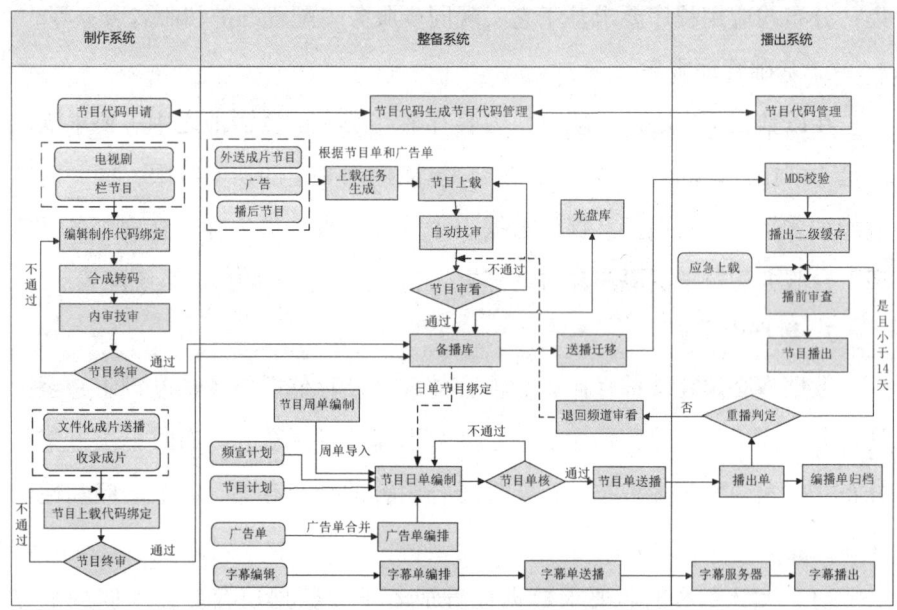

图5-3　备播系统总体业务流程图

整备系统为制作系统、播出系统提供节目代码的统一发放管理工作，确保文件化送播流程的唯一性、准确性。台内每日自制节目、外购文件化节目、磁带介质成片节目、广告节目等均通过整备系统完成节目的统一管理、编单、绑定节目，以实现全台统一节目送播业务，确保播出系统安全。

5.3 主要业务模块功能

融媒体云平台的节目整备采用模块化的组成,包括节目单编辑、上载审核、在线存储区、近线存储区、节目整备和送播、数据库管理、应急直通、重播重审、监控管理、系统管理和系统应用等功能区域组成,如图5-4所示。

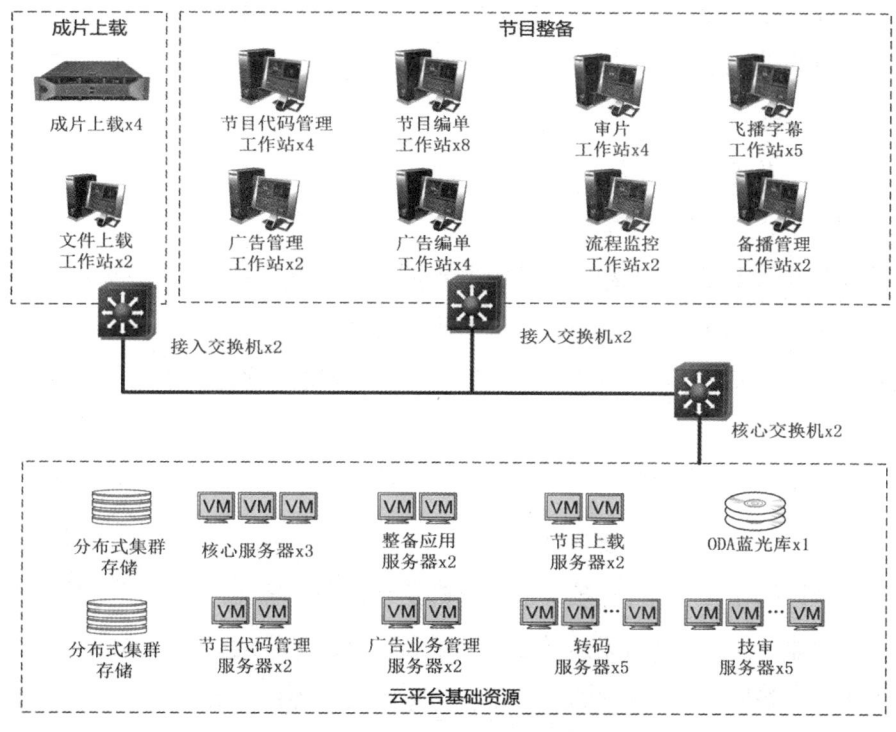

图5-4 整备系统拓扑结构示意图

1. 节目单编辑区

节目单编辑区包括节目代码管理工作站、节目编单工作站、广告管理工作站、广告编单工作站。节目单编辑区主要承担节目代码申请管理、节目单编辑审核和节目整备管理等工作。(各工作区详细功能将在后面章节

逐一介绍）

节目代码申请管理包括节目代码逐一申请或批量申请、审核、修改、删除等功能。同时负责为融媒体制播系统、节目整备系统等提供节目代码。

播出节目单编排和节目整备管理的主要功能是结合节目代码管理、节目编排、广告编排，编制各频道节目日单和广告日单，并且完成相关规定报表的输出打印。播出节目单编排以节目日单进行导入、修改，能够实现广告节目日单的编辑、合并，制成待审播出节目串联单后，进行备播、审核及送播。同时在节目单编排区可依据节目日单编排各时段飞播字幕内容，送到播出系统字幕播出设备接口。

2. 上载审核区

上载审核区由成品节目上载工作站、广告上载、节目下载工作站、节目审查工作站组成，上载审核区的主要工作是将成片节目、电视剧和广告等非网络备播的节目，通过录像机上载的方式采集到整备系统节目上载存储区，进入节目备播环节。上载审核区内同时可以完成成品节目的下载工作。

3. 监控管理

监控模块用于对系统进行7×24小时的全面监控，提供IT系统的性能监控、性能分析、故障监控、故障分析及定位和配置文件的管理、报表分析等功能，保证系统日常运维工作的顺利开展，提升运维工程师的网络管控水平，降低管理层的日常工作量，为运维人员提供可靠的数据依据。要求提供故障信息自动归集功能，具有拓扑图、业务视图、IP–MAC绑定、配置文件管理、真实面板图、报表、资产管理等功能。

4. 在线存储区

在线存储区由在线存储设备、存储管理服务器和存储访问服务器等组成。在线存储是用于满足高标清频道网络化制作节目的备播、非网络化播出节目的上载、广告上载、重播回调、两年低码流文件在线浏览等业务的存储设备。为保证播出数据的安全，整备系统应使用两个独立的在线存储以达到物理级主备和业务级主备。

5. 近线存储区

近线存储区由近线存储和归档服务器组成，近线存储是整备系统用于长期保存播后归档节目文件的存储设备，当重播/节目交流需要用到某些已播节目时，可从近线存储回迁到节目整备系统在线存储上。

6. 数据库管理区

数据库管理区由整备系统主备数据库服务器及应急数据库服务器组成。数据库服务器负责元数据信息管理，数据库管理区可实现对系统数据库的管理及数据备份。应急数据库服务器可以快速同步方式，实现即使集群损坏，也能快速切换到此台数据库服务器上，数据丢失窗口小于10分钟。

7. 应急直通区

应急直通区的作用是在传输系统故障的情况下，可以实现制作系统跟整备系统的直接连通，直接将做好后的成片节目推送到节目整备系统。

8. 系统管理区

系统管理区包含域控、系统监控和防病毒等公共服务，可对整备系统内的用户权限进行管理，对整备系统业务流程进行监看。

9. 系统应用区

系统应用区的作用是支撑各业务模块运行。系统应用区由多台服务器组成，分别承担系统内节目代码管理、自动技审等业务的后台服务。

5.3.1 节目代码管理

节目代码是用于确定一条节目的唯一标识。节目代码作为电视台节目的唯一标识，关联着诸如节目名称、拟播日期、播出频道、播出时长、播出类型等信息。在电视台，节目代码可控制节目生产、审查和播出整个环节，可用于节目单编排和节目资源的使用管理。节目代码由节目生产计划管理模块根据一定的规则自动生成。节目生产计划管理模块是电视台制作生产播出节目的源头,该模块可提供节目代码的生成、请求和查询功能,并可对外提供节目代码查询服务,供制作和播出等系统调用。节目生产计划的创建可由总编室统一管理,也可以由节目制作部门自行管理。

表5-1 节目代码管理功能描述

模块功能	功能描述
节目生产计划管理模块	提供节目生产计划增、删、改功能,并且支持快速新增(选择一条存在的节目为模板)、新版本(支持同一个节目的不同版本)的功能。需要提供对节目名称的唯一判断,不允许添加重复的节目,并且对节目不能进行彻底删除,必须能够查询到已删除的历史记录
节目代码生成	通过一定的规则生成唯一的节目代码标识,用于在各个外围系统间进行数据交互
节目送播	将节目文件发送到播出系统,为后面的节目播出做好准备
节目状态更新	完成对节目备播状态、内审状态、技审状态、送播状态的更新,对外提供的Web服务,由外围相关系统进行调用
节目强制打回	先通知制作系统该节目被打回重做,然后通知备播媒资(DCMP)清除该节目的元数据。当通知制作系统失败而通知DCMP成功时,则也能打回通过,这时要人工通知制作网
节目查询服务	为外围系统如制作系统、播出系统提供节目代码查询服务
节目代码自定义	提供按照不同规则定义节目代码的功能,节目代码实质上就是一堆字符串的排列组合,主要是为了保证其唯一性,并且能够通过代码体现出该节目的一些相关属性,如频道、栏目等。对节目代码的自定义并不是用户随时都可以修改节目代码的生成规则,一般对一个电视台来说只要其规则定义好后就不会随意更改

1. 节目代码的申请

节目代码可在节目生产计划管理模块中申请。节目代码是节目播出、节目管理、节目整备、节目统计以及其他相关数据分析的基础。同时，也是实现节目单与视音频文件关联的依据，整备系统为制作系统中的节目分配统一的、唯一的节目代码和广告宣传时段代码。如图 5-5 所示。

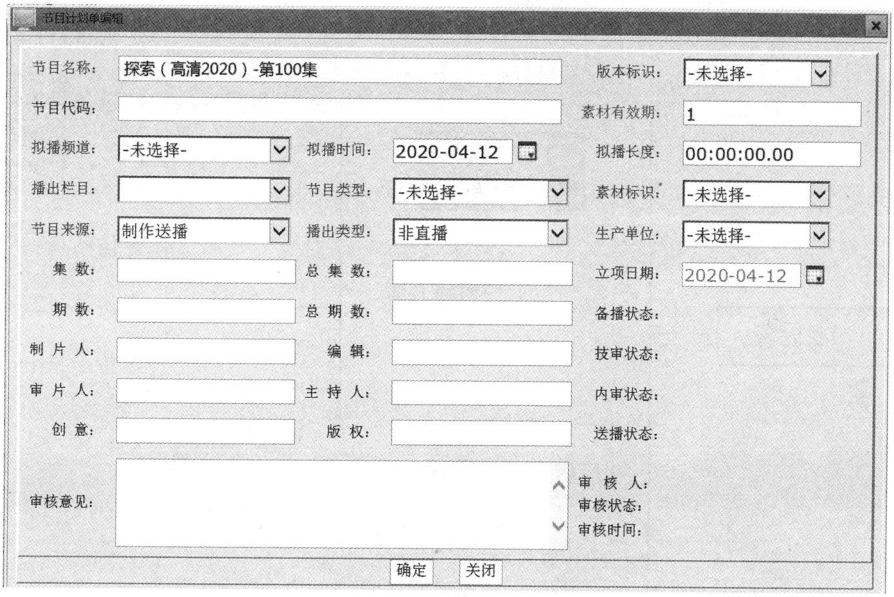

图 5-5 节目代码编辑示意图

2. 节目代码的类型

节目代码控制着整个节目生产环节，可用于节目编排、资源使用跟踪。所有用于播出的节目都需要一个唯一的节目代码。节目代码分普通节目代码和宣传/广告节目代码。不同的节目类型，具有不同的节目代码类型。

普通节目代码：是一个节目时段中播出的节目代码，在一个节目时段中一个节目可能由不同的节目段组成，但都对应一个普通节目代码。此类节目包括电视剧、专题节目等。此代码由节目整备系统根据普通节目代码规则产生。普通节目代码是指各节目制作部门向总编室申报节目播出选题计划，审核通过后可获得普通节目代码。首播节目在节目选题计划申报过程中统一分配普通节目代码。重播节目如无修改可直接采用原有节目代码，如有修改则必须重新申请节目代码。

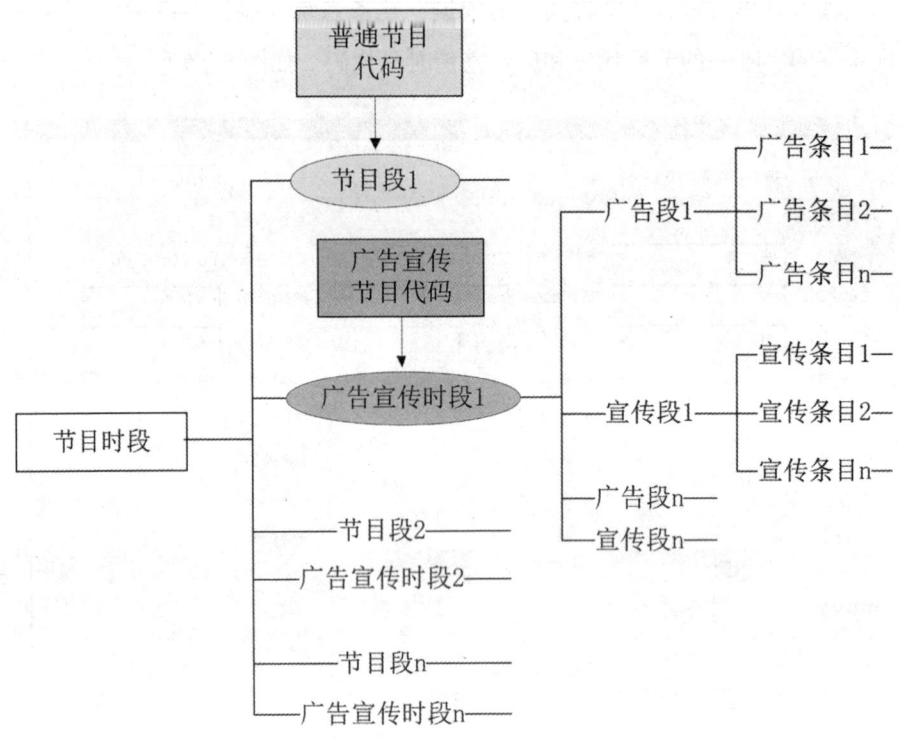

图 5-6 节目代码类型示意图

宣传/广告节目代码：是一个节目时段中宣传/广告节目时段所对应的代码，在一个节目时段中可能包含多个宣传/广告时段，并对应不同的宣传/广告节目代码。此类节目包括节目宣传、频道宣传、大型活动宣传、广告等。此代码由节目整备系统根据宣传/广告节目代码规则产生。获得广告部、总编室认可的广告/宣传播出方式，可获得广告/宣传节目代码。

3. 节目代码的生成规则

节目代码用于标识一个具体的播出节目，主要有两个特点：一是具有全局唯一性，二是生成规则不固定。从本质上讲，节目代码就是一串具有一定规律的字符串组成，我们称之为代码元素，这些代码元素的数量、长度在各个电视台的要求可能会不一样，但只要这些元素的长度和组合方式一旦确定就不会轻易更改，因此对任何一个电视台，我们只要定义好其代码元素的长度、数量以及组合方式，就确定了其节目代码的生成规则。

普通节目代码示例：电视台普通节目代码由以下部分构成，如表 5-2 所示。

表 5-2 普通节目代码构成

序号	节点	长度	说明
1	首播频道	2位	数字表示 0—9
2	栏目	4位	数字表示 0—9
3	版次	1位	A 表示早版，B 表示午版，C 表示晚版
4	随机数	8位	数字表示 0—9
5	拟播时长	6位	按 00H：00M：00S
6	节目字母缩写	8位	采用汉字拼音首字母（如新闻 30 分输出为 XW30F000，不足 8 位填 0，超过 8 位截断）
7	子序号	3位	数字表示 0—9

该节目代码总共为 32 位字符。节目代码生成例子：

(1) 1 频道频道代码为 01

(2) 足球栏目栏目代码 0001（总编室单独作为一个栏目）

(3) 午间版版次代码 B

(4) 基于 ID 随机数 0000000002

(5) 拟播时长 25 分钟 30 秒，拟播时长为 002530

(6) 节目名称《足球大看台》，那么节目名称为 ZQDKT000

(7) 子序号表示期数和电视剧集数等此时为 256

按照以上规则整个节目代码为：（频道+栏目+版次+基于 ID 随机数+拟播时长+节目字母缩写+子序号）010001B00000000022530ZQDKT000256

4. 节目代码管理流程

节目整备系统承担电视台节目代码生成及管理工作。节目整备系统为制作系统中的节目分配统一的、唯一的节目代码和广告宣传时段代码。该代码是节目管理、节目制作、节目整备、节目播出以及其他相关数据分析的基础。节目代码管理贯穿节目的整个文件化制播流程，所有用于播出的节目都需要一个唯一的节目代码。节目代码是实现节目单与节目视音频文件关联的唯一依据。

节目代码管理包括节目代码批量或逐一申请、审核、修改、删除等功能。节目代码的申请、信息的变更以及使用的管理模式，将直接影响到节目的正常制作和播出。节目代码管理模块负责为制作系统、节目整备系统等提供节目代码。节目代码管理模块需要与制作系统节目代码模块、播出系统等网络进行对接，以实现在节目制播环节对代码申请、绑定的统一管理。如图5-7所示。

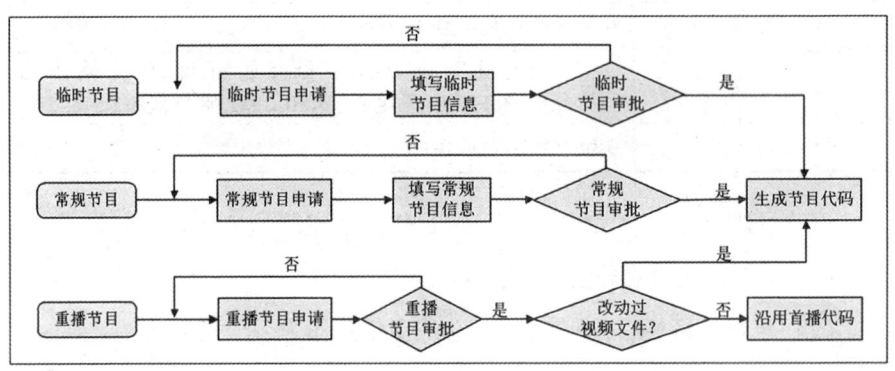

图5-7 节目代码生成流程

节目代码的申请由总编室统一发放管理。节目代码分为临时节目、常规节目、重播节目三类。临时节目和常规节目均需要申请新的节目代码；重播类节目，当不存在视频文件改动时，继续沿用首播的节目代码，如果更改过视频文件，则需要重新申请新的节目代码，作为新的节目条目使用。

节目代码的产生流程分为两种：一种是总编室根据台节目规划，批量生成节目代码；另一种是由节目组分别进行申请，经总编室审核通过后，按照规则手工产生。总编室可根据需要给予频道主要领导一定的发放权力，以快速地安排节目生产。节目合成后，与节目代码和节目属性一起传送到总编室，总编室判断节目代码的合法性通过后，即可进入编单流程。

整备系统提供有节目代码查询接口，制作系统可以通过调用该接口从总编室整备系统获取节目代码，从而实现在制作节目时就可以与节目代码进行绑定，从源头就可以依据节目代码进行流程管理。未来台内新的系统也可以通过该接口获取节目代码信息。

5.3.2 节目单管理

节目单管理主要承担节目代码申请管理、节目单编辑审核和节目整备管理等工作。播出节目单编排的主要功能是结合节目代码管理、节目编排、广告编排，编制各频道节目日单和广告日单，并且完成相关规定报表的输出打印。播出节目单编排以节目日单进行导入、修改，并进行广告节目日单的编辑、合并，制成待审播出节目串联单后，进行备播、审核及送播。并可依据节目日单编排各时段飞播字幕内容，送到播出系统字幕播出设备接口。参见图5-8所示。

图5-8 节目单编排界面示意图

1. 节目单总编排流程

节目单编排分为节目播出单编排、播出节目串联单编制两个业务部分。节目播出单中包括节目日单及广告节目日单，由频道完成编排，并且完成节目播出单的输出打印。播出节目串联单编制，是在备播系统内，能够与广告节目日单内容无缝合并，最终形成播出节目串联单，供整备、送播、播出使用，播出节目串联单可打印为带有编制版本号电子报表，供流转签批使用。

频道节目播出单可根据周节目单模板、各栏目周计划以及历史日节目单等进行编排。在节目周单编排审查通过后，进入播出节目串联单编制流程。对于紧急节目调整的情况，需调整后重新进入播出节目串联单编制流程。

播出节目串联单由审查后的频道播出节目日单和广告节目日单合并而成。在进行节目日单编制时，可依据节目代码查询总编室节目库，提取节目准备信息，进行备播，系统根据节目和节目代码的绑定关系，自动建立节目日单与节目视音频文件之间的对应关系，完成待审播出节目串联单。审查通过后，发送到播出系统，进入节目播出流程。播出节目串联单流程与节目备播流程相关联，播出节目串联单编制过程中，能实时查询节目备播状态和视频内容。具体流程如图5-9所示。

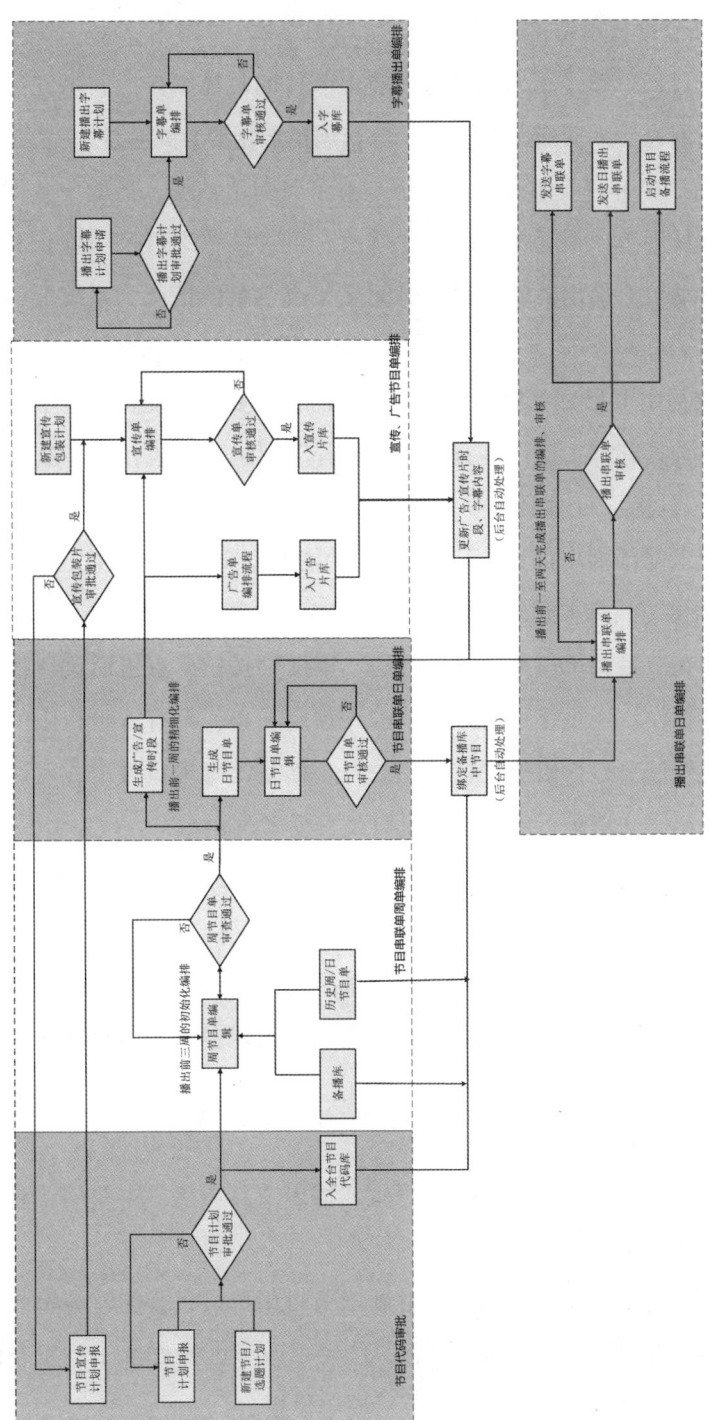

图 5-9 节目单编排流程示意图

2. 播出节目日单编排功能

播出节目日单编排用来完成每天播出节目的具体编排。新增空播出节目日单，可通过导入对应节目模板、节目周单数据等方式建立。

（1）在播出节目日单编排中，可查看节目周单数据、播返单数据，可选择播出节目周单或播返单进行对比修改，可对整单进行逻辑检查和时间优化。可自动校对播出时间，对于时间交叉或空余的情况，系统能够做出提示。

（2）在播出节目日单编排右键菜单中需包含如下功能：打开节目数据库进行节目选择和绑定操作；查看当前选择节目的插播点信息；查看当前选择节目的节目生产计划信息（预编排信息）；查看当前选择节目的节目生产过程记录（即播出信息）；其他辅助功能根据实际业务二次深化设计。

（3）播出节目日单送审能够根据需要查看节目单审批记录，具有审批权限的用户在节目日单送审后可以看到"审批"按钮，点击后进行播出节目日单审查操作。经过终审后节目单进入锁定状态，具有审批权限的用户无权对已终审的节目播出单进行解锁。经备播系统管理员批准，可对已终审的节目播出串联单进行解锁，并可对其反复修改。

（4）具有对拟播出节目插播点信息的修改和补录功能，可修改描述文字内容，可增加、删除、修改节目中的插播点。

（5）能够根据重播周期规则对重播节目按照系统默认审查时限进行判定，超出审查时限的节目能够做出重播重审的确定提示。用户确认后，方可进行编排操作。

3. 播出节目周单编排功能

（1）根据播出节目日单的编排可生成播出节目周单，主要用于查阅及打印审批报表使用。

（2）周播出节目单模板功能能够新增节目周单模板，能够编辑或发布当前操作用户未发布的节目周单模板，能够修改当前操作用于已发布的节目周单模板，可将节目周单保存为节目周单模板。

（3）周播出节目单可通过模板新建，导入历史节目周单，直接新增或直接进入节目周单编辑模式，进行节目周单编排。

（4）周播出节目单编排中可插入空的新时段和空的节目，可选择节目数据库中的节目和周播出节目单上的节目进行绑定操作。

（5）可以生成新的节目周单版本，可将当前节目周单另存为方案数据，可以管理当前节目周单的方案数据。

4. 播出节目串联单编制功能

（1）播出节目串联单编制是频道节目单编排的深度精细化工作，播出节目日单与广告节目日单合成为当日播出节目串联单。

（2）播出节目串联单用于总编室节目整备审核。生成的播出节目串联单原则上不做内容修改，但是在具体时间微调、加入"请您欣赏"等处应可做必要的调整。

（3）对于高清节目、标清节目、直转播节目、重播节目，应在列表中有明显标志，以利判别。

（4）系统可自动校对播出节目串联单内各节目的播出时间，对于时间交叉或空余的情况，系统能够做出提示。

（5）播出节目串联单审查通过后，发送至播出系统，已发送的终审后播出节目串联单将进入锁定状态，具有发送权限的用户无权对已发送的终审后播出节目串联单进行解锁。经备播系统管理员批准，用户可对已发送的终审后播出节目串联单进行解锁，并可对其反复修改和重新发送。

（6）播出节目串联单可以打印，并可导出 Excel 电子表格，供签字流转使用。

5.3.3 节目上载

整备系统的节目上载是完成节目数据化和入备播库过程，主要用于高、标清成品节目的上载，同时也承担高、标清备播节目的审片和下载工作。整备系统的节目上载分为成品节目上载和广告上载两类。成品节目上载是指根据播出节目日单审重后产生的成品节目上载任务,通过总编室高清节目整备系统上载站点进行磁带方式的上载。节目上载时,会将节目文件及相关元数据信息存入总编室高清节目整备系统缓存,并将任务推向审核环节;广告上载是指根据广告业务编排单产生广告节目上载任务,提取广告节目带,上载后进行广告播出单制作,进入备播流程。

5.3.4 节目审查

节目审查是节目备播流程中的重要组成部分,节目审查包括内容审查和技术审查。内容审查是检查节目的内容是否符合播出要求;技术审查是检查节目技术指标是否符合播出要求。

备播库的节目文件来源于跨系统的备播流程及总编室上载,通常从制作系统迁移到整备系统备播库的节目,可选择由相关部门人员进行内容审查及技术审查操作,与节目播出单实现绑定,节目播出单审核通过后,生成最终的播出节目串联单发至播出,节目文件根据该播出节目串联单编排计划,方可迁移到播出域;从总编室高清节目整备系统上载的成品节目,总编室上载人员应能对节目进行技术审查和内容审查,通过审查后,节目文件根据播出节目串联单编排,方可迁移到播出域,如果未通过审查,节目将返回重新进行上载。

当节目文件通过上载或跨系统备播流程发送到总编室高清节目整备系统后,需要在系统审查界面中对该条节目进行审查。审查的内容包括技术审查和内容审查,审查工作站可对节目进行自动技审。

1. 节目内容审查

节目内容审查是由审片工作站完成。节目内审的内容有检查节目代码是否正确,检查节目素材在申请、制作环节填写的元数据信息是否正确,检查播出的内容是否满足相关政策法规,并考虑该节目的社会影响,决定该节目是否通过审查。审查工作站可根据节目代码查看该节目代码相关的

第5章 融媒体节目整备系统设计

信息。节目通过审查后在必要时支持返回内审环节再次内审,同时手动删除备播库内容,重新入库。节目通过内审以后可以根据手动送播命令或自动送播策略完成节目送播。

2. 节目技术审查

技术审核的结果作为该节目的元数据之一提供给节目审查人员作为审核参考。系统对存在质量问题的节目进行警示标识。系统提供自动技审功能,用于辅助审查人员对节目指标进行审查,技审完全自动化,无需人工干预,技审技术指标有黑场、彩条、单色、雪花场、色彩丢失、静帧、亮度超标、色度超标、RGB 超标、音频静音、音量超标、音频削波等。所有技术指标均可以人工设置,技审结果可以在内容审核中查看。

3. 重播节目审查

将敏感信息识别节目音频响度检测、自动技审等功能接入重播重审系统中,当备播库中的节目触发重审业务要求后,系统将根据播出系统的接口调用请求,自动产生重审任务,也可以手动在整备系统中发起重播重审请求。重审任务结束后,将审查结果通过相关接口反馈,并更新审查日期。重审通过的节目,将通过送播流程迁移到播出系统二级缓存。没通过重播重审的节目可以选择将素材退回制作平台修改。如图 5-10 所示。

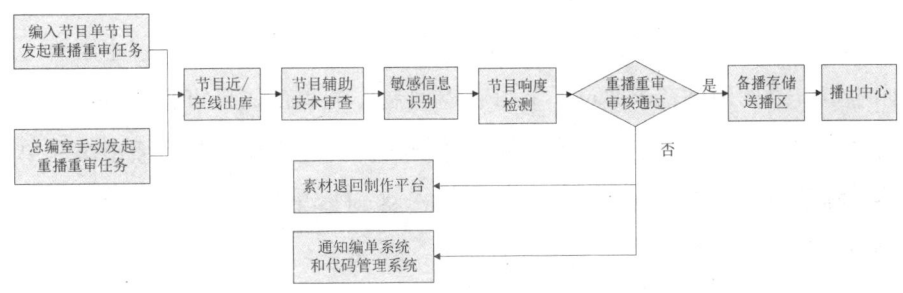

图 5-10 节目重播重审流程示意图

5.3.5 节目备播

节目备播是节目整备系统管理各类节目送播的关键业务流程。

节目备播可对所有送播节目进行转码后的审查，根据需要，可进行内容和质量的审核，通过后台系统自动进行送播，在节目迁移到备播资料库后，可将节目准备信息写入总编室备播数据库；可直接通过频道节目串联单，读取备播库中的备播节目，进行节目审看，审看通过后，备播节目可通过送播流程迁移到播出域，配合播出节目日单完成节目送播工作。节目总备播流程如图5-11所示。

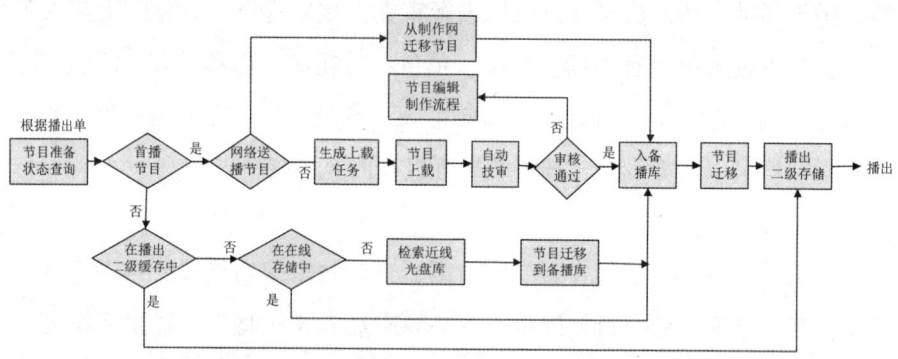

图5-11 节目备播流程示意图

节目送播流程从节目准备状态查询开始，首先判断是否是首播节目。对于首播节目，如果采用网络送播（制作网送播节目），则从制作系统在线存储迁移到节目整备库；如果是成品磁带节目或者广告节目，则根据播出节目日单生成的上载任务完成节目上载；之后可对节目进行技术审查与内容审查，如果审查未通过，节目将返回制作流程；如果审查通过，节目直接将被存入在线节目整备库，播出系统根据经过终审的节目播出串联单将待播节目从节目整备库提取出来，迁移到播出二级存储，完成节目播出。

对于重播节目，由播出系统查找节目所在位置，当发现重播节目不在二级播出缓存内时，则从总编室备播库迁移到播出域。重播节目在节目播出编排时，系统可根据设定时限自动提示是否需要重播重审，操作员确认后方可进入备播环节。

1. 自制类节目送播流程

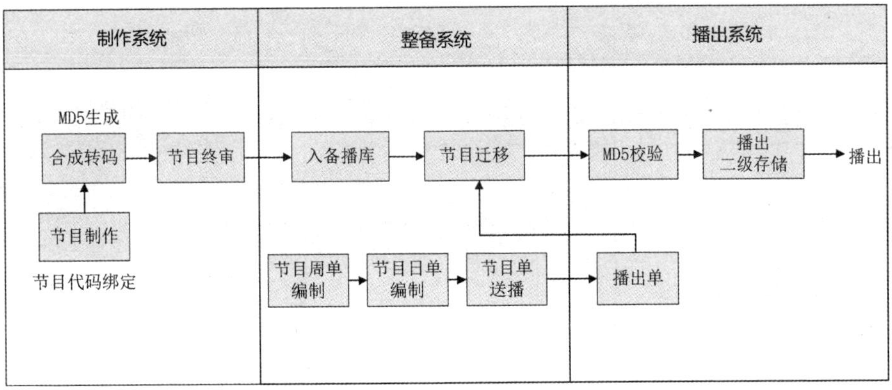

图 5-12 自制节目送播流程

流程说明:

(1) 记者或编辑在制作系统对节目进行编辑;

(2) 节目制作完成以后提交审查,后台自动由合成服务器合成得到播出格式文件,同时生成 MD5 码;

(3) 合成完成后,主编和值班领导在制作系统的审片工作站上进行审核;

(4) 终审通过后,记者或编辑向节目整备系统提交节目,节目整备系统根据节目代码库审核是否准许该节目入库,若审核通过,平台会将制作系统合成的播出格式节目文件和元数据信息迁移到节目整备系统,并在通过 MD5 校验后,入节目整备系统备播库;

(5) 播出系统根据收到节目整备系统传送的播出串联单,将对应节目迁移至播出节目二级缓存,在通过 MD5 校验后,入播出二级库。

2. 文件化节目送播流程

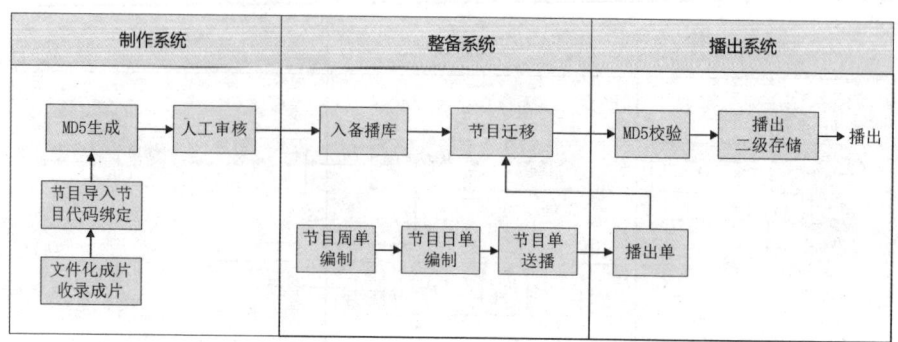

图 5-13　文件化节目送播流程示意图

流程说明：

文件化成品节目直接在制作系统以播出格式进行导入；导入完成后，绑定节目代码，借助制作类节目送播流程，在通过自动技审及人工审查后，生成 MD5 码，送入节目整备系统备播播出系统根据收到节目整备系统传送的播出节目串联单，将对应节目迁移至播出节目二级缓存，在通过 MD5 校验后，入播出二级库。

3. 成品节目送播流程

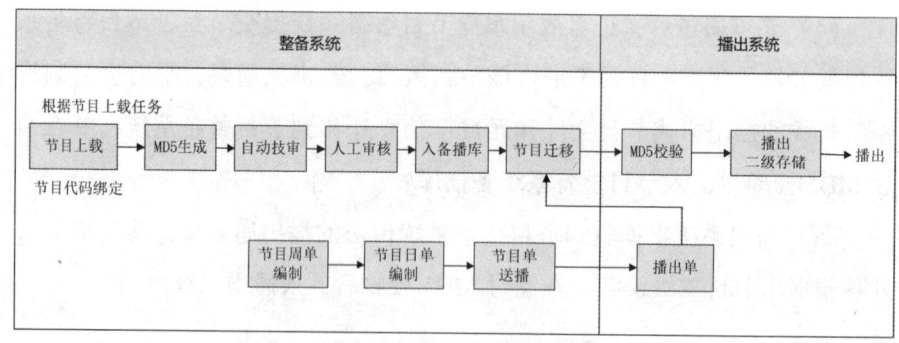

图 5-14　成品节目送播流程示意图

流程说明：

节目整备系统根据节目日单制定成片节目上载任务。节目上载人员根据上载任务通过节目整备系统工作站进行节目上载，上载完成后生成 MD5

第5章 融媒体节目整备系统设计

码,在通过自动技审及人工审查后入节目整备系统备播库;播出系统根据收到节目整备系统传送的终审后的播出节目串联单,将对应节目迁移至播出节目二级缓存,在通过 MD5 校验后,入播出二级库。

4. 广告节目送播流程

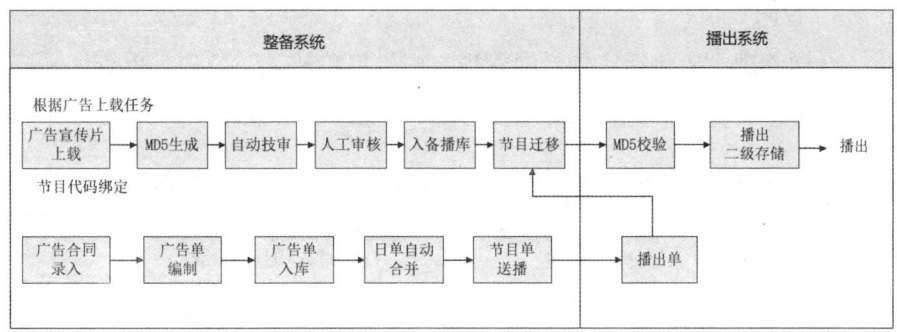

图 5-15　广告及宣传片送播流程示意图

流程说明:

广告节目日单编制在广告合同管理子系统中完成,编制完成后,将广告节目日单推送到节目整备系统;节目整备系统将广告节目日单与节目日单合并。节目整备系统可根据广告单产生广告节目上载任务。上载人员可根据上载任务通过节目整备系统上载工作站进行广告节目上载,上载完成后生成 MD5 码,在通过自动技审及人工复审后入节目整备系统库。播出系统根据收到节目整备系统传送的终审后的播出节目串联单,将对应广告节目迁移至播出节目二级缓存,在通过 MD5 校验后,入播出二级库。

5.3.6　飞播字幕的编排

飞播字幕的内容根据播出节目日单中播出时间和节目名称进行内容编排。飞播字幕编辑软件能够实现每档节目、指定时段的飞播内容和播出时间编辑、锁定,支持传输飞播字幕数据至在线字幕服务器,实现远端调用字幕信息功能。系统会依据节目编播单实现飞播字幕的编排,编辑完成提交播出系统,后台自动将飞播字幕信息推送到播出系统字幕服务器,字幕服务器根据飞播字幕完成自动播出。

5.3.7 广告合同管理

广告合同管理系统作为整备系统的子系统,主要功能具体如下:

1. 合同管理

合同管理主要包括广告合同管理、广告订单输入、广告订单查询、广告订单审核、打印广告合同等主要功能。如图5-16所示。

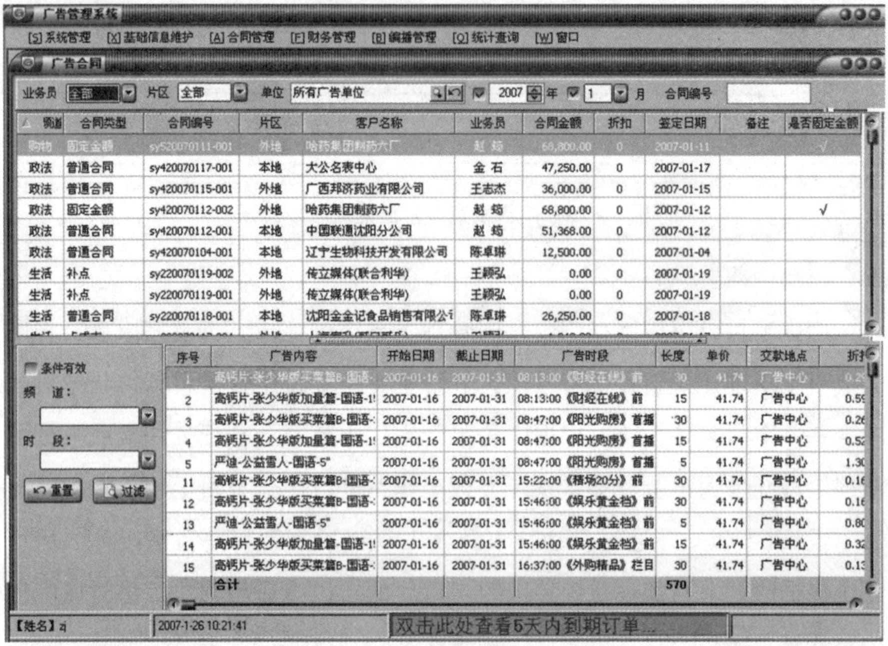

图 5-16 广告管理系统界面

2. 编播管理

编播管理主要包括编制广告串联单、查询广告串联单、播出时间设置、广告播出证明等功能。

(1) 编制广告串联单:主要对指定频道、指定日期中已生成的广告串联单进行编排,生成实际播出广告串联单,可对广告进行选择性的自动或者手工编排;可提醒用户剔除不符合编播条件的广告列表,等等。参见图

第5章 融媒体节目整备系统设计

5-17所示。

（2）查询广告串联单：主要是查询指定频道、指定时段、指定日期范围的广告串联单。

（3）广告播出证明：用于列明生成每个广告订单的基本信息及广告的详细播出情况，可按合同、按版本查询广告播出日期表及播出时间明细表。

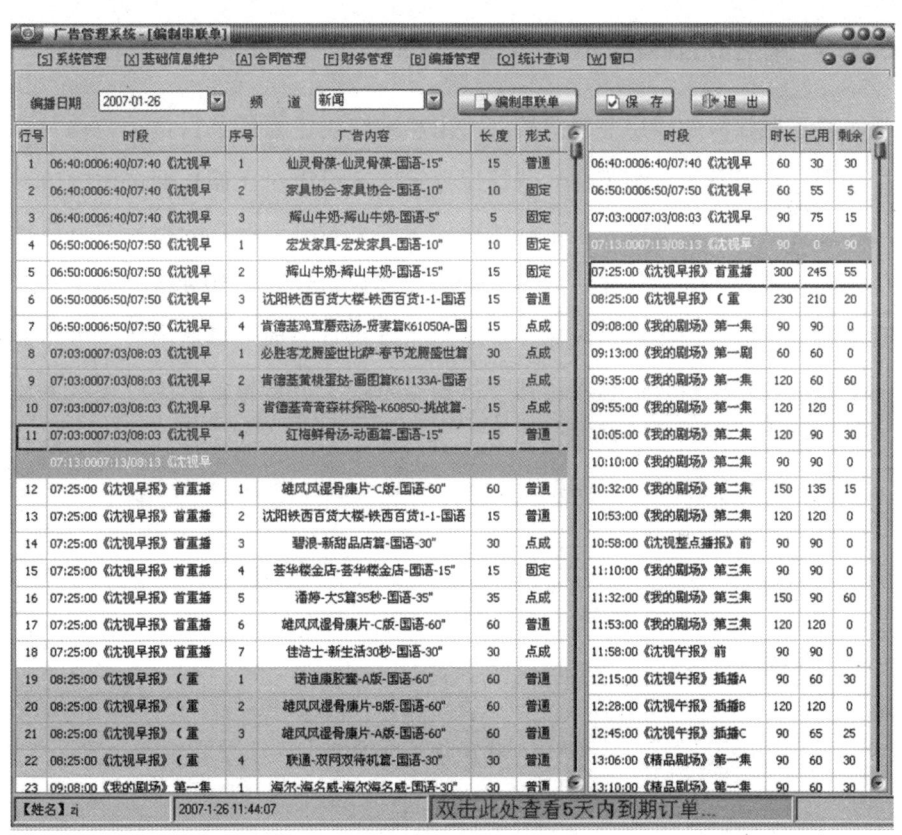

图5-17 广告编单界面

3. 统计查询

统计查询主要包括订单明细查询、订单金额统计、播出时间统计、广告时段占有情况统计、时段投放量统计、投放量查询、单位到款汇总、合同分配情况统计、收款及分配统计、欠款统计、播出情况统计（汇总）、播出量期间比较、播出量分组比较、投放量期间比较、投放量分组比较、频道收入统计、月份广告收入统计、年度广告收入统计、各频道广告时间统计、各频道广告金额统计等功能。

4. 系统管理

系统管理主要包括系统选项、系统权限、修改密码、重新登录、退出系统等功能。

5.3.8 播后节目归档

对于融媒体的播后节目归档,可由总编室决定播后节目是否归档及保存期限。整备系统可制定播后节目保存策略,可以对无需长期保留的节目进行选择删除,根据预先设定好的存储策略,对需要保存的播后节目启动生命周期管理,并当其在线内容生命周期到后自动归档到近线存储上,实现播后节目成片内容的长久保存。播出系统每日完成节目播出后,可将播后节目单及相关修改信息发送到节目整备系统。节目整备系统应接收上述数据,进行保存归档。从而实现全台节目播出节目单的保存和查询。播后节目归档流程如图 5 – 18 所示。

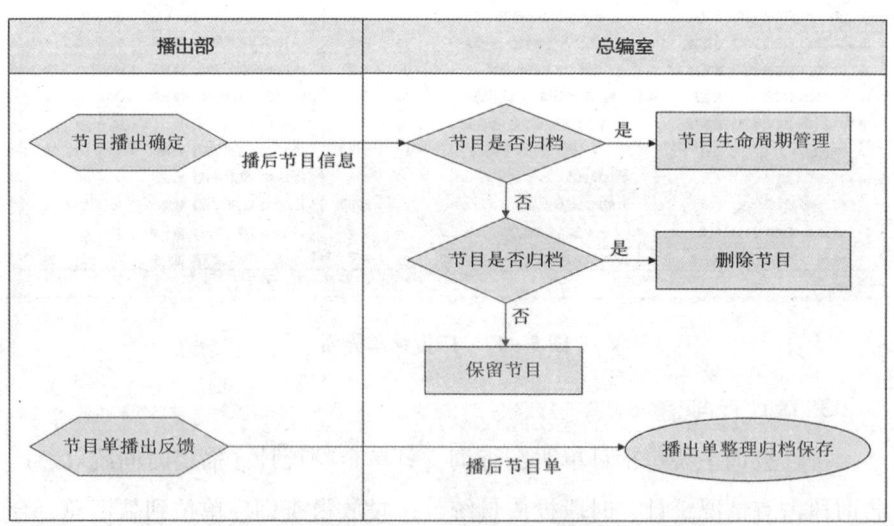

图 5 – 18 播后节目归档流程示意图

第6章

融媒体资源管理系统设计

融媒体云平台在如今 AI、大数据等技术迅猛发展，信息化、数据化的趋势逐渐明显的时代，不仅需要保证电视台专业内容的高质量高效能生产，还需要兼顾大量以互联网为代表的新型媒体内容资源的管理与整合，才能满足互联网时代下人们对精彩媒体内容的需求。

随着融媒体业务的发展，各类素材、节目等内容资源量也在快速增长，融媒体发展在追求"高效、精准、智能"的路上离不开资源的整合。电视台传统的资源管理方式存在电视、广播、新媒体三线作战的同时，还存在资料编目效率低下、查找不便、再利用率低、宝贵历史资料面临流失等一系列问题，严重制约了融媒体资源的再利用。以统一检索方式整合电视、广播、新媒体的资源，结合 AI 和大数据技术，提升资源编目和检索智能化、计算高效化水平，实现数据价值最大化已成为广电资源整合的最有效手段。因此，为适应互联网技术与媒体融合的高速发展，使媒体资产管理系统（简称媒资系统）具备互联网思维和先进技术应用，将媒资系统与云平台高度融合，采用人工智能技术加以辅佐，与融媒体制作系统、备播系统等业务系统共用基础资源，构建全新的融媒体资源管理平台（简称媒资系统）成为电视台媒资管理面向未来发展的基础。

6.1 总体架构

将媒资系统部署在私有云融媒体云平台上，与其他系统相同，应采用分布式的流程设计。在云基础架构的媒体设施服务层、媒体平台服务层和软件应用层上实现媒休资源、媒体数据、业务数据的分散存储和管理。如图6-1所示。

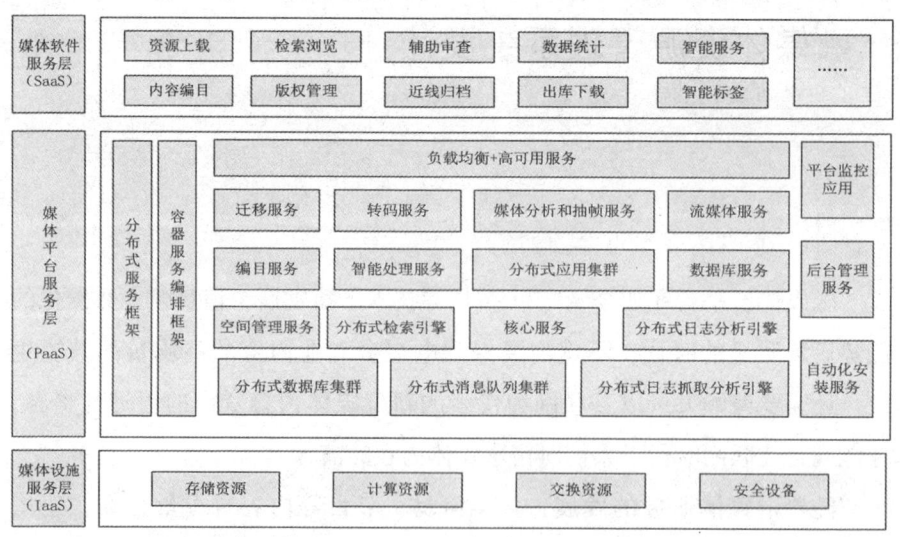

图6-1 系统架构示意图

在本章节中,将从媒资系统的角度,重点介绍媒资系统对云平台下媒体设施服务层和媒体平台服务层的具体要求。

6.1.1 资源建设

媒资系统在设施服务层上应部署有计算资源(高性能虚拟化宿主机)、存储资源(媒体文件存储、虚拟机存储)及网络资源(以太网、光纤网)。

1. 计算资源

媒资系统所需要的计算资源主要包括系统媒资核心服务、迁移转码服务、技审服务、接口服务、智能应用服务等。以实际应用反馈来看,媒资的虚机资源通常配备如表6-1所示:

第6章 融媒体资源管理系统设计

表6-1 媒资的虚机资源需求表

序号	分类	数量(台)	CPU(核)	内存(GB)	虚机存储(GB)	文件存储(GB)	备注
1	媒资核心服务	3	32	128	400	—	
2	媒资迁移转码服务	6	8	16	100	—	
3	媒资技审服务	6	8	16	100	—	
4	媒资归档服务	4	8	8	100	—	
5	语音识别服务	8	4	8	100	—	
6	文字识别服务	1	4	8	100	—	
7	智能标签服务	1	16	64	300	5TB	
8	媒资接口服务	1	8	8	100	—	
9	NLP服务	1	16	64	300	5TB	需GPU
10	检索平台服务	1	16	64	300	10TB	容量按需

综上所述，虚机资源需求汇总如下：

CPU：316核；内存：880GB；硬盘：4.7TB。

2. 存储资源

媒资系统所需要的存储资源主要包括媒资在线存储、媒资近线存储和云平台上的虚拟化共享存储。

（1）在线存储

媒资系统在线存储主要用于保存媒资的高低码率视频文件，实现媒资检索、打点回迁、编目等业务应用。在线存储主要承担着数据和数据索引的读写访问和处理转换的任务，并为媒资业务提供必要的容量、带宽支撑和必要的备份切换手段。

在线存储（归档区）容量的计算依据如表6-2所示：

表 6-2 媒资在线存储计算依据表

存储区域	格式	码率	存储时长	容量
低码流区	H.264 流媒体	2M（900MB/小时）	6000 小时	5.4TB
高码流区	MPEG2	100Mbps（45GB/小时）	每天 20 小时，存放 90 天	81TB

（2）近线存储

媒资系统近线存储主要承担电视台自有版权素材和成片的长期保存和整合再利用。媒资系统的近线存储区主要承担珍贵历史资料、自有版权素材和成片节目等长期保存工作。近线存储区里主要存储高码率素材和节目。通常电视台会选用数据流磁带库作为媒资系统的近线存储。当融媒体制作系统等业务系统需要调用近线存储区里的某些素材时，会将这些素材先从近线存储区迁移到媒资的在线盘阵上，再由媒资系统数据交换服务回迁至该业务系统的在线存储。磁带库存储容量/磁带数如表 6-3 所示：

表 6-3 媒资磁带库存储容量/磁带数计算依据表

保存格式	码率及容量	保存时长	总计容量	单盘容量	磁带数
制作格式	100Mbps，45GB/小时	6000 小时	270TB	2.5TB	108

3. 交换资源

媒资系统多数采用万兆单网架构连入云平台，以满足网络的交互、实际部署位置、各类子业务交换能力、安全访问等要求，以实现整个中心网络的系统管理。媒资系统的网络管理具体包括拓扑管理、远程配置、合理规划和划分整网 IP 资源，这些管理方式能够保证网络业务的正常运行并具有可扩展性。交换资源应采用双链路方式，以确保单点故障时业务不中断。

交换资源使用与制作系统等其他业务系统相同的核心交换机，该核心交换机连接宿主机硬件和媒资在线存储。以实际项目为例，媒资系统物理拓扑图如图 6-2 所示。

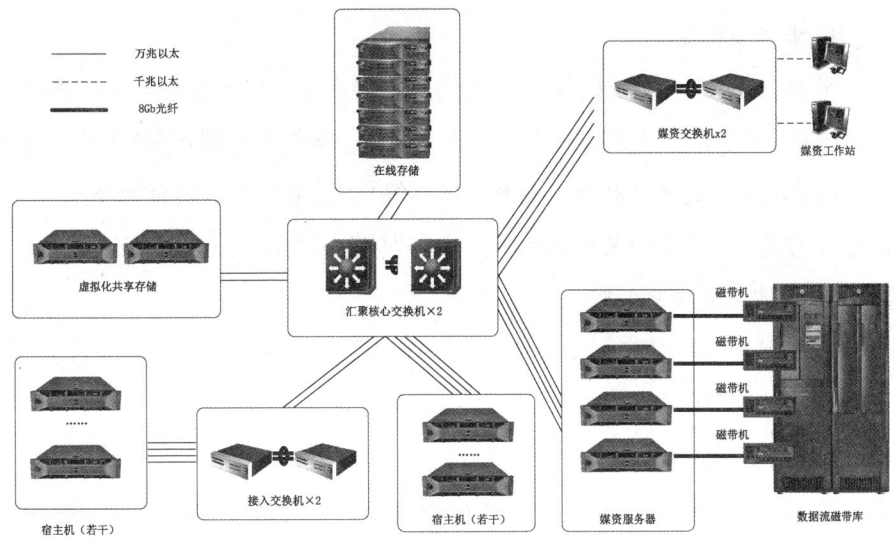

图 6-2 系统拓扑示意图

如图 6-2 所示,媒资系统宿主机通过 4 条万兆链路连接至汇聚核心交换机;每台媒资服务器配置一块光纤卡,实现通过光纤通道直连磁带机,媒资系统交换机通过双万兆链路上联至核心交换机,媒资万兆在线存储直连到核心交换机上,媒资站点使用媒资交换机进行组网。

6.1.2 服务建设

媒体平台服务层能够提供媒资系统的后台支撑和应用服务,其中包括分布式框架服务、负载均衡高可用服务、内部用户管理、视音频处理、转码服务、技审服务、迁移服务、资源导入导出服务、资源归档服务、编目标引服务、工作流引擎服务、检索引擎服务、分级存储服务、接口服务等媒体专用服务。

媒体平台服务层能够根据业务发展及新需求进行扩展,为媒资系统提供基础服务。媒资系统从架构、接口层面,需要预留有未来能升级成多租户模式的能力,并能够支持面向合作机构开通媒资租户业务。各租户可按照用户权限不同自行配置权限并展示不同登录模块,并提供租户分配和资源管理,可统一对所有租户进行资源层面的统一管控功能。媒资系统服务层应具备以下能力:

1. 业务支撑能力

平台服务层具备媒体业务支撑能力，需要实现底层资源与业务的适配，同时自身还需具备一系列媒体业务的支撑能力，包括但不限于内容的统一管理、内容的集中处理（转码、抽帧、迁移等）、业务流程的管理和驱动、面向业务的统一用户管理及权限管理、面向媒体业务的应用工具集管理等。

2. 媒体服务核心引擎

媒体服务核心引擎由数据引擎、计算引擎以及业务引擎、分布式调度框架、基础管理服务组成。

3. 数据引擎

数据引擎提供基础元数据、音视频数据、业务数据以及文档、图片、关系等数据的统一化存储、检索和管理，支持可视化"配置级"数据定义和动态扩充，以保证业务的快速扩展。

4. 计算引擎

计算引擎层提供标准化计算引擎管理服务，能够提供包括转码、合成、智能处理等服务。通常计算引擎采用全对等的分布式计算架构，用以实现计算规模灵活扩展；采用全开放标准化接口体系，实现工具无缝接入，以及可引入集群流式计算的架构，实现对海量媒体数据和日志数据的挖掘和分析。计算引擎通过一系列微服务的部署，能够提供系统空间管理、访问控制、数据建模、业务建模、流程驱动、媒体处理等一系列平台公共服务。

5. 业务引擎

业务引擎以微服务架构容纳业务应用服务，为平台灵活扩充业务能力。业务引擎通常支持采集、处理、审核等业务流程，并能够在支持业务流程的灵活定制和配置的同时，满足"流程化"到"碎片化"的不同工作模式。

6. 分布式调度框架

分布式调度框架能够提供开源的分布式应用程序协调服务，即包含一个简单的原语集。分布式应用程序能基于调度框架实现同步服务，配置维护和命名服务等多种服务。

第6章 融媒体资源管理系统设计

7. 基础管理服务

基础管理服务在以数据为中心的环境下，将内容存放在统一的资源池之中。这样既能满足不同用户之间素材共享的需求，也能控制一定的访问权限，使得同一内容还能被多个用户所引用。

除此之外，数据引擎管理还应提供数据引擎管理工具；容器管理服务应能实现平台服务运行期的隔离和自动部署；系统接入配置应提供系统接入的所有系统配置。

6.1.3 媒资应用

媒资系统在应用层上提供包括远程回传、文件上载、辅助技审、内容编目、智能处理、检索浏览、出库下载、版权管理、近线归档、数据统计、智能标签等功能。

6.1.4 总体拓扑图

融媒体云平台下媒资系统总体拓扑图参见图 6-3。

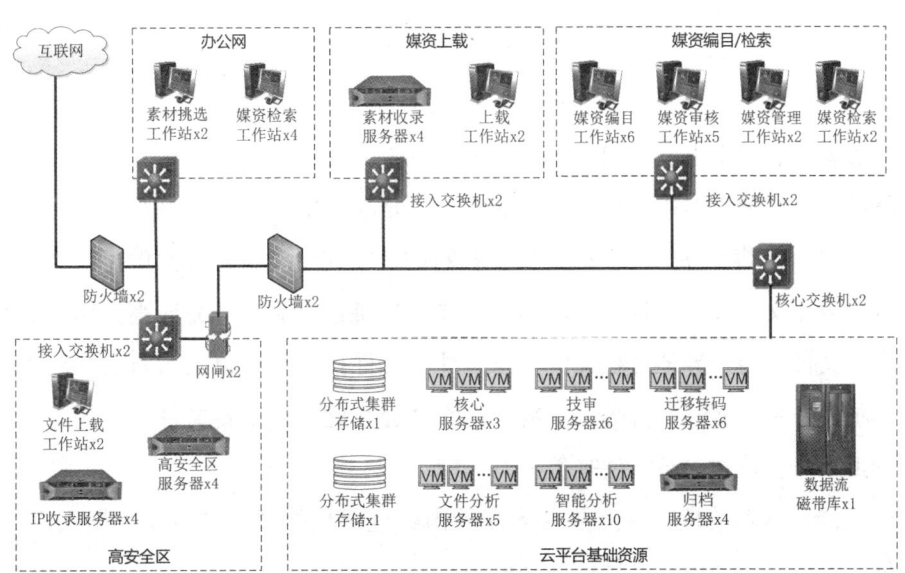

图 6-3 媒资系统总体拓扑图

6.2 业务流程

媒资系统的总体业务流程通常分六个阶段：内容汇聚阶段、入库阶段、编目阶段、检索下载阶段、归档阶段、内容分发。示例图具体如图6-4所示。

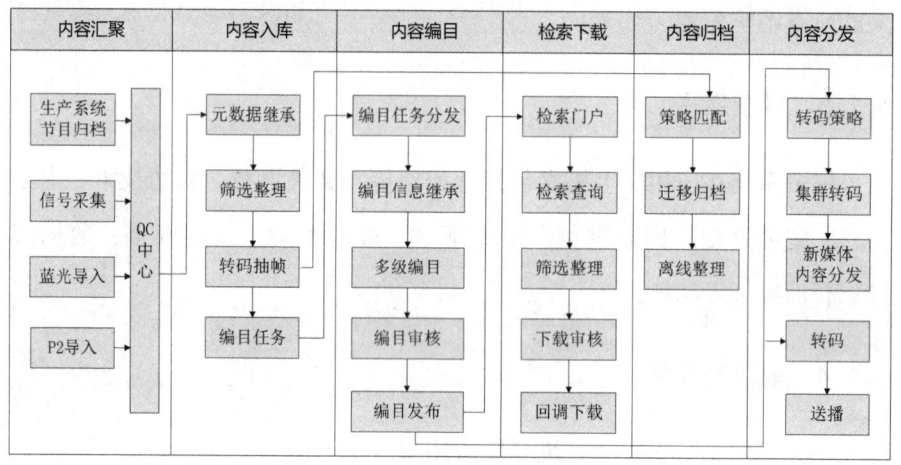

图6-4 媒资管理总流程示意图

如上图所示，媒资业务流程根据相关经验分为内容汇聚、内容入库、内容编目、检索下载、内容归档及内容分发，六部分内容层层相连，条理清晰，下面分别对媒资业务流程的六个部分进行介绍：

（1）内容汇聚：主要完成历史资料的数字化上载，有价值的素材的导入，成品文件及其文稿、字幕等相关文件的挑选上载，并完成高标清和超高清文件上传、异地远程文件上传、外来文件扫描导入以及来自云平台上其他业务系统文件上传等，资料管理人员会在此阶段上传文件进行挑选和辅助审查，审查上载文件是否可以入库。

（2）入库阶段：主要是对入库的内容进行预处理，包括元数据入库、低码率生成、抽帧、文件信息分析等。

(3) 编目阶段：主要是对视音频数据文件进行编目。入库的视音频数据文件生成编目任务，由编目人员进行简单的元数据标引；在入库阶段可继承文件已有的元数据信息，并可对文件进行简单编目，在媒资系统内部处理阶段，可完成对媒体文件的详细编目或二次编目，可进行深度分层编目和多次编目审核。

(4) 检索下载阶段：检索是媒资系统为用户提供服务的入口。终端用户通过检索搜索到需要的节目素材，提交并审核通过后使用。

(5) 归档阶段：主要是媒资相关管理人员将制作、新闻或其他业务系统中有保留价值的内容迁移至媒资系统近线存储，实现中长期保存的过程。

(6) 内容分发阶段：通常是从媒资系统中挑选素材并出库至第三方系统，出库时可按需选择转码模板出库，以适配下游对成品内容的不同码率及格式要求。

6.2.1 制作资源归档流程

制作资源归档是指将制作系统内的节目/素材归档到媒资系统的工作流程。具体操作流程通常如下：

(1) 在制作系统的编辑站点上挑选需要归档入媒资系统的素材或成片。

(2) 填写该素材或成片的元数据信息后，发起请求迁入媒资系统的归档申请。

(3) 媒资系统审核通过后，将在后台自动调用迁移服务，将包含有元数据信息的素材/节目迁移至媒资系统，以便媒资系统开始启动后续的资源入媒资库流程。流程示例如图 6-5 所示。

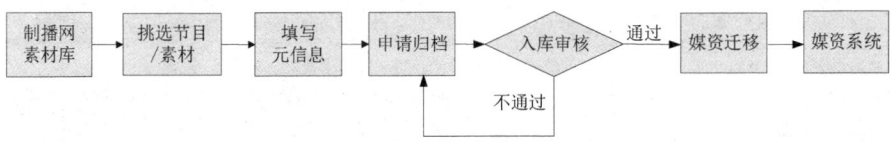

图 6-5　制作归档媒资流程图

6.2.2 资源入媒资库流程

资源入媒资库是指来自各个渠道的资源经过辅助审查和预处理后进入媒资系统资源库的工作流程，流程示例如图6-6所示。具体操作流程如下：

(1) 对需要入媒资库的资源进行上传或上载。在此阶段可完成历史资料的数字化上载，有价值的素材的导入，成品文件及其文稿、字幕等相关文件的上传，以及异地远程文件上传、外来文件扫描导入以及来自云平台上其他业务系统等需要入媒资库文件的上传等。

(2) 对上载或上传的资源进行筛选，资料管理人员对上传的资源进行挑选，保留有长期保存价值的资源。

(3) 对拟入库的资源进行智能分析和辅助审查，资料管理人员会对上传的视音频资源的画面、音频进行技术质量和内容质量审查，保留审查合格的资源。

(4) 对审查合格的拟入库资源进行预处理，媒资系统将根据需要对入媒资库的资源进行文件信息分析、转码、抽帧、元数据继承入库、低码文件生成等处理，低码文件将保存在在线存储中。

(5) 将资源的高码文件迁移至媒资库近线存储，并发布检索信息，以便媒资检索浏览时调用，同时根据实际情况确定是否需要发起深度编目和近线归档任务。

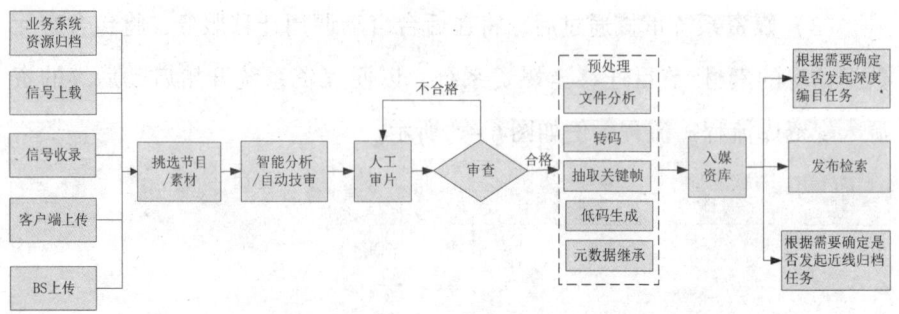

图6-6 资源入媒资库流程图

6.2.3 媒资编目流程

媒资编目主要是指对视音频数据文件进行编目的工作流程。流程示例如图 6-7 所示。

具体操作流程如下：

（1）在申请进入媒资系统阶段，申请人员应在继承视音频文件已有的元数据信息的基础上，按照要求校对完善文件的元信息，并对文件进行简单编目。

（2）编目人员对需要进行深度编目的媒体文件进行深度分层编目和多次编目。

（3）资料管理人员对简单编目、深度分层编目和多次编目的内容进行修改和审核。

（4）经审核通过的视音频数据文件编目内容方可对外发布。

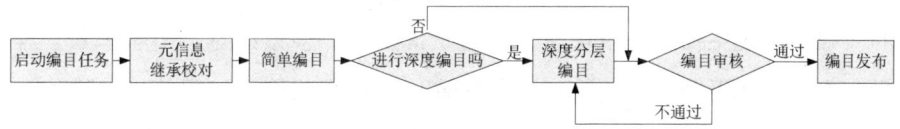

图 6-7 媒资编目流程图

6.2.4 媒资出库下载流程

媒资出库下载指在库中的媒体资源被用户或其他系统重新调用播出或编辑使用，媒资出库下载的流程通常如图 6-8 所示。具体操作流程如下：

（1）媒资出库下载流程从选择媒资业务类型开始，首先使用人员运行媒资检索页面，通过相关关键字查询到自己需要回迁的素材/节目。

（2）完成查询后，选择需要回迁的资源，此时可以是打关键点的片段回迁，也可以是整段资源回迁。在完成选择以后，提交回迁申请。

（3）回签申请通过以后，检查资源是否在在线存储上。

（4）若在在线存储上，则媒资系统启动出库流程，将选择的素材节目和元数据迁移到制作网或其他目标系统，若不在在线存储上，则应先将资源从近线存储迁移到在线存储，然后再通过启动业务系统的资源入库服务完成资源的出库迁移任务。

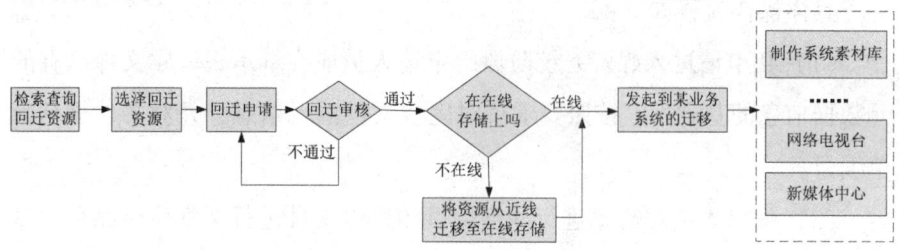

图6-8 出库下载流程图

6.3 主要业务模块功能

媒资系统主要业务模块通常包含资源上载、检索浏览、内容编目、辅助审查、出库下载、版权管理、数据统计、近线归档、权限管理、智能处理和智能标签等。

各板块作用如表6-4所示。

表6-4 媒资系统业务模块功能表

业务模块名称	功能/作用
资源上载	支持超高清、高清、标清文件上传入库，外来文件扫描入库到媒资系统（包含异地远程上传）
智能处理	通过集成语音识别、字幕识别、敏感人物筛查系统，辅助媒资系统的编目及检索工作。支持超高清、高清、标清视音频文件的转码
智能标签	通过融合推理、分类推导，将真正有效的标签提取出来，并剔除无关性标签。在浏览时可以显示标签，标签中的时间、地点、人物、机构信息能够作为元数据信息在基本元数据信息中显示
内容编目	提供四层编目、标签编目等功能，支持编目任务分配

续表

业务模块名称	功能/作用
检索浏览	提供多种方式对媒资系统中的素材进行检索和浏览
辅助审查	对媒资系统预入库文件进行质量和内容审查，未通过审查的文件不允许入媒资库
出库下载	支持将存储在媒资系统中的文件出库至第三方系统或下载到本地（某指定的存储区或存储介质）
版权管理	支持版权信息的继承和录入，支持版权到期自动提醒等功能
数据统计	提供对媒资系统上传、出库、编目、审片数据的统计
近线归档	提供挂接 LTO 磁带库的功能，将媒资系统在线存储中的内容归档到近线 LTO 磁带库，支持回迁功能
权限管理	根据不同用户提供不同的权限，以及空间资源管理

6.3.1 资源上载

资源上载指的是将信号上载或文件上传到媒资系统，属于媒资系统基础功能之一。资源上载通常应支持如下方式：

1. 信号上载

媒资系统应支持将本次素材上传至媒资系统，支持专业介质（如 P2 卡、蓝光盘等）数字化导入上传；支持通过有卡工作站实现信号上载采集功能，并可在资源上传后自动提取媒体文件的原生信息（如视频时长、视频分辨率、声道、图片的 EXIF 信息等）作为其元数据信息。

2. 客户端上传

媒资系统应支持客户端上传。支持通过上传插件进行大文件上传和异地远程上传，支持上传文件录入元数据信息，支持断点续传；支持 UDP/TCP 等多种传输协议，支持局域网、广域网以及跨域网络条件下的媒体文件传输；支持将文件上传至指定目录后，由媒资系统自动扫描入库；支持入库资源文件的白名单校验，不符合要求的文件能限制入库。

3. Web 入库

媒资系统应支持通过浏览器直接上传入库。支持通过 Web 方式实现单文件或批量文件上传，支持超高清、高清或标清文件上传，上传时支持对上传文件的元数据著录和对相同类型文件进行元数据批量著录，支持以资料集方式引入同一组主题内容。入库支持两种传输方式，支持单个文档入库也支持 AVI + WAV 文件入库，支持带附件上传，支持上传元数据编辑及同类型档批量元数据编辑；支持局域网、广域网以及跨域网络条件下进行媒体文件传输。支持 HTTP 上传和 FTP 传输插件上传。界面示例参见图 6 – 9。

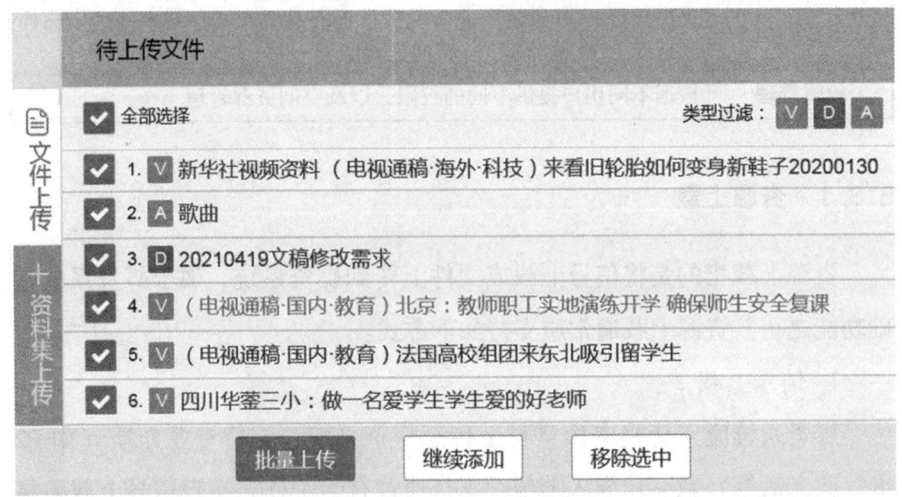

图 6 – 9　Web 引入文件界面示意图

4. 后台热扫描软件入库

媒资系统应能提供通过自动扫描存储目录的方式导入资源。通常在媒资系统设定好扫描规则及后续处理流程后，外系统只需要将待入库的资源文件拷贝至指定路径，目录扫描软件就会定期自动扫描该文件夹并导入符合条件的资源，期间无需人工介入。实现方式示例如图 6 – 10 所示。

第6章 融媒体资源管理系统设计

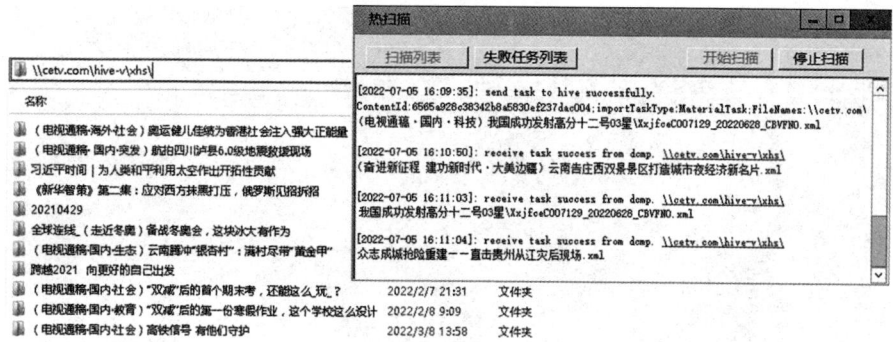

图 6 – 10　热扫描软件及扫描目录示意图

5. 协议入库

媒资系统应支持采用外系统提供 XML 描述文件 + 媒体文件，目录扫描软件通过解析 XML 描述文件来获取资源的元数据信息，实现资源信息的有效继承，减轻后续编目的工作量。文件组示例如图 6 – 11 所示。

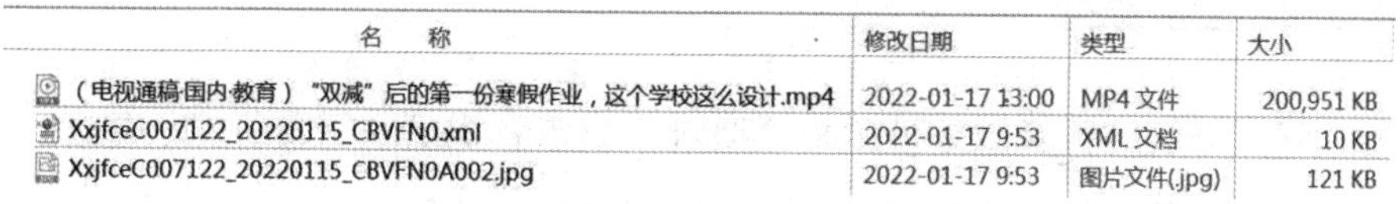

图 6 – 11　协议入库文件组示意图

6. 外部系统间调用接口入库

媒资系统应支持制作系统等台内业务系统与媒资系统之间的接口调用入库，例如在制作系统非编软件中调用媒资系统的素材入库接口，节目生产人员可以把填写好编目信息的节目，直接提交归档至媒资系统，媒资系统可获取素材和元数据信息完成素材的入库。配置界面示例参见图 6 – 12。

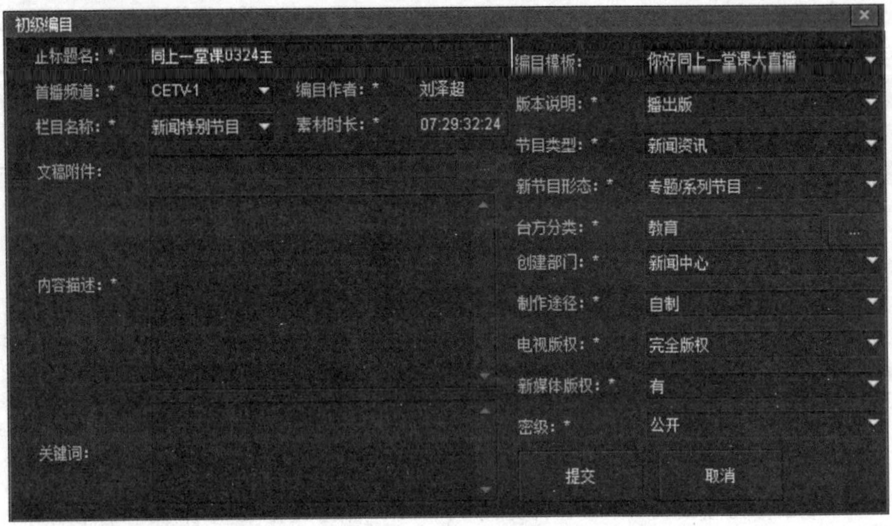

图 6-12 非编素材归档媒资元数据填写示意图

6.3.2 智能服务

媒资系统的智能服务是指系统通过集成语音识别、字幕识别、敏感人物筛查系统等智能模块提供的服务。智能服务可辅助开展内容编目、检索浏览及辅助审查等工作，为用户进行媒资管理提供方便。

系统可根据实际需求提供智能标签服务、媒资基础服务和知识图谱服务三大基础服务。智能标签服务是基于媒体平台服务层的智能引擎实现的一套可以支持视音频类非结构化文件进行结构化、标签化的服务。三大服务之间的关系参见图 6-13。

智能标签服务通过融合推理、分类推导，将真正有效的标签提取出来，并剔除无关性标签。在浏览时可以显示资源的标签，标签中的时间、地点、人物、机构信息能够作为元数据信息在基本元数据信息中显示。媒资系统的智能服务通常具备如下功能：

（1）支持不同素材类型的结构化拆分，可智能识别视频片段、场景及镜头的分层结构；包括新闻视频、综艺视频、体育视频及电视剧视频。

第6章 融媒体资源管理系统设计

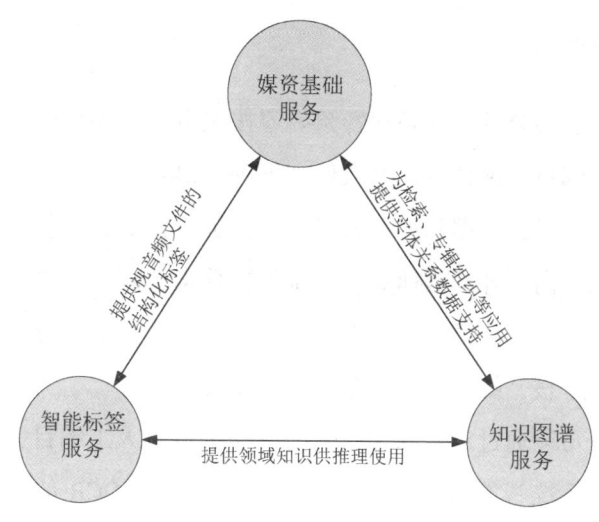

图6-13 基础服务结构示意图

（2）以图搜索，应支持以图片搜索库内资源，包括视频和图片，并进行准确素材定位。

（3）支持不同粒度的标签提取，智能标签提取可基于知识图谱的标签释义，实体标签定位，标签相关内容推荐，关键词标签提取。

（4）专辑汇聚可进行专辑自动汇聚，可根据需要设置条件自动汇聚相关内容。

（5）递进式检索支持多种检索方式组合查找，递进式快速过滤。

（6）标签审校可对智能结构化结果进行方便的修正，对智能标签进行校正。

（7）智能审核可进行质量审查和内容审查，包括涉政、涉恐、涉暴、广告检测。

（8）标签库可对历史编目关键词及算法提取词条进行管理，支持人工维护可拓展，可根据词条进行主题推荐及汇聚。

（9）知识图谱支持后台自动爬取人物、机构、敏感词库等多类数据信息，提供标签释义，标签归一化处理，可灵活扩展维护。

6.3.3 内容编目

内容编目主要是针对视频和音频内容按照电视台编目标准进行信息编辑，打点分片编目、抽帧编目等操作和管理。媒资系统的内容编目模块通常负责对资源进行元数据和编目著录，在保证资源资料完整性的同时，为使用人员在系统内或外部其他业务系统快速检索、获取和再利用该资源提供方便。内容编目功能提供包括发起编目任务、编目任务分配或认领、编目内容、编目审核、编目信息发布和检索等服务。

内容编目可以通过对资源元数据的机器编目和人工编目完成。机器编目可借助媒资系统智能服务能力实现语音、人脸和 OCR 的快速识别，对资源内容快速提取标签，自动完成编目著录描述；人工编目可对机器编目的内容进行审核和校对，修改描述不准确的标签，完善资源的内容编目工作。内容编目模块通常具备如下功能：

（1）支持用户在页面上选中资源后直接进行编目工作的模式，也支持通过工作流自动派发编目任务给用户的工作模式，可满足用户对编目工作模式的不同需求。

（2）可通过任务分发，将编目任务分发至不同的编目站点，进行人力资源分配管理。支持对编目任务进行分配，允许使用人员自行领用任务池的待编目任务。支持对编目工作量的分配、统计和查看。

（3）编目过程符合广电的编目标准，支持按节目层、片段层、场景层、镜头层进行数据切分。支持在综合产品分类的基础上，结合媒体资产检索的特点，对媒体资产的属性进行详细著录。支持对素材的内容层次属性做详细描述，编目过程中可配置不同权限用户实现不同编目层次的编目控制。

（4）支持针对视频和音频内容按照编目标准进行信息编辑、打点分片编目和抽帧编目等操作和管理。可以手动抽取关键帧并添加名称、描述信息等；可以将某张关键帧设为肖像或上传本地图片作为肖像，为资源添加海报等其他附属文件。

（5）支持根据业务需要自定义编目类、编目属性、分类、编目界面等；支持根据资源编目工作的实际需求自定义著录项，在著录时，可根据著录要求切换使用，对相同的内容信息可以通过编目数据模板快速复用。

（6）编目后台可自动完成外系统元数据信息继承以及基本元数据信息的编目，减少需要人工参与的编目著录项，提高用户工作效率。

（7）支持文本框、受控词、分类点选等多种展现和交互方式，可根据不同的节目内容特点指定智能分层结构。

（8）内容编目支持编目数据模板化，模板可编辑、保存和调用，方便系列节目的编目，减少人工劳动量，提高用户工作效率。

（9）支持流水线式专业编目生产或快捷直接编目；支持单条资源进行编目，也要支持批量编目；可以对视频、图片等不同类型资源进行批量编目。

（10）编目后台可通过设置选择多级审核机制。支持多级审查，编目审查元数据是全文检索数据库的基础数。支持自定义业务流程，支持不少于两级的审核控制，并及时给予反馈。

在编目方式上，内容编目有如下典型方式：

1. 四层编目

内容编目支持标准广电四层编目，即节目、片段、场景、镜头，同时也支持添加标记点等快速编目方式；在视频内容的编目页面，可以进行元数据编辑、编目层编辑和抽取标记点操作。编目完成后进入下一步审核流程。界面示例参见图6–14。

融媒体云平台下的电视台生产系统

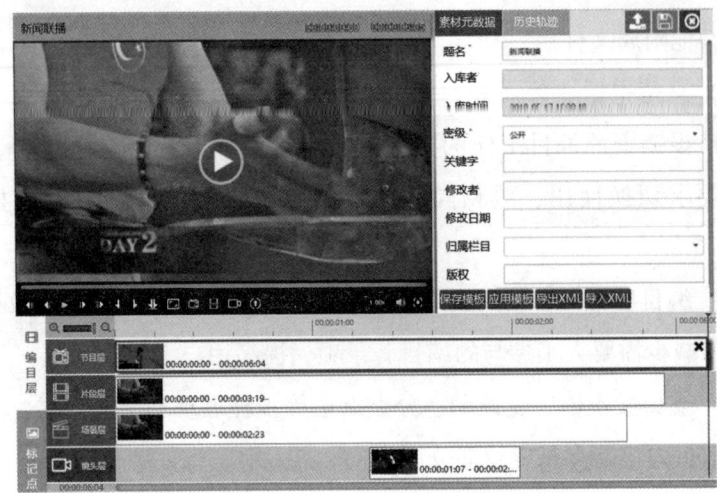

图 6-14 四层编目

2. 标签编目

媒资系统支持手工标签编目和机器标签编目（即智能标签编目）。媒资系统可从素材元数据中提取相关标签。素材入库后支持通过智能处理（语音识别、字幕识别、融合推理等）提取出该素材的有效标签，标签包括时间、地点、人物、机构。在浏览时，应能够查看素材的标签信息。提取的标签应作为该素材的元数据信息在基本元数据信息中可见。系统支持对提取出来的标签进行修改，支持相同属性的标签用同样颜色展示以便于区分，支持对标签进行自定义排序，示例界面参见图 6-15。

图 6-15 标签编目

第6章 融媒体资源管理系统设计

3. 智能编目

智能编目模块通常采用人工编目与智能编目结合的方式来实现。在人工编目方面，主要采用 BS 的编目架构，用来完成资源入库过程中资源人工标引著录等业务专用资源管理应用。同时智能编目也支持对 AI 能力辅助编目，AI 编目结果支持人工校正。利用 AI 引擎，能够做实现智能化标签，将汇聚的视音频素材采用多模态的智能识别技术进行标签提取、语音文字转写、OCR 识别等，最终生成结构化的标签信息，通过过滤无用和重复标签，给出素材标签建议，为人工编目提供辅助信息，减少编目人员的工作量。

（1）智能标签

智能标签是通过融合推理、分类推导，将真正有效的标签提取出来，并剔除无关性标签。在浏览时可以显示标签，标签中的时间、地点、人物、机构信息能够作为元数据信息在基本元数据信息中显示。界面示例如图 6-16 所示。

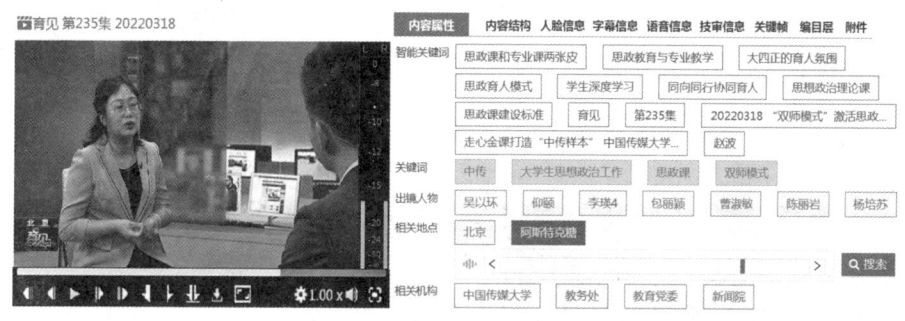

图 6-16 智能标签

（2）人物识别

人物识别可对敏感人物、敏感关键词进行自动标注和提醒，使用前有明显显示、使用时有系统提醒。降低审核环节人员的压力，提高使用人员的自审意识，从整体上提升节目管控的管理力度；提供对视频、图片文件进行指定人物识别与标记，可显示指定人物出现在视频中的时码位置；提供人物库模板功能，可以自定义维护，包括关键人物、敏感人物管理等支持自定义关键标签和敏感标签，并以不同的颜色标签进行显示。对包含敏感人物的资源进行下载、分发等出库操作时，系统可对操作者进行及时提醒。支持含敏感人物资源出库提醒。人物识别界面示例如图 6-17 所示。

图 6-17　人物识别信息界面

（3）字幕识别

字幕识别可将视音频文件中的字幕转换为文字来辅助编目，在预览时能看到字幕识别的结果，并可快速定位到相应片段。相关界面示例参见图 6-18 所示。

图 6-18　字幕识别界面

（4）语音识别

语音识别可将视音频文件中的语音（普通话）转换为文字来辅助编

第6章 融媒体资源管理系统设计

目,在预览时能看到语音识别的结果,并可快速定位播放;支持将智能识别的语音内容进行合并,方便提高修订效率;可以导出语音识别结果供三方系统使用,支持大文本/时码+文字预览。界面参见图6-19所示。

图6-19 语音识别界面

(5) 关键帧

关键帧功能能够列出由智能根据自然语言分析出的重要画面,并且支持快速定位。界面示例参见图6-20。

图6-20 关键帧界面

(6) 编目审校

编目审校支持对智能分析结果做编目审校,主要包含三个方面的操作:结构化修改、标签修改、关键帧修改。编目审校之后的审核流程支持自定义配置。识别结果可作为资源的数据信息进行长期保存和检索利用。参见图 6-21 所示。

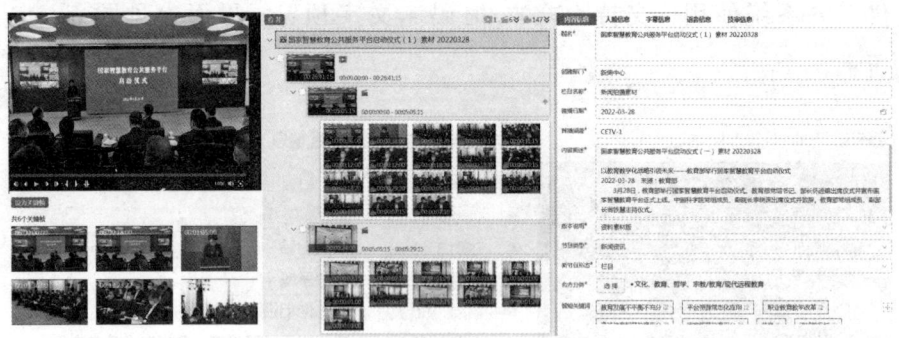

图 6-21　编目审校任务界面

6.3.4　检索浏览

媒资系统检索浏览是通过媒资管理检索系统实现的。媒资管理检索系统是一个能提供智慧服务的媒体资产搜索模块，模块可通过互联网化、智能化等多种技术手段，检索台内外电视节目资源、广播节目资源、新闻稿件等多样化的内容数据，提供融媒体检索浏览服务。媒资管理检索系统通常采用 B/S 架构，这样可以使媒资系统更加轻量化，做到只要能访问服务，就可以随时随地打开浏览器即可展开工作。例如，在融媒体生产制作系统中已完成智能处理（语音识别、字幕识别、片段拆条）的素材，在归档入库媒资系统时，媒资系统将继承该素材的智能处理结果并能够进行检索和浏览，并通过互联网浏览、下载媒资库素材。

检索浏览功能应支持以全文检索、分类检索、条件过滤检索等方式对媒资系统内资源的检索和展现。各种方式通常具备如下功能：

1. 全文检索

根据以往的项目建设经验，对全文检索提出以下要求：

(1) 全文检索引擎应支持针对大规模数据的秒级搜索；

(2) 检索框应支持逻辑组合检索，如 and/or 等。为了更加精确的检索，可以在检索框上方选择检索内容类型（如视音频、资料集、其他等）后，再在检索框中输入关键词，进行全文检索，检索方式类似百度检索，多个检索词间用空格分隔；

（3）检索结果可以根据入库时间、标题名、相关度设置升降序；

（4）可根据入库时间：全部、最近一年、最近半年、最近一个月、最近一周、最近24小时或自定义进行筛选；

（5）全文检索应支持通过语音识别技术自动处理含有音频内容的节目，并可根据音频内容实现全文检索。

全文检索引擎需要针对大规模数据，在秒级时间内完成这一搜索需求，并可以同时提供针对搜索内容的复杂关联和统计信息。界面示例参见图6–22。

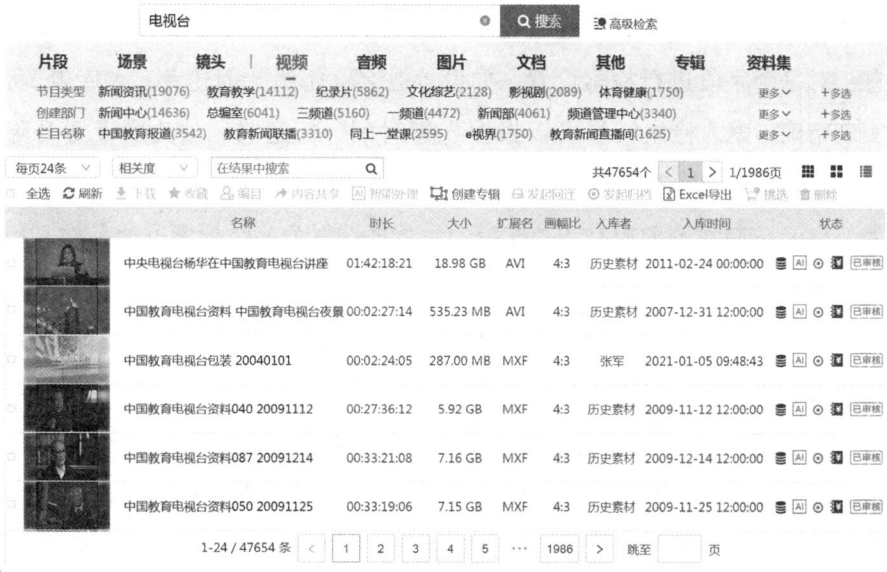

图6–22 全文检索示意图

2. 分类检索

在检索页面中有不同类型的素材，系统可根据媒体资料的属性自动进行聚类，检索时可以在类型选择中进行筛选。支持保存检索模板，可使用不同模板进行快速高级检索。界面示例参见图 6-23。

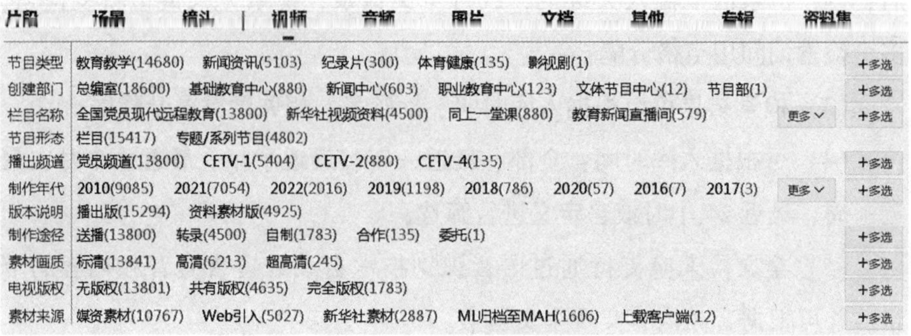

| 片段 | 场景 | 镜头 | 视频 | 音频 | 图片 | 文档 | 其他 | 专辑 | 资料集 |

节目类型　教育教学(14680)　新闻资讯(5103)　纪录片(500)　体育健康(135)　影视剧(1)　　　　　　　＋多选
创建部门　总编室(18300)　基础教育中心(880)　新闻中心(603)　职业教育中心(123)　文体节目中心(12)　节目部(1)　＋多选
栏目名称　全国党员现代远程教育(13800)　新华社视频资料(4500)　同上一堂课(880)　教育新闻直播间(579)　更多∨　＋多选
节目形态　栏目(15287)　专题/系列节目(4802)
播出频道　党员频道(13800)　CETV-1(5404)　CETV-2(880)　CETV-4(135)
制作年代　2010(9085)　2021(7054)　2022(2016)　2019(1198)　2018(786)　2020(57)　2016(7)　2017(3)　更多∨　＋多选
版本说明　播出版(15294)　资料素材版(4925)
制作途径　送播(13800)　转录(4500)　自制(1783)　合作(135)　委托(1)　　　　　　　　　　　　　　　　　　　＋多选
素材画质　标清(13841)　高清(6213)　超高清(245)　　　　　　　　　　　　　　　　　　　　　　　　　　　　＋多选
电视版权　无版权(13801)　共有版权(4635)　完全版权(1783)　　　　　　　　　　　　　　　　　　　　　　　＋多选
素材来源　媒资素材(10767)　Web引入(5027)　新华社素材(2887)　MU归档至MAH(1606)　上载客户端(12)　　　＋多选

图 6-23　分类检索示意图

3. 高级检索

高级检索可以对媒资系统中资料的各个编目字段进行组合检索，通过精确组合检索条件达到快速定位查询内容的目的。用户可以根据已知信息，对每个字段进行检索设置，如设置题名、密级、创建者、入库者等，实现精确检索。检索结果可以根据入库时间、标题名、相关度设置升降序。高级检索通常需要支持如下功能：

（1）支持将资源原有或补充后的元数据配置为高级检索过滤条件，利用已有数据创造使用便利。

（2）支持继承并展现资源相关信息，包括但不限于文稿内容、来源、创建人、自动技审信息、语音转译内容等；

（3）支持在全系统内进行检索的同时，支持在单个资源内进行检索，并根据检索的结果分别高亮提醒检索结果所在页签，提供实际的软件界面截图；

（4）支持系统级开关，可选择是否开启视频播放的水印叠加效果；

（5）支持提供 Restful 标准的 API 为第三方编辑、新闻类系统及工具，提供媒资库资源的检索、调用服务；

（6）支持图片相似性检索，通过上传图片检索相似内容的图片、视频；

（7）支持良好的图片检索交互，命中视频节目的关键帧时可以直接定位到相似画面位置，方便快速浏览确认。

第6章 融媒体资源管理系统设计

界面示例参见图 6-24。

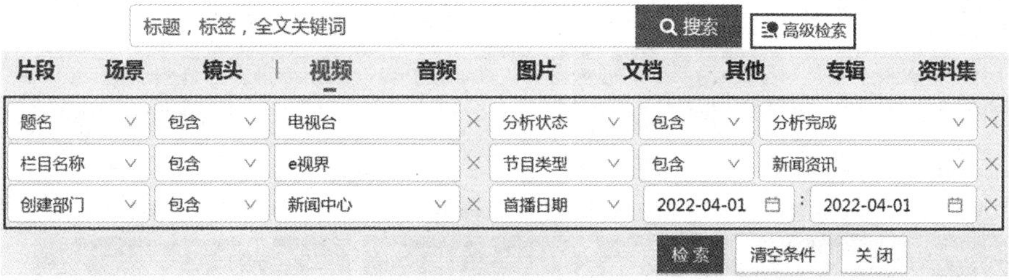

图 6-24 高级检索

4. 二次检索

二次检索是指在当前检索结果中再次检索，或者多重检索方式相迭加，使检索结果更加精确。界面示例参见图 6-25。

图 6-25 二次检索

5. 条件检索

系统可将检索结果中包含的一些字段汇集展示，用户能够通过点击任意条件信息，过滤该条件包含的检索内容。在案例中，主要条件检索字段包括编目状态、文件类型、栏目、来源、画质等。索引字段可以选择设置为条件，推荐配置枚举型字段。界面示例如图 6-26 所示。

图6-26 条件检索

6.3.5 辅助审查

媒资系统的辅助审查用于审核预入库的视频和音频文件，审核内容包括文件内容、视频和音频的质量和元数据信息。辅助审查通常采用后台自动审查加前台人工复检的方式完成。

辅助审查分辅助技审和内容审查。辅助技审主要是对预入库视音频文件进行技术质量审核。具有审片权限的用户可以使用其媒资系统账号登录审片客户端，对媒资系统预入库文件进行辅助技审和内容审查，未通过审查的文件不允许进入媒资库。辅助审查具体功能有：

(1) 审查浏览功能，支持高码率素材播放、暂停、快进、后退以及全屏播放。

(2) 音频技审功能，能够对静音、音量VU值、削波、音量峰值、直流偏移、响度、不可听、立体声相位反相等进行检测，能够告警并生成标记。音频技审支持手动设置检测参数。音频技审参数设置界面示例如图6-27所示。

第 6 章 融媒体资源管理系统设计

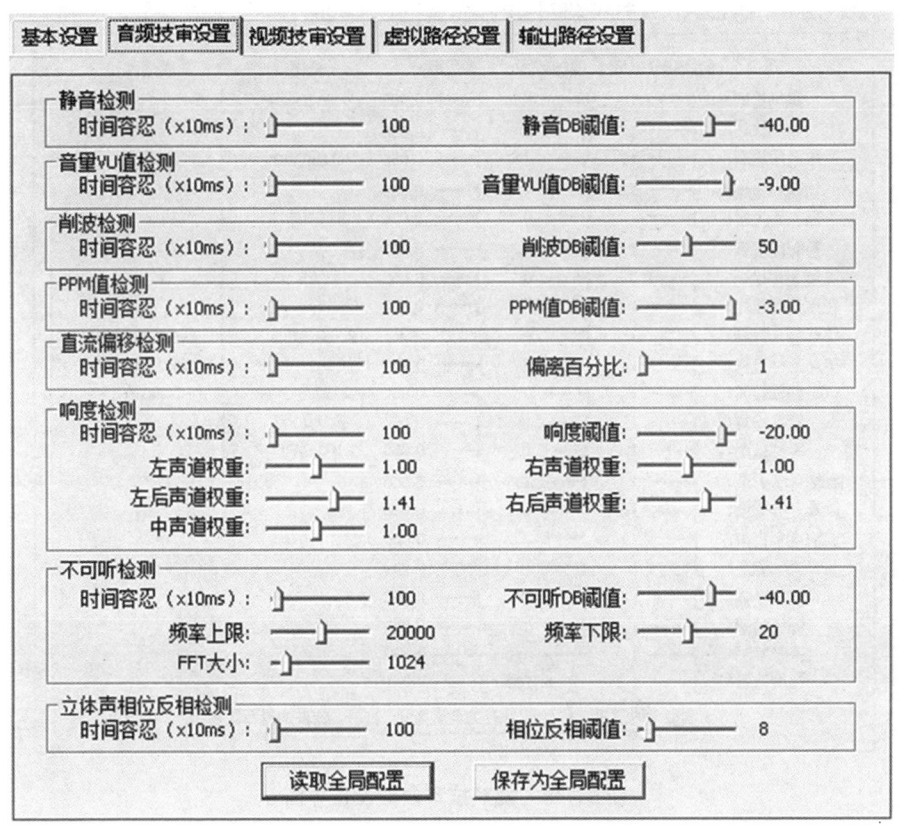

图 6-27 音频技审参数设置界面

（3）视频技审功能，能够对黑场、彩条、单色段、雪花、色彩丢失、静帧段、亮度超标、色度超标、RGB 超标、YUV 超标、YC 超标、蓝底、绿底、活动区域边缘、夹帧等进行检测，能够告警并生成标记。视频技审支持手动设置检测参数。如图 6-28 所示。

（4）查询辅助技审结果功能，支持素材视音频质量的自动技审结果查询，可自动识别并报告采集上载素材中的彩条、黑场和爆音等，并快速定位到这些关键点。素材技审信息查询界面示例如图 6-29 所示。

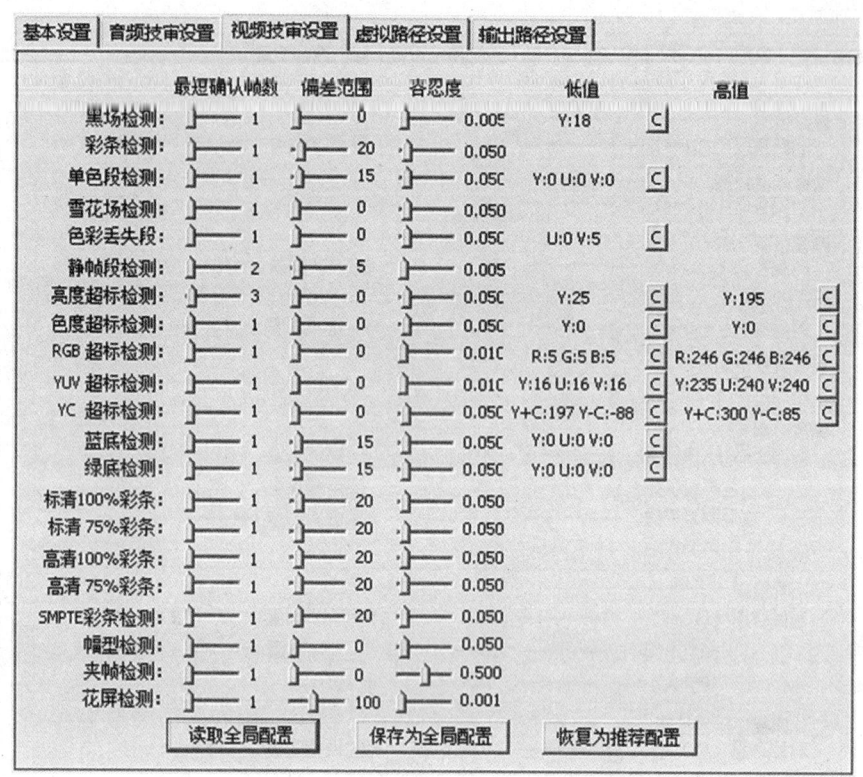

图 6-28　视频技审参数设置界面

图 6-29　素材技审信息查询界面

6.3.6　出库下载

媒资系统可以通过下载或内容共享功能将所需资源文件下载到本机、

推送到指定路径等多种方式进行出库调用。在检索资源文件时（参见图 6-22），如果内容图标上有 ![数据库图标]，则直接从在线存储将高质量文件迁移到目标系统位置；如果内容图标上只有 ![介质图标]，则后台自动发起回迁流程，将介质上的高质量文件迁移到目标系统位置。

出库下载通常具备如下功能：

（1）支持同一资源同时分发到多个平台，也支持多个资源同时发送到某一平台，有效提高资源的利用率；

（2）可以将节目文件转换为不同码率和不同格式的文件；

（3）支持向下游系统输出各类资源文件，包括但不限于源码文件、附件、海报、片花等；

（4）支持向下游提供资源相关的描述信息文件；

（5）支持对资源下载、分发的流程监看；

（6）支持自定义设置条件，配置出库/下载审核策略。

（7）符合策略的出库/下载任务，需要经过人工审核同意后才能出库/下载到目标位置。

界面示例如图 6-30、图 6-31、图 6-32、图 6-33 所示。

图 6-30　素材内容共享出库

融媒体云平台下的电视台生产系统

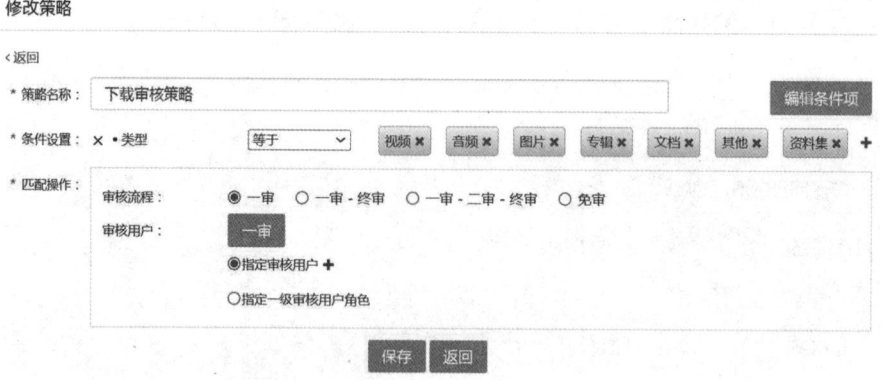

图6-31 素材下载出库

图6-32 出库/下载审核策略

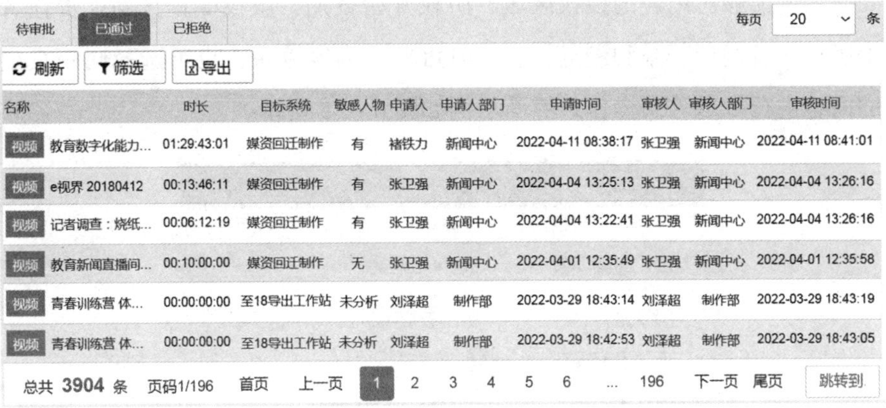

第6章 融媒体资源管理系统设计

图 6-33 出库任务审核

6.3.7 版权管理

版权管理功能应对媒资中所有的视频、音频、图片、文档及其他实体文件进行版权信息的管理。可对媒资库中的内容进行版权方面相关信息的管理，包括版权信息浏览、单个或批量著录等操作，且支持按版权信息进行过滤和查询。界面示例参见图 6-34 所示。

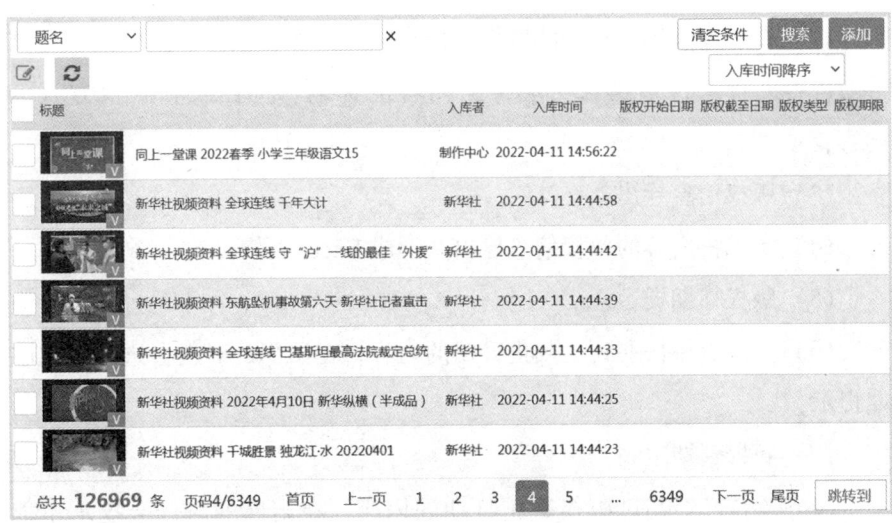

图 6-34 版权管理界面

系统能够对内容的授权区域、版权开始日期、版权截止日期、责任者等版权信息进行著录和浏览，著录时可单个内容著录，也可选择同一页中的内容进行批量著录操作。界面示例如图 6-35 所示。

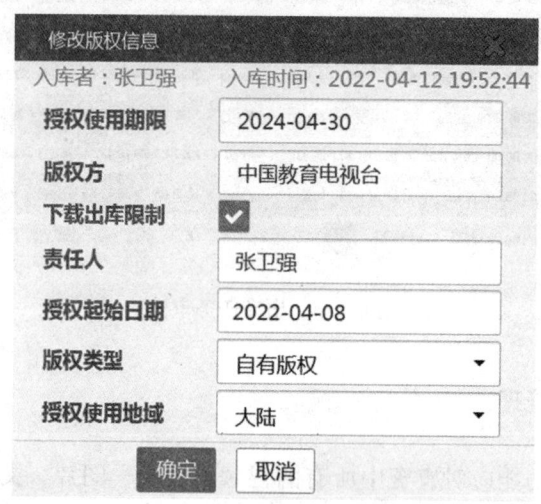

图 6-35　素材版权信息著录

版权管理通常具备如下功能：

（1）条件过滤；

（2）在页面左侧条件过滤区根据版权类型、版权期限、授权使用地域等对内容进行条件过滤，实现根据内容的标题、责任人和版权方查询内容；

（3）版权信息导出；

（4）实现将内容的版权信息导出并形成 Excel 表格；

（5）版权临期提示；

（6）支持版权快要到达截止日期的内容，在出库的时候会进行版权临期提示；

（7）版权到期限制；

（8）支持已经超过版权截止日期的内容，在出库的时候会提示不能使用。

6.3.8 数据统计

数据统计功能能够显示媒资相关数据信息,包括媒资系统中的上传、出库、编目的总数和排行统计信息等。此功能用于统计整个系统的上传、出库、编目记审片操作、支持报表的导出。界面示例参见图 6-36、图 6-37、图 6-38。

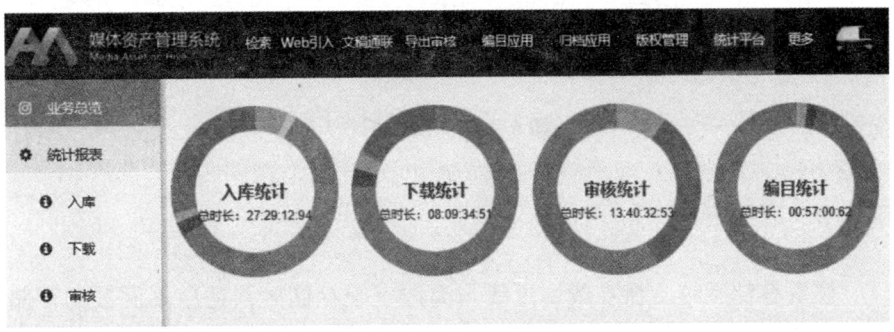

图 6-36 统计界面

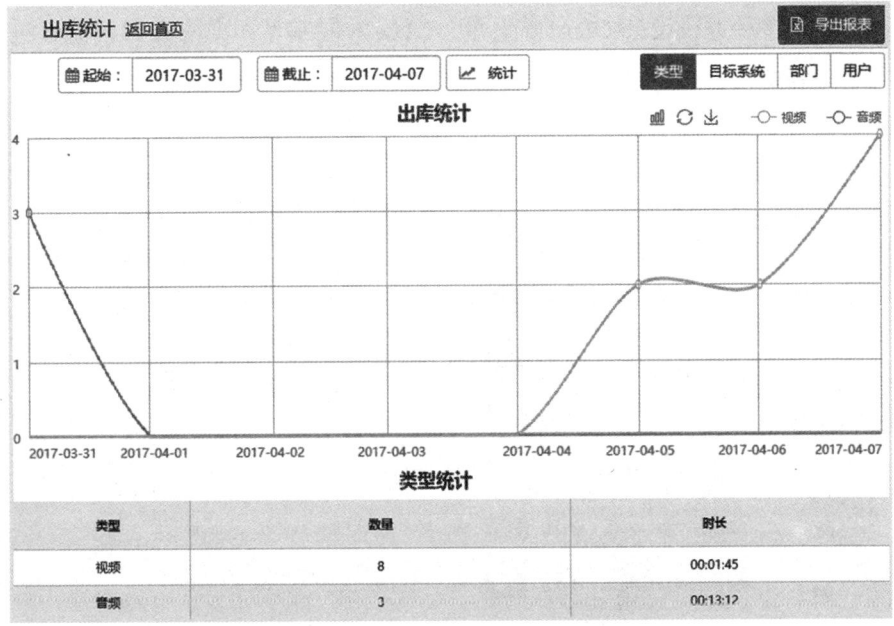

图 6-37 出库统计

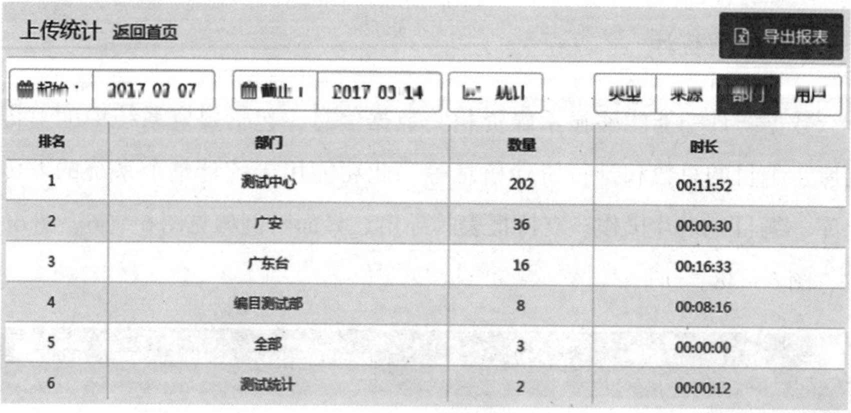

排名	部门	数量	时长
1	测试中心	202	00:11:52
2	广安	36	00:00:30
3	广东台	16	00:16:33
4	编目测试部	8	00:08:16
5	全部	3	00:00:00
6	测试统计	2	00:00:12

图 6－38　上传统计

6.3.9　近线归档

媒资存储系统支持在线、近线与离线三个存储区，适应不同数据存储对象的存储要求（本次存储架构为在线存储＋近线 LTO 磁带库）。存储区由存储管理系统统一调度，共同完成数据的存储、交换和维护任务。

支持多种近线设备 ODA 蓝光盘、LTO 磁带库等；支持对归档流程进行管理和监控；支持对存储介质进行管理。界面示例参见图 6－39。

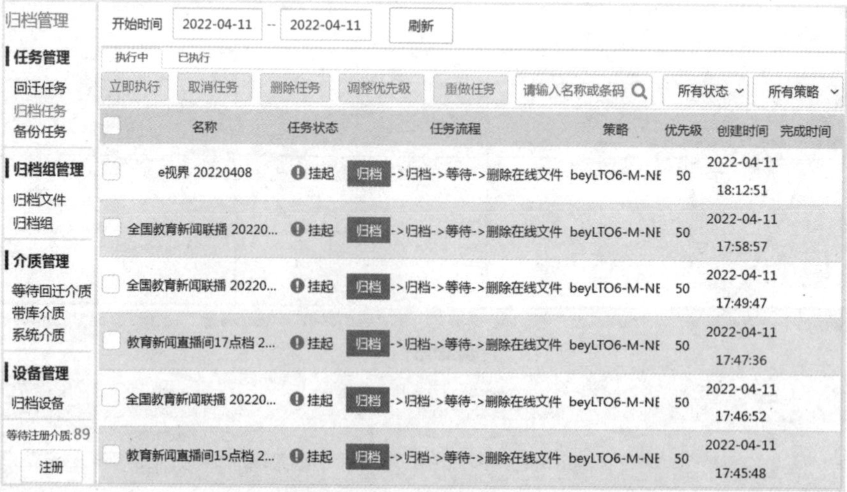

图 6－39　归档应用界面

6.3.10 权限管理

为保护媒体资产安全,应结合实际情况对媒体资产进行密级设置,对用户权限进行合理设置。在应用过程中,权限管理应根据使用者权限进行分级管理。权限管理通常具有如下功能:

(1)权限管理功能提供对用户、角色和权限进行统一配置、管理,并能够进行存储区域设置,配置管理存储路径、存储策略、存储任务;

(2)提供详细的权限管理策略,包括针对系统内不同身份的人员所能做的操作的操作级权限,针对不同级别的人员能够查看不同级别节目的记录级权限及查看特殊敏感编目字段的字段级权限;

(3)支持业务员、管理员、超级管理员等角色。

界面示例见图6-40所示。

图6-40 角色管理

以实际业务为例,通常用户对密级有4种访问权限,如图6-41所示。密级管理应具备如下功能:

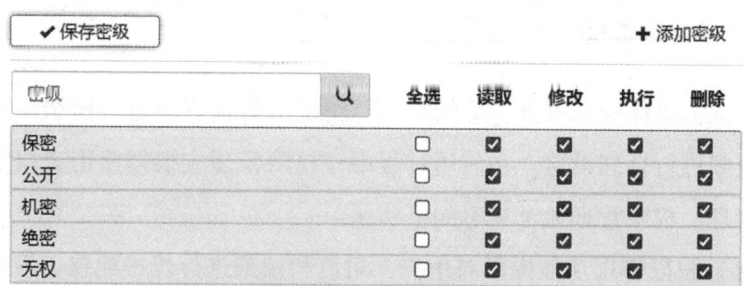

图 6-41 密级管理

(1) 以"公开"这种密级举例,如图 6-41 所示,表示对公开这个密级的内容具有如下权限;

(2) 读取权限:可以检索且可以预览该密级的内容;

(3) 修改权限:可以编辑该密级内容的元数据;

(4) 执行权限:可以上传公开的内容,即在上传的时候可以设置内容密级为公开;

(5) 删除权限:可以删除该密级的内容。

角色添加示例如图 6-42 所示。

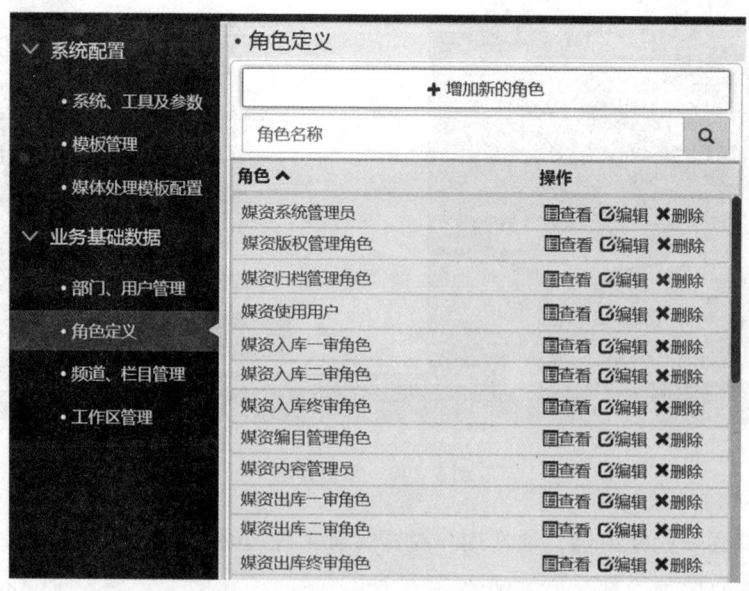

图 6-42 新增角色

参考文献

著作

1. 宋培义. 数字媒体资产管理及版权开放研究［M］. 北京：中国广播影视出版社，2009.

2. ［美］埃尔（Erl, T.）等著；龚奕利，贺莲，胡创译. 云计算概念、技术与架构［M］. 北京：机械工业出版社，2014.6（2021，5重印）

3. 宋培义. 数字媒体资产管理［M］. 北京：中国广播电视出版社，2021.

4. 郝树伟. 多云和混合云：云原生多集群和应用管理［M］. 北京：机械工业出版社，2021.

期刊

1. 宋宜纯. 中央电视台的数字化进程及其思考［J］. 现代电视技术，2003，2.

2. 国家广播电视总局科技司. 电视台数字化网络化建设白皮书［S］. 2007.

3. 顾建国，朱光荣. 全台网总体架构及主干平台设计理念探讨［J］. 现代电视技术，2008，1.

4. 顾建国. 关于媒体融合发展的思考与实践（上）［J］. 现代电视技术，2014，9.

5. 顾建国. 关于媒体融合发展的思考与实践（下）［J］. 现代电视技

术, 2014, 10.

6. 国家广播电视总局科技司. 电视台融合媒体平台建设技术白皮书 [S]. 2015.

7. 工业和信息化部. 云资源管理技术要求 [S]. YDT 2807.1 – 2015.

8. 毕江. 北京电视台智慧媒体项目技术规划随想 [J]. 现代电视技术, 2015, 12.

9. 洪华军, 吴建波, 冷文浩. 一种基于微服务架构的业务系统设计与实现 [J]. 计算机与数字工程, 2018, 1.

10. 俞乃博. 云计算 IaaS 服务模式探讨 [J]. 电信科学, 2011. S1.

11. 张洋. 电视台全台网建设中媒体资产管理系统应用的研究 [D]. 北京邮电大学, 2009, 4.

12. 夏琴. 浅析全台网融合媒体平台的建设 [J]. 广播电视信息, 2018, 11.

13. 顾建国. 融合媒体技术平台建设思路与演近 [J]. 现代电视技术, 2018, 4.

14. 毛靖宇. 分布式微服务 Hive 平台打造县级融媒体中心 [J]. 广播与电视技术, 2018, 11.

15. 国家广播电视总局科技司. 县级融媒体中心省级技术平台规范要求 [S]. GY/T321 – 2019.

16. 宫铭豪, 梁晋春, 姚颖颖, 王晓艳. 基于容器的融媒体微服务架构安全威胁及防护方法 [J]. 广播电视信息, 2019, 5

17. 邓向冬, 郏涛. 微服务架构的发展和在视听媒体领域的应用 [J]. 广播与电视技术, 2019, 9.

18. 融合媒体微服务平台技术白皮书. 原创力文档

19. 私有云平台建设方案. 原创力文档

20. 江南. 融合媒体时代分布式对象存储系统的应用探索 [J]. 中国有线电视, 2020, 1.

21. 王洪杰. 微服务与容器技术在长江云平台中的应用［J］. 广播电视信息，2020，5.

22. 国家广播电视总局科技司. 广播电视台融合媒体云平台总体架构［S］. GY/T 354—2021.

23. 王宇，芮浩. 电视台融合媒体私有云 Iaas 建设分析［J］. 广播与电视技术，2021，6.

24. 黄海清. 县级融媒体中心建设中的问题及思路探讨［J］. 中国传媒科技，2021，7.

25. 周建威，唐炜，唐彭卉. 敏捷型融合媒体制播云平台的设计及应用［J］. 广播与电视技术，2021，9.

26. 李琳，张新东. 县级媒体融合微服务云平台建设初探［J］. 中国传媒科技，2021，9